# 山海情深

## ——青岛西海岸新区东西部协作纪实

青岛西海岸新区档案馆
青岛西海岸新区农业农村局　编

中国文史出版社

图书在版编目（CIP）数据

山海情深：青岛西海岸新区东西部协作纪实 / 青岛
西海岸新区档案馆，青岛西海岸新区农业农村局编 .
北京：中国文史出版社，2025. 5. -- ISBN 978-7-5205-
5233-2

Ⅰ. F127.523；F127.42

中国国家版本馆 CIP 数据核字第 20257RZ285 号

---

**责任编辑：李晓薇**

**出版发行：中国文史出版社**

社　　址：北京市海淀区西八里庄路 69 号　　邮编：100142

电　　话：010 – 81136606　81136602　81136603（发行部）

传　　真：010 – 81136655

印　　装：青岛国彩印刷股份有限公司

经　　销：全国新华书店

开　　本：710mm ×1000mm　1/16

印　　张：23

字　　数：342 千字

版　　次：2025 年 6 月北京第 1 版

印　　次：2025 年 6 月第 1 次印刷

定　　价：160.00 元

# 序

习近平总书记指出，"开展东西部协作和定点帮扶，是党中央着眼推动区域协调发展、促进共同富裕作出的重大决策"。

2015 年 5 月，青岛西海岸新区根据上级安排对口帮扶贵州省安顺市经济技术开发区。2016 年，中共中央办公厅、国务院办公厅发布了《关于进一步加强东西部扶贫协作工作的指导意见》，进一步明确了东西部扶贫协作的目标和措施，当年 12 月，青岛西海岸新区与甘肃省陇南市武都区开展扶贫协作。在 2021 年全国脱贫攻坚总结表彰大会上，东西部扶贫协作升级为东西部协作，成为乡村振兴战略的重要组成部分，当年 4 月，青岛西海岸新区与甘肃省定西市岷县开展对口协作帮扶。与此同时，西海岸新区援疆援藏工作，省内帮扶菏泽市定陶区、枣庄市台儿庄区工作以及青岛前湾保税港区[中国（山东）自由贸易试验区青岛片区]与甘肃省陇南西成经济开发区帮扶工作等，都如火如荼、富有成效。囿于篇幅，本书重点介绍西海岸新区与武都区、岷县的对口帮扶成果、主要经验及做法。

山海不为远，鲁甘一家亲。新区是国务院 2014 年批复设立的第 9 个国家级新区，经略海洋、融合创新、自贸试验区建设和体制机制创新是党中央、国务院赋予的四大战略任务。地区生产总值从2013年的2121亿元增长到2024年的5261.3亿元，位列19个国家级新区前三，是山东首个GDP超5000亿元的区县，主要经济指标对全市增长贡献度超过30%。武都区、岷县都有着悠久的历史和深厚的文化底蕴，拥有弥足珍贵的红色资源，自然风光独特而优美，携浩荡江河之力，蕴磅礴山川之势，培育了橄榄、花椒、当归等特色农业。三地携手，在打通物流、延长产业链、推进新质生产力发展等方面共同研究，共同进步，创办产业园，引导东部企业入驻西部，推动西部产品到东部销售，形成了1+2＞3的协作奇迹。

岂曰无衣？与子同袍。在党中央东西部协作重大决策部署的号召下，三地横跨广袤的国土，托举希望与梦想，背负共同发展与繁荣的使命。这是山与海的牵手，是兄弟情深的同心圆，三地齐心，在建设中国式现代化和推进中华民族伟大复兴道路上奋勇前进。从基础设施建设到产业升级转型，从科技创新到人才培养，从文化交流到生态共建，东西部协作的广度和深度不断拓展，共同绘就一幅幅壮美的发展画卷。

亲戚越走越亲，朋友越走越近。协作实践中，新区与协作地携手探索，通过政府援助、产业协作、社会帮扶、人才支援等多种协作方式，走出一条具有融合发展的协作帮扶之路。新区立足"中央要求、协作地所需、新区所能"，倾情帮扶、倾心协作、倾力支持，与协作地携手打好打赢脱贫攻坚战，促进乡村振兴，共同念好"山海经"，用实际行动演绎了新时代版的"山海情深"。

记史资政，共襄盛事。新区档案馆、农业农村局共同出版《山海情深——青岛西海岸新区东西部协作纪实》，以记录青岛西海岸新区开启东西部协作以来的珍贵历史。本书以习近平新时代中国特色社会主义思想为指导，采取语体文和图文并茂的方式，重点记录新区与武都区、岷县协作过程中的项目建设、帮扶干部风采。

为了让读者对东西部协作有更加深入的了解和认识，爱上西部丛山之间那片热土，本书还对武都区、岷县文旅资源进行了选介。让我们一同翻开这本书，感受那份跨越时空的深情与希望。

习近平总书记指出："全体人民共同富裕是中国式现代化的本质特征，区域协调发展是其必然要求。"愿三地同心，砥砺前行，携手绘就共富蓝图，不断书写崭新篇章，在高质量发展征程中硕果累累、永绽芬芳。

青岛西海岸新区与武都区、岷县位置关系图

图　例

★ 北京　　首都
⊙ 天津　　省级行政中心
◎ 保定　　地级市行政中心
○ 和田　　县级行政中心
━━━　未定　　国界
━━━━　　　省、自治区、直辖市界
━━━━　　　特别行政区界

1：7 400 000

审图号：GS(2023)2764号
自然资源部 监制

# 目录

◎附录

◎后记 / 351

概

述

## 东西缘起

东西部扶贫协作的实践，起源于改革开放初期中央动员东部沿海发达地区对口支援少数民族地区发展的相关政策。"东西部协作"是从"东西部扶贫协作"演进而来。脱贫攻坚取得全面胜利后，我国"三农"工作重心历史性转向推进乡村全面振兴，以扶贫脱贫为主要目标的"东西部扶贫协作"转向以振兴乡村、缩小发展差距为主要目标的"东西部协作"。

## 山海情深

说起甘肃，人们印象里不是风硬水咸大漠孤烟，就是平沙莽莽戈壁荒滩；不是"关山正飞雪，烽戍断无烟"的苦寒，就是"青海长云暗雪山，孤城遥望玉门关"的孤凉。

醉美灵山湾　　　　　　　　　　　　　　　　　　　新区档案馆提供

2024 年 10 月，我们来到陇原，见到了实实在在的武都区和岷县。武都区雄岭逶迤，山势磅礴；岷县江河分流，层林尽染。武都区"吸吮白龙大江之水，融含五凤鸣叫之唱"，岷县"秋风落日牛羊过，古道杨长雀鸟多"，俱是塞上秋高景倍清的佳言绝唱。

两地人文历史厚重。据考证，秦人祖先是山东东夷嬴姓家族，后迁移至陇南。秦始皇统一六国后三登琅琊，开创了东西部协作最早的篇章。岷县拥有秦长城西起首，西海岸则是齐长城入海之地。三座城、两个时代、一段奇缘，就这样穿越三千年、跨过四千里来到我们面前。

两地都有"千年药乡"的嘉誉。当归、党参、黄芪、红芪，不仅染香了秦岷山川、点绿了千沟万壑，也成为东西部协作的发力点。如何做好做深做长产业链，如何将中药材变成富民宝藏，成为横亘在新区帮扶干部和两地干部群众面前的现实命题。

武都区城区全貌　　　　　　　　　　　　　　　　孙承刚　摄

在武都区和岷县我们看到，帮扶干部和当地干部群众已经结下了深厚的友谊。言必谈项目、话不离发展、想必想产业链，成为三地干部交流常态；念好"山字经"、写好"水文章"、打好"生态牌"、走好"特色路"，成为三地干部的共识。通过推进中药材绿色标准化种植，提升中药材品质，增加农民收入；通过设立供销直营中心等方式，将武都区、岷县两地的特色农产品，如花椒、当归等引入青岛，促进当地经济增长；通过医疗帮扶提升当地医疗水平，为群众提供更好的医疗服务，提升两地群众健康水平；通过推进教育帮扶、资助困难学生、改善教育条件、引进先进管理经验，提高当地教学质量，为当地学生创造了更好的学习条件和发展机会。

## 心血交融

2020年3月6日，在决战决胜脱贫攻坚座谈会上，习近平总书记对东西部扶贫协作进一步作出长远谋划："要立足国家区域发展总体战略，深化

区域合作，推进东部产业向西部梯度转移，实现产业互补、人员互动、技术互学、观念互通、作风互鉴，共同发展。"

2024 年 4 月 23 日，习近平总书记在重庆主持召开新时代推动西部大开发座谈会并发表重要讲话。讲话指出，党中央对新时代推进西部大开发形成新格局作出部署 5 年来，西部地区生态环境保护修复取得重大成效，高质量发展能力明显提升，开放型经济格局加快构建，基础设施条件大为改观，人民生活水平稳步提高，如期打赢脱贫攻坚战，同全国一道全面建成小康社会，踏上了全面建设社会主义现代化国家新征程。

东西部协作，不仅是地理空间上的连接，更是心灵与梦想的桥梁。时至今日，东西部协作的现实情况令人振奋。高科技企业落户西部，为当地带来了产业升级的新希望；教育、医疗资源的共享，让西部群众也能享受到优质的社会服务；文化旅游的深度合作，让东西部的文化瑰宝交相辉映，绽放出更加璀璨的光芒。这是一幅生动的图景，展现了东西部人民心血交融、共创未来的决心与行动。

开展协作以来，新区工委（区委）、管委（区政府）高度重视，加强组

岷县城区全貌　　　　　　　　　　　　　　　　　　孟飞　摄

织领导。2019 年 7 月，新区扶贫开发领导小组（扩大）会议暨东西部扶贫协作工作专题会议召开，会上学习了习近平总书记关于脱贫攻坚和东西部扶贫协作的重要讲话和重要指示精神。新区一班人牢记东西部协作的主线要求，心往一处想，劲往一处使，聚焦精准脱贫，健全协作机制，细化协作举措，带着真情实意、真金白银投入工作，努力打造青陇东西部协作的西海岸示范样板。2021 年 5 月，签署"十四五"东西部协作行动方案，明确协作目标任务。坚持"引龙头、强产业、促脱贫"，充分发挥新区产业、技术、人才优势，不断加强产业帮扶，坚持"输血"与"造血"相结合，全方位拓宽农产品销售市场渠道，推动东西部协作纵深发展；坚持劳务输转与技能培训相结合，努力扩大劳务就业市场，有效增加了贫困户务工收入；坚持扶贫与扶智相结合，不断深化人才市场合作交流。

截至 2024 年 12 月，新区工委（区委）、管委（区政府）主要领导先后 11 次带队赴武都区、4 次带队赴岷县考察对接工作。对武都区共拨付财政自筹资金 6510.3 万元，对岷县共拨付财政自筹资金 3540 万元；对武都区捐助社会帮扶资金 5164.42 万元，对岷县捐助社会帮扶资金 2456.86 万元；对武

都区引进产业项目 24 个，引导企业实际投资 4.67 亿元；对岷县引进产业项目 19 个，引导企业实际投资 4.2 亿元。对武都区选派 7 名干部前往挂职，对岷县选派 4 名干部前往挂职。对武都区选派各类专技人才 298 人次，培训当地专业技术人员 10623 人次；对岷县选派各类专技人才 157 人次，培训当地专业技术人员 7578 人次。对武都区开展劳务培训 2031 人次，吸纳来青就业 1765 人；对岷县开展劳务培训 1023 人次，吸纳来青就业 797 人。与武都区镇街结对 40 对，医院结对 72 对，学校结对 103 对；与岷县镇街结对 23 对，医院结对 41 对，学校结对 84 对。对武都区完成消费协作 4.79 亿元，对岷县完成消费协作 4.45 亿元。

与此同时，青岛西海岸新区还积极促进文旅推介、劳务协作，开展消费协作商品展、啤酒节专列、"武都之夜"、"岷县之夜"等一系列文旅推介和消费协作活动，实现消费帮扶。并与协作地在干部选派挂职、培训交流、镇村结对、劳务培训输出等方面广泛合作，促进人才交流和劳务协作。啤酒节期间，新区还组织协作地开展招商活动，使更多的新区企业、资金、项目走进协作地，为协作地经济发展寻求新的增长点，并组织协作地考察团参观考察了位于新区的青岛聚大洋藻业集团有限公司、青岛绿色硅谷科技农业会客厅、东西部协作中心、杨家山里黄泥巷田园综合体、上汽五菱青岛分公司等企业和项目，围绕科技创新、智慧农业建设、产业培育、美丽乡村建设、新能源应用等方面的经验和做法进行了交流。

东西部协作，是一首未完的史诗，是一支永恒的交响乐，是一场务求必胜的战斗。在这条协作共赢的道路上，每一份努力都值得被铭记，每一份成果都值得被庆祝。让我们继续携手前行，在东西部协作的壮丽篇章中，共同书写中华民族伟大复兴的新辉煌！

【孙承刚】

三
地
风
采

# 青春西海岸

2014 年 6 月 3 日，国务院批复设立青岛西海岸新区，赋予经略海洋、融合创新、自贸试验区建设、体制机制创新四大国家战略使命。十余载奋进征程，新区以青春激扬的奋进姿态，弘扬"先行先试、善作善成、追求卓越"的新区精神，扛牢"走在前、挑大梁"的使命担当，谱写了建设新时代社会主义现代化示范引领区的崭新篇章。

这里风光旖旎。陆域面积 2129 平方公里，海域面积 5000 平方公里，"山海岛滩湾"优质生态资源汇聚，"岸海名山"大珠山、"千岩攒空"小珠山、"森林绿核"铁橛山、"山峰尖峻如火焰"的藏马山四大山系绵延相连，"海上西湖"唐岛湾、"全国美丽海湾"灵山湾等九大湾区湾湾相接，中国北方第一高岛灵山岛、拥有火山地貌的竹岔岛等 42 个岛屿星罗棋布，勾画出西海岸新区步步为景的山海岛滩湾唯美图景。新区推动"碧海银滩"向"金山银山"转化，勾勒出"半城山水半城绿"的生态底色。

这里活力充盈。新区以"新"为笔，以"质"为墨，千亿级产业集群次第展开，芯屏产业垂直崛起，构筑起产业新地标。GDP 增长强劲，突破 5000 亿元大关，稳居全国国家级新区前列；高新技术企业总量突破，新兴产业领跑新区；海洋经济强势高举，国家重点实验室等顶尖平台汇聚于此；高校学府构筑起"环高校创新圈"，创新之力以春潮涌动之势，推动着这片热土在时代嬗变中拔节生长。

这里宜居宜业。新区地处北温带季风区域内，属暖温带半湿润大陆性气候，空气湿润，雨量充沛，温度适中，四季分明，有明显的海洋气候特点，具有春寒、夏凉、秋爽、冬暖的气候特征，是天然的避暑胜地。城市更新激发城市活力，"四张名片"熠熠生辉，通过"产—城—人"深度互嵌融合的发展模式，打造安居乐业新家园。

西海岸，正青春！

## 文旅之胜

西海岸的人类史可追溯至 6 万年前，大珠山旧石器时代遗址是新区文明的起点。这里古属东夷，早在龙山文化时期，西海岸先民就开始探索海洋文化，奏响了向海而兴的乐章，为西海岸独特文化底蕴的形成和发展奠定了坚实的基础。

从西周姜太公封齐在琅琊台祭祀"四时主"开始，琅琊因其特有的政治、交通、军事和商业地位，见证了秦皇汉武的登临，见证了史载最早远洋船队启航，见证了书同文车同轨度同制地同域的国家一统，为后世留下了不朽的海洋文化、齐鲁文化和琅琊文化。齐吴海战、宋金海战的战火染红碧海，投映出琅琊邑、安陵邑的兴衰。勾践迁都的航迹、张仓榷场的货堆、马濠运河的舳舻、灵山卫的戍楼灯火，在齐长城的千年守望下，古老文明的基因与现代智慧交相辉映成一座现代化新城。

岁月镌文脉，山海绣华章。新区以乡村振兴为经纬，借城市更新作丹青，铺展出一轴灵动的生态长卷。小珠山、大珠山、藏马山、铁橛山如四张玉屏，横亘西海岸大地，春拂烟岚，夏叠翠浪，秋燃丹枫，冬披素衣，四时更迭为

新区风光　　　　　　　　　　　　　　　　　　　　孙承刚　摄

其晕染墨韵。唐岛湾黑天鹅与斑背潜鸭悠然游弋，构成一幅"落霞与孤鹜齐飞，秋水共长天一色"的生态画卷；千羽掠过灵山湾，"海鸥知我意，翔集若为宾"的故事在西海岸大地上不断延伸。灵山岛青崖倚天，云气漫漫守护着全国首个"负碳海岛"；竹岔岛石屋错落，潮音徜徉迎来开发的号角。

四季流转唤醒城乡活力。春之缤纷，大珠山的杜鹃花海如霞似锦，徐村的杏花、桃花次第绽放，张家楼的樱皇谷樱花大道成为"网红打卡地"，让游客有一次次惊喜、一份份浪漫之约；夏之热烈，青岛国际啤酒节、"亚洲第一滩"金沙滩释放火热情怀，拥抱四海来客；秋之丰饶，现代化农业园区热带水果与温带作物共享生长，网上直播着渔港里刚捕捞的海鲜，藏马山梯田层叠金黄，炊烟裹着烤地瓜香，将丰收酿成醇厚的乡愁；冬之静美，藏马山滑雪场与月季山冰雪大世界联动，推出夜场滑雪与亲子娱雪项目，将"冷资源"转化为"热经济"。

## 活力之区

青岛西海岸新区以新质生产力为引擎，以四大战略筑基，打造新时代高质量发展的"四梁八柱"，在产业升级、科技创新、绿色转型等领域全面发力，书写着高质量发展的时代篇章。2024 年，新区生产总值完成 5261.3

位于青岛中德生态园的青岛市集成电路产业园　　　　　安殿堂　摄

位于泊里镇的青岛市氢能产业园　　　　　新区档案馆提供

位于青岛董家口经济区的青岛市绿色低碳新材料产业园　　　　　新区档案馆提供

位于青岛经济技术开发区的青岛市新型显示产业园　　　　　新区档案馆提供

参照市级产业园区标准建设的青岛影视基地位于青岛灵山湾影视文化产业区　　　　　　　　　　新区档案馆提供

亿元，增长 5.8%，稳居 19 个国家级新区第三位。

新质生产力的核心在于产业的"质变"。新区健全"链长制"和高质量招商引资工作机制，顶格推动"5+5+7"重点产业强链补链延链。主导产业扩量提质，智能家电等五大优势产业产值超过 3800 亿元，海洋交通运输等 6 个集群入选山东省支柱型雁阵集群。新兴产业全面发力，集成电路、新型显示、绿色低碳新材料、氢能等四大市级专业园区集聚项目 155 个、总投资突破 3400 亿元、营收突破 1200 亿元，新型显示入选山东省战略性新兴产业集群。青岛影视基地核心区累计引进企业 1129 家，电影票房总产出近 400 亿元。未来产业破局起势，蔚蓝临近空间无人机首飞，欧比特宇航智能芯片项目竣工。数实融合持续深化，中国电信云计算基地获评"国家绿色数据中心"，"海镜"实验室入选国家先进计算赋能新质生产力典型应用案例，3 家企业入选国家 5G 工厂，海信日立工厂成为全球"灯塔工厂"。

新质生产力的根基在于创新生态的厚植。新区已培育 9 个全国重点实验室、306 家省部级以上创新平台，4 项成果获国家科学技术进步奖，45 项成果获省级奖励，杨建工作室获评"国家级技能大师工作室"，是全市唯一获得该殊荣的企业。梯度培育创新型企业，创新型中小企业 628 家，专精特新中小企业 1023 家，高新技术企业 1750 家。升级"梧桐树"聚才新政，驻区高校院所 17 所、在校师生 22.6 万，人才总量 90 万人，人才密度居全省首位。

新质生产力的底色是绿色低碳。新区以"无废城市"建设为引领，静脉产业园实现生活垃圾 100% 无害化处理；双星伊克斯达通过热裂解技术将废旧轮胎"吃干榨净"，年减排二氧化碳 220 万吨；全国首个全场景氢能港口建设启动，山东港口迈出行业领先的"氢港"建设步伐。灵山岛是全国首个"负碳海岛"，唐岛湾发现山东省面积最大的鳗草海草床，"碧海含金蓝碳有价"入选国家海洋生态保护修复典型案例，蓝天碧海间诠释着"绿水青山就是金山银山"的实践真谛。

## 海科之芯

海洋是新区发展的最大优势、最大特质，新区肩负"以海洋经济发展为主题，打造海洋强国战略支点"的国家使命，加快推进海洋经济发展引领区建设，聚焦科技兴海、产业强海、向海开放、生态养海、陆海统筹，加速培育壮大海洋新质生产力，在经略海洋上"走在前、挑大梁"。

聚焦产业强海，加快推进海洋产业量质齐升，加快构建"1+3+3+1"现代海洋产业体系，加快培育具有国际竞争力的现代海洋产业集群。

2024 年，新区新引进海洋石油工程国际中心等亿元以上海洋项目 53 个，66 个重点项目开工在建，海洋生产总值增长 7.4% 以上。船舶与海洋工程装备产业入选国家先进制造业集群，北海造船绿色动力先进船型实现量产，亚洲首艘圆筒型海上油气生产装置"海葵一号"建成交付。全国首个工厂化海水制氢项目建成，全国最先进的大型深远海养殖网箱投入使用，累计创建国家级海洋牧场 17 处。中国气象科学研究院青岛分院落地，国际首个免疫抗肿瘤海洋药物 BG136 完成一期临床试验，全球高分辨率海洋大模型"琅琊"成功发布，气动式波浪能发电装置荣获日内瓦国际发明展最高奖。聚力融合创新示范区建设，成功举办军民两用新材料大会、全国标准化年会，物流集装化体系建设成效明显，军地人才培养等 4 项经验做法获省级以上推广。聚力自贸试验区提升，新增高效能制度创新成果 32 项，航运企业集成化审批、企业登记智能表单模式全国推广，国家级航空物流超级货站正式运营，青岛自贸片区稳居全国第一梯队。

聚焦向海开放，深度链接全球蓝色资源要素，为海洋合作平台导入更

中日韩消费专区电商体验中心　　　　　　　　　　安殿堂　摄

海洋石油工程（青岛）有限公司生产的"深海一号"　　　　新区档案馆提供

前湾港　　　　　　　　　　　　　　　　　　　　　　吴绍洋　摄

古镇口大学城　　　　　　　　　　　　　　　　　　　卢炳君　摄

多高端资源。

科技是第一生产力，新区奋力推动海洋科技创新提质增效，集聚涉海高校 12 所、涉海全国重点实验室及分部 7 家，涉海创新平台总量达 248 家。新区升级"梧桐树"聚才新政，打造全国首个黄河流域人才协同创新中心、区域合作联盟，山东省首家校城融合示范基地启用，200 余家科创企业入驻，70% 聚焦船舶与海洋工程产业链，年孵化技术成果超百项。

"打造世界级海洋港口群"是国家赋予山东的重大历史使命。新区挺膺担当、奋楫笃行，山东港口青岛港货物吞吐量位居全国第四位，航线总数达 220 余条，与世界 180 多个国家和地区的 700 多个港口通航贸易，国际航运枢纽竞争力指数居东北亚首位，海铁联运箱量连续 9 年位居全国港口第一。

高水平开放是蓝色经济的鲜明标识，西海岸新区"蓝色朋友圈"不断扩大。2023 年，全国唯一的"海洋十年"国际合作中心成立，已吸引联合国海洋与气候协作中心、全球海洋观测伙伴关系西太区域办公室等 5 个国际组织分支机构入驻，并于 2024 年获批联合国"海洋十年"实施伙伴（DIP），成为中国参与全球海洋治理的核心枢纽。2024 年，原东亚海洋合作平台青岛论坛升级为海洋合作发展论坛，成为山东省唯一省部共建的海洋国际论坛。论坛以"从蔚蓝到未来"为主题，整合原东北亚地方政府海洋与渔业合作资源，吸引 41 个国家和地区的 667 名代表参会。

## 四张名片

在黄海之滨、胶州湾畔，一条全长 42 公里的滨海大道如巨龙般蜿蜒伸展，串联起青岛西海岸新区最璀璨的城市明珠：东方影都的光影传奇、凤凰之声大剧院的天籁回响、金沙滩啤酒城的狂欢浪潮、青岛世界博览城的全球商机。这是新区"影视之都、音乐之岛、啤酒之城、会展之滨"的华丽展现，书写着新时代的开放篇章。

影视之都　青岛东方影都影视产业园于 2013 年奠基，2018 年全面投入运营。总占地 170 万平方米，拥有 40 个国际标准摄影棚、32 个置景车间，拥有国际一流的水下制作中心和全流程后期制作设备的数字影音中心，以及由好莱坞虚拟制作专业团队指导搭建的影视虚拟化制作平台，是国内首个经英国松林认证符合国际标准的大型影视拍摄制作基地，可满足国内外剧组的不同拍摄需求。园区以"打造科技影都，助力文化强国"为愿景，以"引领电影工业，讲好中国故事"为使命，服务了许多中外优秀电影。《流浪地球》开启中国科幻片新纪元，《封神》系列叩响国际影坛大门，见证了中国电影工业化的跨越式发展，同时也为国内一系列优秀的电视、综艺节目提供了优质服务，极大地促进了影视产业与旅游产业的融合发展。2024年出台的《三年行动计划》更将目光投向全球，通过政策创新、技术赋能，计划打造具有国际影响力的影视产业高地。

啤酒之城　青岛国际啤酒节于2015年落户新区，到2024年已连续成功举办10届，是中国最具规模、最具影响力的国际啤酒盛会，是"亚洲最大的户外节日"和世界四大著名啤酒节之一，品牌评估价值达368亿元。金沙滩啤酒城作为"啤酒之城"城市名片的核心载体，占地1200亩，建筑面积10.4万平方米，是国家级旅游休闲街区、首批山东省旅游休闲街区。

音乐之岛　新区坚持高水平、高标准、高质量、高起点进行"音乐之岛"建设，成功打造省内首个城市音乐节IP——青岛凤凰音乐节；建成全市精品音乐地标——凤凰之声大剧院、东方影都大剧院，常年举办各种音乐演出活动；引进世界知名的耶胡迪梅纽因音乐学校，成立吕思清小提琴工作室，举办各种音乐学术交流、大师课、专场音乐会、全国巡演音乐会等，新区音乐文化影响力与日俱增。汇聚世界级音乐盛事——青岛凤凰音乐节、欧盟青年音乐节、德国门德尔松钢琴国际比赛等，音乐之美流淌在新区的每个角落。

会展之滨　会展业不仅是城市经济发展的"助推器"，更是提升城市品质、塑造城市品牌的重要抓手。会展业从规划、设施、活动、产业等方面全方位提质升级、创新突破。先后举办中国教育装备展、中国国际医疗器械博览会等大展和博鳌亚洲论坛全球健康大会、东亚海洋合作平台青岛论坛、跨国公司领导人青岛峰会等会议。截至2024年底，共举办展会近2500场。拥有专业展馆20万平方米，星级和品牌酒店会议室150余间、客房超4万间，形成强大的会务保障和接待能力。先后获评"中国十佳会展名区""中国最具影响力会展名区""2024 中国最佳会展名区""第二十届中国会展之星"等荣誉。

西海岸新区，这片向海而生的热土，正以"千帆竞发勇者胜"的气魄，在经略海洋的壮阔画卷中挥毫泼墨；以"敢为天下先"的胆识，在新旧动能转换、发展新质生产力的浪潮中破浪前行；高唱着"春天的故事"，在高质量发展建设中国式现代化的征途上续写更多"西海岸方案"。

【孙承刚】

第 33 届青岛国际啤酒节现场 　　　　　　　　　黄岛发展集团提供

2025 年 2 月 26 日，首届联合国"海洋十年"海洋城市大会在新区举行　　王江　摄

2025 年 4 月 27 日，"共筑电影梦，激扬时代情——第二十届中国电影华表奖颁奖活动"
在新区举行　　　　　　　　　　　　　　　　　　　　　新区宣传部提供

2020 年 7 月 6 日，青岛凤凰音乐节　　　　　　　　　　　新区档案馆提供

23

秦巴山里桃源地
陇上江南原如是

在甘肃东南部，与四川、陕西交界的地方，隐藏着一座气候湿润、江河纵横、风光秀丽，宛若江南般温柔的城区——面积4649.33平方公里的陇南市武都区。

秦岭，再往前一步，就是南方。秦岭与岷山两大山系的支脉从东西两个方面绵亘武都区境。白龙江以北属秦岭山系，以南属岷山山系。于是，武都在秦岭的佑护下，成为中国最北的亚热带地区，境内河谷纵横，气候温和。武都地处长江流域嘉陵江水系白龙江中游，山川形胜，人文荟萃，

## 甘肃气候

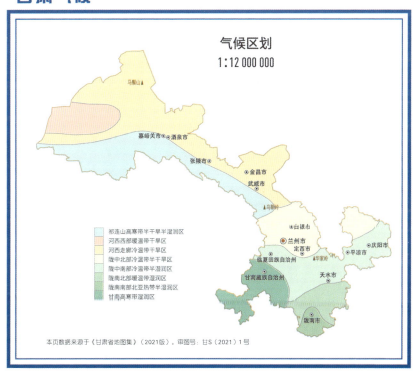

气候区划

1:12 000 000

- 祁连山高寒带半干旱半湿润区
- 河西西部暖温带干旱区
- 河西走廊冷温带干旱区
- 陇中北部冷温带半干旱区
- 陇中南部冷温带半湿润区
- 陇南北部暖温带湿润区
- 陇南南部北亚热带半湿润区
- 甘南高寒带湿润区

本页数据来源于《甘肃省地图集》（2021版），审图号：甘S（2021）1号

物产丰富，气候宜人。既拥有北方的雄浑，又兼具南方的秀丽，堪称"北方的南方"；这里既有崇山峻岭铸就的阳刚体魄，也有江河水系赋予的柔美气息，共同谱写着大自然的交响。

武都区是陇南市政治、经济、文化中心。地处北纬 32° 47'~33° 42'，东经 104° 34'~105° 38'。早在 1000 万年前，武都白龙江和北峪河流域已是古猿生活的重要地区。有距今 7000 年的仰韶文化、距今 5000 年的马家窑文化、距今 4000 多年的齐家文化。夏、商时期，武都为雍州之地，白马氏人居住于此。有学者论证白马氏人的祖先可能就居住在四川广汉三星堆，虽然当前白马人的族属暂归于藏族，但学界较为统一的观点是认为白马人属于古代氏族后裔。著名学者赵逵夫先生在《形天神话源于仇池国考释——兼论"奇股国"、氏族地望及"武都"地名的由来》一文中经过考证提出，"形天"神话源于仇池国，是氏族文化的源头和母体，氏人也发祥于仇池，"形天"的原始含义是氏人三目神形象特征的文化来源。从三星堆出土的青铜人像来看，全身人像细腰宽肩的彪悍造型，具有典型的氏人形体特征，头像造型中除"纵目"造型特征外，最突出的特征还有"凸目"，这也印证了"凸目"造型符号在氏人精神世界中的重要地位。

秦惠文王更元五年（公元前 320 年）首置武都邑，汉元鼎六年（前 111 年）设武都郡。建安二十四年（219 年），刘备夺得汉中地区，曹操夺得武都郡

秦岭　　　　　　　　　　　　　　　　　武都区档案馆提供

与阴平郡。曹操不愿再战，否决了进川建议，"得陇望蜀"成语就此而来。然而到了三国末期，魏将邓艾假道宕昌、武都、文县，借阴平古道，长途奔袭无人之地 700 余里，裹毡滚坡，终于攻破成都灭蜀。西魏大统元年（535年）改置武州。唐景福元年（892 年）武州更名为阶州，民国二年（1913 年）改设武都县，2004 年撤县设区。历来为镇、郡、州、地、市所在地。2024 年，武都区常住人口 59.98 万，辖 36 个乡镇、4 个街道，643 个村、58 个社区。

武都区地理位置独特。地势西北高而东南低，大部分地区海拔在667~3600 米之间，最高海拔 3600 米，最低海拔 620 米。由于高低悬殊，生态群落层次分明，故有"一山有四季，十里不同天"之说。全境有高山、半山、川坝三种地形。以铁家山、韭山、云雾山、米仓山、播鼓山、锦屏山、麻崖梁、月照山、盘底山等许多山脉为主体，构成峰峦叠嶂、沟壑纵横、山高坡陡、平地较少的复杂地形，总的特点为"七山二林一分田"。由于地形复杂，垂直分布明显。其主要特点是春、冬干燥，雨雪稀少；秋季多雨，年降水量平均为 400~900 毫米。境内河流全属长江水系，有白龙江、西汉水、广坪河（五马河）三大水系。其中白龙江是境内最大的河流，也是嘉陵江上游最大的支流。

武都是重要的地理枢纽、交通枢纽、经济枢纽、军事枢纽。境内山川云绕，雄关隘险，素有"巴蜀咽喉、秦陇锁钥"之称，是甘肃、陕西、四川三省交通要道，历来是兵家必争之地；这里是黄河流域和长江流域的地理分界，是甘肃省唯一全境属于长江流域并拥有亚热带气候的地区，境内高山、河谷、丘陵、盆地交错，气候垂直分布，具有亚热带、暖温带、冷温带三种气候特征；这里地处秦巴山地，又位于黄土高原与青藏高原的过渡带，是秦陇文化、巴蜀文化、氐羌文化交会地，如今居住着汉族、回族、藏族、壮族等 32 个民族；这里是茶马古道和丝绸之路的交汇点，两宋时期，朝廷在阶州（今武都）、成州、文州、宕州、西和州设有茶马场，由国家直接管理进行大规模的茶马交易，和青岛西海岸新区一样，既是各种政治军事力量激烈争夺的战场，又是中原地区与西北地区接触交往的前哨阵地。

武都山川形胜。这里有清泉碧虚、苍崖翠壑，数不胜数的秀美风光成就了别具一格的"世外桃源"；这里旅游资源丰富，全国"四大名洞"之一的武都万象洞是国家 AAAA 级风景区，姚寨沟、裕河大熊猫国家公园、水濂洞、朝阳仙洞、五凤山、南宋古建筑广严院、千坝草原等景区与四川九寨沟、天水麦积山、陕西青木川连成一条旅游热线，为发展文旅康养产业提供了得天独厚的条件；这里温暖湿润、四季分明，有大熊猫、金丝猴、红豆杉、水杉等 1300 多种植物、700 多种动物、30 余种矿藏。正因为西南西北风物在此交会，构成著名地质学家李四光口中"宝贝的复杂地带"。

武都人文荟萃。这里是《牡丹亭》故事发源地。汤显祖题词云："传杜太守（杜宝）事者，仿佛晋武都守李仲文、广州守冯孝将儿女事。"《法苑珠林》也记载了晋朝武都郡前太守已死之女和后太守之子的爱情故事，讲述杜丽娘和柳梦梅人鬼相恋故事的《牡丹亭》成为中国古典四大名剧之一。700 年历史的高山戏唱腔和表演兼有秦剧和川剧的特点，适合表演各种人物性格和思想情感。武都有千年古村。琵琶镇张坝古村落，既有山地村落离散特点，也有平原村落集聚的特征，体现了农耕文明的传统。武都美食多多。洋芋搅团、面皮、米皮、豆花子、馓子、油饼、炕包、

武都区江南公园 　　　　　　　　　　王江　摄

核桃饼子、武都散饭、炒烬烬等，令人回味无穷。

武都物产丰富。是闻名遐迩的"中国油橄榄之乡""中国花椒之乡""千年药乡";《芈月传》中的"武都崖蜜"即产自于此；武都"大红袍"花椒享誉全国；米仓红芪饮誉中外；栗香毛尖、仁和绿茶和金陇红茶色润清香，备受青睐。

越过往事三千年,如今,武都区先后荣获"省级卫生城市""最美中国·目的地城市""最美中国·生态、自然旅游城市和文化魅力、特色魅力旅游城市""中国最美生态宜居旅游名区""中国民间文化艺术之乡"等称号，被赋予"中国地理几何中心"美名，塑造了一个气质独特的"陇上江南"。

【孙承刚　王六生】

# 第二阶梯上的多彩岷州

从武都北上前往岷县，山间雾气时聚时散，云层时厚时薄，阳光在它们的缝隙间自由穿梭，给未知的岷县披上了一层神秘的面纱。当车辆穿过一个又一个的山口，腊子口、哈达铺等地名从久远的记忆中复活——长征，这根地球的红飘带，我们终于接近并将触摸它的温度，感受它的坚强。

### 高原上的岷县

岷县，位于甘肃南部，因岷山而得名，总面积3578平方公里。岷县地处青藏高原东麓、陇中黄土高原及陇南山地接壤区，是中国地理三大阶梯中的第二级。平均海拔2500多米，最高3747米，最低2040米，相对高差

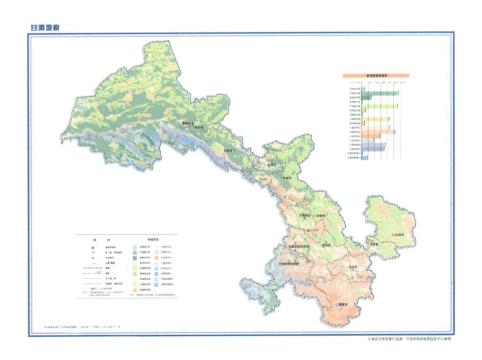

1707 米。北秦岭山地横贯全县大部分地区。南有长江、黄河分水的大拉梁及岷峨山，北有洮、渭分水的木寨岭与岭罗山。境内主要河流洮河是黄河的一级支流，如一条碧绿的绸带，自西寨镇入境东流，至县城转而向北，从维新镇蜿蜒穿境而出。境内还有叠藏河、闾井河、纳纳河、燕子河等 22 条河流，分属黄河、长江两大流域。全境地势由东南向西北倾斜，地表切割较少，河谷宽浅，属高原地形。岷县自古就有"西控青海、南通巴蜀、东去三秦"之称，介于兰州、西安、成都三个顶点形成的平面三角的中心区，是"茶马古道"重镇，是川甘陕青各地经济互补互促的重要通道及汉回藏羌各族文化互鉴互融的重要区域，是甘肃南部重要的商品集散地，享有陇上"旱码头"美誉。高原环境，让海边来的青岛干部吃了苦头。新区挂职干部、岷县农业农村局副局长李燊就曾因缺氧晕倒，防高反成为帮扶干部的必修课程。

岷县气候受大尺度环流和大尺度地形的影响，处于大陆性气团和副热带暖湿气团的交替带内，春季冷暖多变，夏季暖而不热，秋季阴雨连绵，冬季干燥严寒。年平均气温为 6.6℃，无霜期 90~120 天，冻土期 100 天左

岷县和美乡村建设　　　　　　　　　　　岷县档案馆收集提供

右。太阳辐射较强，年平均日照时数 2160.7 小时。年均降水量为 571.2 毫米、冰雹、寒潮、强降温霜冻、暴雨洪涝、干旱、病虫害等自然灾害频繁，其中尤以雹灾为最。

岷县是马家窑文化、齐家文化、寺洼文化的发祥地之一。战国时期，秦国设置临洮县，因濒临洮水而得名，是中国最早的县置之一。秦朝为陇西郡辖县，两汉时期仍称临洮，为陇西郡南部都尉治所。西魏大统初期设岷州，其后虽有过短暂变更，但岷州之称一直延续了下来。民国 2 年（1913 年），改置岷县，但民间仍习惯自称"岷州"。新中国成立后，岷县依次归属武都、天水、定西、临洮、武都及定西专区（或地区）。2003 年 4 月 4 日始为定西市属县。到 2024 年，岷县共辖 18 个乡镇（15 个镇、3 个乡），372 个村（社区），户籍人口 49.59 万、常住人口 42.32 万。

岷县档案馆馆长张光平介绍说，岷县的特色是一红一绿。红就是光荣的革命斗争传统，绿则是遍山瑰宝——中药材及相对良好的生态优势。

### 红色——革命斗志耀古今

二郎山位于岷县城南，原名金童山，东临叠藏河，北毗洮河，是千里岷山的起首处。山上有秦长城遗址，可俯瞰县城全貌，地势险要，易守难攻，在军事上占有十分重要的地位，是岷县县城的天然屏障，红军长征时期著名的二郎山战役就发生于此。山上黄瓦红柱的开颜阁就是为纪念红军长征而建，取"三军过后尽开颜"之意。

1935 年 9 月 17 日，党中央带领红军陕甘支队（1935 年 9 月 12 日，中央政治局俄界会议决定，将原有一、三军团缩编为中国工农红军陕甘支队，由彭德怀任司令员，毛泽东兼政治委员）突破天险腊子口（原为岷县所辖），夜抵今麻子川镇旋窝村，次日到麻子川镇绿叶村（原称鹿原里）。21 日，毛泽东率中央机关到哈达铺（原为岷县所辖）休整。在麻子川镇，中央军委制定颁布了中国共产党历史上第一部具有法规性质的重要文献，也是中国共产党关于民族宗教政策基本原则——《回民地区守则》。同时，著名的《七律·长征》在这里酝酿成熟。29 日，毛泽东同志在甘肃省通渭县城文庙街小学召开的干部会议上朗诵了诗作《七律·长征》。

1936 年 8 月 8 日，红军二、四方面军抢占腊子口，对岷县县城形成了包围之势。经过二郎山激战，国民党部死伤众多，闭城不出，并放火烧毁城周民宅，以拒红军。红军总司令部设在城西三十里铺，在岷县休整了57 天。在岷期间，红军加强政权建设，成立了甘肃省第一个苏维埃政府——岷县苏维埃政府和甘肃省工委，并在西川、南川、茶埠等地相继成立了 30 多个乡、村苏维埃政权。加强扩军工作，全县人民为红军捐粮 400 多万斤和大批衣物军需，有 3000 多名青年报名参加红军，编为"独立团"，由张明远兼任团长。加强路线斗争，为解决红军北上还是西进问题，9 月 18 日，以二、四方面军主要领导人组成的中共中央西北局在西川三十里铺召开会议，经过 3 天激烈争论，否定了张国焘西进的错误主张，并制订《通（渭）庄（浪）静（宁）会（宁）战役计划》，为红军继续北上奠定了基础。

### 绿色——千年药乡处处飘药香

铁马铮铮，硝烟散去。新中国成立后，在党中央领导下，岷县人民斗志昂扬进行社会主义建设。进入新时代，岷县以习近平生态文明思想为指引，紧紧围绕黄河流域生态保护和高质量发展战略，立足自身特色，紧抓

深秋的洮河河谷 　　　　　　　　　　　　　　　　孙承刚　摄

东西部协作机遇，走出了一条产业旺、生态绿、群众富的发展道路，创造着属于自己的幸福生活。

走在深秋的岷县山区，山上层层叠叠的梯田和河谷里错落分布的农田，如一块块锦绣铺展在大地上，闪耀着温润如玉石的光芒。那一簇簇绿中泛黄的田野中，是等待采挖的当归、党参、黄芪。轻柔的雾气、蜿蜒的河流，在墨色的山峦映衬下，恍如江南水乡般千般柔情、万种旖旎。那一层层山林已经开始染色，红的黄的绿的，如同调色盘般绚丽色彩，斑斓夺目，美不胜收，展现着高原阳刚的气质。间或闪出"青岛西海岸新区生态林"的牌子，在秋日的阳光下熠熠生辉。

岷县是驰名中外的"中国当归之乡""中国花儿之乡""中国洮砚之乡""中国猫尾草之乡""中华诗词之乡""中国黄芪蜂蜜之乡""联合国民歌考察采录基地"，是著名的"千年药乡"。2024年底，岷县县委提出加快实现"两区两枢纽"县域发展目标，其中"一区"即国家中医药传承创新发展样板区的核心区，中医药又以当归为主。岷县当归种植历史悠久，产量、质量俱佳。当归是"妇科之圣药"，乌鸡白凤丸、八珍益母丸、当归丸等多种中成药都以当归为主要成分，因而中药配方中素有"十方九归"之说。1988

年1月，由兰州大学和第四军医大学的研究人员经过5年研究的《岷归化学成分与药效研究》课题通过鉴定。课题成果表明，岷归（岷县当归）是国内外当归中的上品，也验证了中医界的"中华当归甲天下，岷县当归甲中华"传统说法。从2000年开始，岷县多家以中药材加工为主的龙头企业，相继开发出当归饮片、当归酒、归芪养生保健佐料、当归美肤水、当归美足液、当归保健醋等系列保健品和化妆品。与此同时，岷县当归也走向大众家庭，广泛用于煲汤、炖肉、熬粥等家常烹调当中。"岷县当归"获得26项殊荣，当归种植系统被授予"中国农业重要文化遗产"。在岷县村镇街巷，家家户户忙着晒药材，呈现出一幅美丽的乡村画卷。

除当归外，岷县境内还盛产红芪、黄芪、党参等中药材238种。全县猫尾草种植面积稳定在10万亩以上，年产值达4.5亿元。蕨麻猪、黑裘皮羊取得国家农业部地理标志认定。

洮河水百转千回，滋养着一代代勤劳的岷州儿女在这里繁衍生息。晨光破晓，坐落在洮河之畔的中国当归城内早已人头攒动、熙熙攘攘。作为我国西部最大的中药材交易市场，全国80%的当归交易在这里进行。扑鼻药香，如涓涓细流，深深渗透进岷县的每一寸土地。

近年来，岷县以植树造林和生态修复工程为核心，同步推进农村"四旁"和面山通道绿化工作。到2024年，建设东西部协作生态林1090亩，完成森林生态系统综合治理工程5.02万亩，草地生态综合治理工程24.5万亩，森林覆盖率11.04%，草原综合植被盖度达83.05%，城靓村美的愿景正逐步变为现实。

【孙承刚　张光平】

　　2016 年，青岛西海岸新区与武都区"结对"。一个旧为西戎之地，一个曾是东夷故乡，共同见证了中华民族多元一体化进程，携手同奔中华民族伟大复兴之路；一个是汉代武都郡故地，一个是秦朝琅琊郡开疆，古郡相逢，是跨越历史的奇遇；一个是茶马古道上茶马交易的重要场所，一个有宋金互市的张仓榷场；一个有白龙江纵贯境内，一个有白马河滋润万物，山海牵手，龙马精神，描绘出东西部协作的壮丽画卷；一个是山水与人文浸润的橄榄之城，一个是现代、活力、时尚、幸福的国家级新区，新时代新机遇，是中国特色社会主义现代化强国进程上最强的撞击。

　　两座城，一条心，青岛西海岸新区与武都区深入贯彻习近平总书记关于东西部协作的重要论述，围绕组织领导、人才支援、产业协作、消费帮扶、社会帮扶等重点领域，展开了全领域、全方位、全覆盖的交流合作，绽放友谊之花、结出累累硕果，在新时代的征途上携手共奏协作的最美华章。两区全面开展交流互访、产业合作、人才交流、劳务协作、携手奔小康和消费帮扶等方面协作帮扶工作。新区立足"武都所需、新区所能"，变"输血"为"造血"，采取瞄准特产，生成链主，强化以"引链、补链、强链、延链"为主要内容的帮扶协作。武都区则依托"党支部＋合作社＋农户"发展模式，养殖户和种植户实现家门口创业就业，为乡村振兴发展按下"加速键"。

　　"西海岸路"路牌矗立在武都街头，是青陇携手最好的纪念！

　　青岛西海岸新区和武都区协作下诞生的三个产业园区，则生动地记录着这些年的成就和辉煌。

# 武都区地图

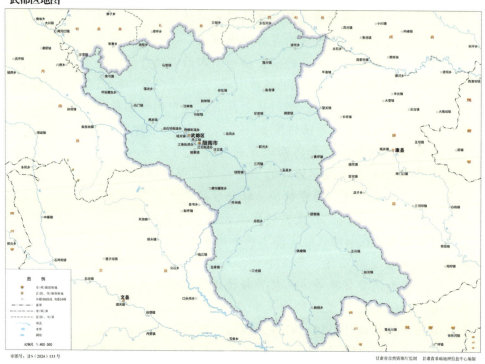

审图号：甘S（2024）133号

甘肃省自然资源厅监制　甘肃省基础地理信息中心编制

# 强化产业协作　共建美好武都

### 和平树变身"摇钱树"

深秋时节，白龙江碧波荡漾、波光粼粼，江边山峦起伏，绿树成荫。10月的陇原大地如同一幅缓缓展开的绚丽画卷，洋溢着无尽的诗意。金秋时节，白龙江沿岸硕果累累，橄榄飘香，又一个丰收季欣然而至。

油橄榄原产于地中海国家，是世界著名的优质木本油料兼果用树种，有6000年的栽培历史。我国规模引种油橄榄始于20世纪。1964年3月3日，时任国务院总理周恩来在云南昆明海口林场亲手栽种了一株从阿尔巴尼亚引进的油橄榄树苗，并指示油橄榄要过好成活、生长、开花结实、传宗接代和高产稳产"五关"，由此拉开了我国大规模引种、试验、种植油橄榄的序幕。

陇南市自1975年引种油橄榄以来，取得了良好成效。2002年1月，武都成立油橄榄产业开发办公室，使武都区成为中国四大油橄榄生产基地之一。合适的气候、土壤条件，使武都油橄榄产量高、含油率高，所产橄榄油产品荣获中国林产品博览会和甘肃省林业名特优新产品博览会银奖、金奖和国家地理标志产品保护。

武都区两水镇土门垭村村民在摘油橄榄　　　　王江　摄

2013年，武都区成功举办中国经济林协会油橄榄年会，《油橄榄栽培技术规程》成为国家林业行业标准，武都成为中国最大的初榨橄榄油生产基地，被誉为"中国油橄榄之乡"。2021年，武都区全面启动油橄榄三年倍增计划，建成白龙江沿线百公里油橄榄绿色长廊。到2023年底，武都区种植油橄榄面积达到63.58万亩，几乎山山种橄榄，产量达到5万吨，生产橄榄油7500吨，产值37.22亿元。涉及28个乡镇，320个村，4.5万农户，21万多人。已建成油橄榄加工企业16家，研发出橄榄油、橄榄酒、橄榄化妆品等10大类80多个产品，先后荣获国际国内奖项80多个，油橄榄产品销往北上广青川渝等地，虽然种植和初加工取得规模，但武都的油橄榄产业仍存在产品种类少、精深加工不够、高附加值产品较少、三产融合层次低、加工企业规模小、加工技术落后、市场开发不够等问题。为解决这些问题，青岛西海岸新区累计投入东西部协作资金700万元协助建设陇南武都高新技术产业园——马安园区，使其成为武都农产品深加工的绿色园区。

该园区位于安化、马街、柏林3个乡镇，规划7个地块总面积1286亩。其中核心区马安园区位于马街镇大李家村，规划占地535.67亩，道路交通系统便捷完善，园区物流有良好的保障。园区由青岛城乡规划设计院进行规划设计，主要以引进当地特色农产品深加工，进一步延长产业链，提升农产品附加值，夯实武都区工业基础。

种好梧桐树，自有凤凰来。2023年，青岛西海岸新区协调引入属地企业——奥利沃生物科技（青岛）有限公司（以下简称"奥利沃"），项目当年签约、当年落地、当年投产。奥利沃主攻橄榄叶和橄榄果渣萃取，项目投资5000余万元，预计年产值1.2

奥利沃总经理黎伟在检查生产设备　　　　王江　摄

亿元。奥利沃总经理黎伟介绍，橄榄全身都是宝。通过现代生物技术萃取，橄榄叶提取物主要成分有黄酮、萜类及其衍生物、芳香化合物、脂肪族化合物、酚酸类化合物等，其中黄酮、萜类及其衍生物为主要活性成分，具有降血压、降血糖、抗氧化、抗血栓、抗菌、抗病毒、抗微生物等多种药理作用，广泛应用于药品、化妆品和食品补充剂。

另外据黎伟介绍，橄榄树在秋季进行果园管护，需要修剪枝条。在没有萃取技术之前，修剪下来的橄榄枝叶都是被丢弃和焚烧，没有产生使用价值和经济价值，还有提取橄榄油之后的橄榄残渣也被浪费，难以处理。如今，枯叶萃取和残渣深化利用取得了重大进展。截至 2023 年底，共收购当地企业油橄榄加工后废弃的油橄榄果渣 6000 吨，经过提取生产的山楂酸，是很好的饲料添加剂。

火车跑得快，全靠车头带。通过引进奥利沃这个链主，油橄榄从头到脚，从枝叶到果实，从油料到残渣，浑身都是宝，有效延长了油橄榄加工产业链，实现了价值最大化。2024 年，武都区 63.58 万亩高山荒坡地油橄榄经济林喜获丰收，油橄榄鲜果产量 5 万吨，综合产值 37.22 亿元，带动 6.6 万农户通过种植油橄榄增收致富，绿油油的橄榄树成了金光灿灿的"摇钱树"。

### 养上新区兔，走上致富路

武都养兔，可以说是东西部协作过程中"无中生有"的神来一笔。

武都区紧邻四川，当地市民在节假日乘坐动车到重庆、成都玩耍已成为时尚，这一点被帮扶干部看在眼里，记在心上。川渝人爱吃麻辣兔头，是家喻户晓的经典美食。基于武都区背靠中国最大的肉兔消费市场的有利优势，东西两地共同谋划、科学论证，于 2019 年引入肉兔养殖龙头企业——青岛康大集团，投入 2000 万元东西部协作资金，全力打造肉兔特色养殖富民产业。2020 年 3 月，武都区专门成立肉兔产业办公室，协调解决手续办理和规模扩展等事项，基层各乡镇、街道大力宣传扩大社会影响。2020 年 6 月，新区拨出专款完善场地设施，选派优秀挂职干部蹲点协助，助力企业融入当地发展。肉兔养殖产业园区从开工到建成投产，不到一年的时间里，一个现代化、规模化、标准化的肉兔养殖示范基地就矗立在武都区坪垭藏族乡的大地上，展示了"新区速度"。总结并推广"基地 + 养殖小区 + 农户"模式，辐射带动了一批合作社和农户发展肉兔养殖，使肉兔养殖产业从无到有，全面开花，走出了产业融合发展新路。

肉兔养殖作为"造血式"产业协作项目，取得了"一箭四雕"的奇效。

一是培植了新型主导产业，并形成产业链。武都肉兔产业成为产值超亿元的新兴产业，2023 年通过线上线下销售供应到川渝地区 200 多万只鲜兔，辐射带动建成 5000 亩紫花苜蓿饲草基地，建设了年产 1000 吨的生物肥料厂，建成了饲料种植、肉兔养殖、深加工、销售一条龙的全产业链，如今，鲜兔餐饮已成为武都区的一大特色。

二是培育共赢协作模式。一方面挖掘西部地区资源丰富、劳动力成本低、消费市场潜力大等后发优势，解决了本土企业在东部面临的成本上涨、需求萎缩、竞争加剧的三重挤压问题，在拓展产业资本投资空间的同时，也促进西部地区产业升级和产业转移双轮驱动的新格局；另一方面也提高了东西部协作资金使用的科学性、高效性，用活了相关帮扶政策资金，缓解了企业落地初期投资紧张的问题，也坚定了企业落户武都的决心和信心。

三是培养定向专业人才。肉兔产业在武都区吸纳就近就业 200 余人，提高了当地的专业化水平，从技术上提高了肉兔的产量和品质。通过开展

康大肉兔养殖示范基地　　　　　　　　　　　　　　　　　　　　孟飞　摄

肉兔农技人员、肉兔专业合作社致富带头人、烧烤冷链等的定向专业培训，加大了对武都肉兔养殖产业人才培育的力度，为武都培育了一批专业人才。

四是培筑帮扶联结机制。本着"新增就业一人、稳定脱贫一户"的原则，两地政府建立了政府引导、企业配合、农户主动参与的帮扶机制以及养殖园区和托养基地上门送兔苗、上门教技术、上门收产品"三上门"服务，实现分散式居家就业，过去家庭中被"捆绑"住的劳动力得以解放，拓宽了脱贫户、留守老人妇女、老弱病残人员的就业渠道。

在武都区坪垭藏族乡的康大肉兔养殖场我们看到，兔舍里温暖如春，兔笼排列整齐，一只只兔子在悠闲地进食，工人正忙着喂饲料，查看兔子的生长情况。康大兔业养殖基地场长冯广帅说："肉兔养殖是一个短、平、快的项目，肉兔长到70天左右，达到5斤就可以出售，一只肉兔毛利润有10元，一年毛利润达到400万元至500万元。同时，带动周边农户发展肉兔养殖，为他们提供技术、种兔、销售等服务，帮助养殖户销售肉兔50余万只。"

坪垭藏族乡是陇南市4个藏族乡之一。2016年投资4.69亿元，启动实施整乡易地扶贫搬迁项目，把8个村1236户5731人从高山区搬迁至川坝区。如今，现代化的肉兔养殖基地和新颖的民族特色建筑相映生辉，兰海高速和兰渝铁路擦肩而过，整个定居区如一朵巨大的莲花盛开在白龙河畔，山谷中洋溢着安详。如今，在康大肉兔养殖项目发展中，带动该乡吸纳就业260人，为8个搬迁村每年增加集体经济收入180万元。藏族文化中，兔子通常被视为吉祥的象征。如今，肉兔带领他们走上致富路，当地藏族群众齐赞"扎西德勒"。

康大肉兔养殖示范基地项目入选2022年全国东西部协作示范培训班典型案例。"养上新区兔，走上致富路"成为武都养兔农户朗朗上口的口头禅。目前已经形成"基地＋养殖小区＋农户"模式，辐射带动一批合作社和农户发展肉兔养殖。到2023年，武都区利用东西部协作资金投资3000万元，建成肉兔养殖示范点37处，发展规模养殖户21户，涉及26个乡镇，全区存栏肉兔44.7万只，其中种兔存栏6.58万只，出栏肉兔190.92万只。年推广优质有机肥1000吨，每年由两个合作社为群众提供有机农家肥，促进农业产业增收，实现"经济收益"和"生态效益"双赢目标。

如今，肉兔产业已成为武都区本土特色产业，已列入鲁甘东西部协作"十四五"规划重点项目，该项目不断拓宽农民增收致富渠道，并以基层党组织的政治优势、组织优势促进产业全面振兴。武都区已培育了以肉兔为主的餐饮企业25家，研制出系列菜品20多种，综合产值达到5300万元，受益农户3.5万人。西北最大的肉兔养殖基地已具雏形，小肉兔跑出一条致富的康庄大道！

### 智慧　特色　融合

在武都区石门镇，兰海高速和白龙江之间，有一片农业园区，这里有2座智能温室、10座双坡面日光温室、72座双膜塑料大棚以及1座连栋温室。整个园区错落有致，在乡野中如科幻作品中的农业城，熠熠生辉，仿佛蕴藏着无尽的神奇和宝藏。这就是新区和武都区抓住东西部协作机遇，按照"高起点谋划、高标准建设、高质量发展，助力乡村振兴"的总体要求，创建规模化、标准化、专业化、集约化，融科技、农耕文化、科普互动、农业科技展示、研学教育、休闲体验等功能于一体，并于2019年建成投入使用的青陇现代农业产业园（以下简称"产业园"）。走进园区，只见葡萄架

武都区青陇现代农业产业园无土栽培项目　　　　　　安殿堂　摄

上，纸袋裹着的累累硕果，如珍珠如玛瑙；温室大棚中，各种蔬菜生机盎然，充满活力，无土栽培干净整洁，科技感十足；在宽敞明亮的花卉大棚内，各色鲜花竞相绽放，红的如火，黄的如金，白的如雪，构成了一幅绚丽多彩的画卷，花香四溢，令人陶醉，仿佛置身于花的海洋中。

产业园投入东西部协作资金 2280 万元，占地面积 900 多亩，其中核心区 576 亩，已经建成的核心区 300 多亩。建设各类大棚 85 座以及水肥一体化灌溉系统、物联网控制系统各一套。如今，整个产业园充满了智慧农业的科技范、地方农业的特色感和向世界开放的融合观。

产业园通过推动新品种、新农艺落地生根，打通了科技创新的"最后一公里"，园区实现物联网和水肥一体化系统全覆盖，通过无线采集器，采集土壤、水分、光照等信息，参与农作物生长发育的整个过程，对墒情、虫情、苗情、气象进行分析，实现对农作物的实时监测、远程监控、灵活管理、自动报警、差别灌溉等功能，以较低的成本，完成大面积的管理，提升了生产效率。园区除了自动灌溉，还运用了自动控温、自动卷膜、自动施肥等新技术。给农业插上科技的翅膀，让农业成为有奔头的产业，让农民成为有吸引力的职业，让农村成为安居乐业的美丽家园。

到 2023 年，产业园累计工厂化、标准化培育菜种苗 400 万株、辣椒种苗 1580 万株；完成优质订单辣椒 2 万亩，实现产值 1.8 亿元；培育优质油橄榄苗 680 万株，其中油橄榄扦插苗 520 万株、2 年生苗 160 万株，精心选育的品种包括豆果、奇迹、阿尔伯萨拉等；培育蝴蝶兰 6 万株。产业园还从山东绿色硅谷引进葡萄（金手指、阳光玫瑰、摩尔多瓦等品种）、芒果桃、果桑、高钙果等果树；从中国农科院引进樱桃番茄福特斯、水果黄瓜戴星、西红柿瑞粉 882、黄梗甜菜、奶油生菜等作物；从四川引进芥菜，培育 400 万株，辐射到周边 12 个乡镇；从四川引进辣椒，共培育 1580 万株，辐射到周边 23 个乡镇，产业园区实现了良好的经济效益和社会效益。

产业园的蝴蝶兰项目比较传奇。新区挂职干部、武都区农业农村局副局长韩鹏称之为典型的"多地互动、资源互补"的帮扶项目。2021 年 5 月，新区乡村振兴局积极协调省内协作地菏泽市定陶区、省外协作地甘肃陇南市武都区互相考察，牵头组织对接洽谈，将菏泽市定陶区蝴蝶兰优势产业资源引入武都区，并实现当年引入当年盈利。如今，武都蝴蝶兰已经辐射

武都区青陇现代农业产业园工作人员正在打理蝴蝶兰

王江 摄

甘肃，成为春节抢手货，打造了一段三地合作共赢的佳话。到 2023 年，园区内共有蝴蝶兰 24 万株，并培育"一串红""太阳花""万寿菊""石竹"等品种各类花卉共 35 万株。

经过多年发展，产业园通过深入推进农旅融合，已经成为武都区市民新的游玩胜地。这里有果蔬采摘园、农事体验园、特色农家乐、科普示范、观光游览等项目，通过"田园变公园、产品变商品"，扩大市民娱乐范围，也扩大了农民就业，增加了农民收入。到 2023 年已累计有团体、个人共计 6 万余人次体验采摘、休闲观光、学习农业知识等，甚至兰州的中小学生都到产业园来游学。通过种植、观光等业务，就近吸纳劳动力 175 人，增加农户劳务收入 184 万元，基本实现了"一园九带"的目的（"一园"即青陇现代农业产业园；"九带"即带动创建一批贫困人口参与程度高的特色产业基地，带动培育一批助推贫困户发展产业的龙头企业和合作社，带动贫困户通过产业实现稳定脱贫，带动"名、特、优、新"农产品的开发利用，带动设施蔬菜、中药材、养殖优良品种的推广，带动育苗产业的发展，带动设施蔬菜的发展，带动一、二、三产深度融合发展，带动绿色农业的发展）。

截至 2023 年底，产业园累计带动农户 733 户发展现代农业，切实提高了群众劳动技能，增加了群众的工资性收入，产业园也已成为引领武都区产业发展、乡村振兴和农业农村现代化的重要载体，为武都区的经济社会发展插上了腾飞的翅膀。

【孙承刚】

# 扩大消费稳定就业　推动武都经济健康发展

消费在拉动经济增长、创造就业机会、促进投资和维持经济稳定等方面起到了重要作用，消费帮扶是东西部协作的重要内容之一。

青岛西海岸新区把自身的产业、园区、港口等"强项"与武都区的生态、农产品等"优势"紧密结合，创造出协同发展的无限机遇。"武都花椒""陇南绿茶"等特色农产品走进青岛国际啤酒节等重大活动。借力中日韩消费专区电商体验中心、跨境电商产业园、亚洲农业与食品博览会等平台，培育新消费的"磁场"，打造武都区特色资源的"出海口"，推动特色产品从新区走向世界，实现互利共赢。武都区则强化部门协同作战，组建消费帮扶专责工作组，到2023年，共利用东西部协作资金2926万元用于消费奖补，有效提升了企业发展信心。

两地加强平台建设，为消费助力。新区先后组织武都区22家企业、合作社连续3年参加青岛国际啤酒节，在啤酒城设立消费帮扶农特产品展销中心。啤酒节期间，新区还组织武都区考察团参观考察科技创新、智慧农业建设、产业培育、美丽乡村建设、新能源应用等项目。协助武都区推动2家公司在青岛设立分公司，武都供销农产品公司在青商场设立产品销售专柜，青岛佳荣和泰商贸有限公司与武都企业合作成立甘肃青陇兄弟啤酒有限公司，走进青岛西海岸新区东西部协作服务中心，武都区大红袍花椒、橄榄油、崖蜜等农特产品映入眼帘。这些武都大山里的"宝物"，正搭乘着东西部协作的快车，跨越1700多公里，来到了黄海之滨，形成"青货入陇""陇货入青"可喜的互动局面。通过消费帮扶行动，武都区受益脱贫户达9480人。

稳定就业对于保障民生、促进经济增长和维护社会稳定具有重要意义。

# 搭协作平台 助两地共赢

## ——青岛西海岸新区推进东西劳务协作见实效

包永静 曹杰

2021年以来，山东省青岛市西海岸新区人社局紧紧围绕甘肃省陇南市武都区、定西市岷县对口协作目标，强化责任担当，创新思路措施，全力做好东西部劳务协作工作，取得了扎实成效。累计吸纳两地来青就业1342人，帮助农村劳动力就近就地就业7436人。

多渠道搭建劳务对接平台。在多次互访、充分交流的基础上，新区与武都区、岷县共建劳务工作站，签订《劳务合作协议》。依托劳务工作站，建立常态化跨区域岗位信息共享和发布机制，促进供需信息精准对接，脱贫人口精准输出、用工企业精准招人。积极举办专项招聘活动，组织130余家优质企业和人力资源服务机构赴协作地开展"鲁甘牵手聚英才 春风送岗展宏图""秋收行动"等招聘活动12场，累计提供岗位5000余个。

深化开展政校企三方合作。为提升协作地技能人才素质，新区人社局与武都区人社局签订《建立工匠联盟合作协议》，加强两地技工就业院校协同对帮扶共建，提高两地技工素质和教学水平。积极促成岷县人民政府与青岛睿智博海实业有限公司签订《人才培训基地建设投资合作框架协议》，在岷县注册成立人才培训公司，精准培训城乡劳动者和高技能人才。新区与兰州理工大学、兰州职业技术学院签署《校城合作发展战略合作协议》，与岷县职业中等专业学校、兰州理工大学和兰州职业技术学院建立政校企合作实践基地，进一步推动校城合作。在协作地高校开展"兰州理工大学走进企业""强青富硕岷山海情"等引才推介活动，采取"线上招聘+线下宣讲"联动模式，提供就业、机电等优质岗位600余个，线上线下参与人员达3500余人次。

全方位提供来青留青服务。区人社局依托"定西—青岛"专列，统一接送务工人员，确保其安全抵达用工单位，2021年以来，专列共搭载甘肃籍来新区务工人员443名。引导企业建立人文关怀，加强饮食、住宿、业余生活等方面的人文关怀，定期召开座谈会了解务工人员思想状况，尽量满足其合理需求。强化开展就业技能培训。根据协作地脱贫人口实际需求，结合协作地产业特点，公开遴选师资力量雄厚、教学质量最高的培训机构承担培训任务，科学合理设置养老护理、驾驶员、制陶工、架子工等培训专业、就业余生计划，分批次开展技能培训，切实提升脱贫人口就业技能水平。创新采取"技能培训+就业岗位"模式，累计为参训学员提供400余家新区优质企业的近8000个相关岗位供其选择。2021年以来，共培训协作地区脱贫人口1507人。

下一步，区人社局将进一步完善东西部劳务协作机制，加强两地部门间沟通，持续推进劳务协作走深走实走亲。充分发挥劳务工作站和人力资源服务机构等平台作用，促进新区企业招工信息和劳务地求职信息精准匹配。不断强化政校企合作，推动产教深度融合，同时提升技能培训的有效性，切实增强就业劳动力和高校毕业生的就业创业能力，全力促进其在当地或新区实现充分就业，助推协作地和新区经济社会更高质量发展。

《中国劳动保障报》2023年12月27日第2版：《搭协作平台 助两地共赢——青岛西海岸新区推进东西劳务协作见实效》

一个人的稳定就业，背后就是一个家庭的增收致富。青岛有广阔的就业空间，武都有富余的人力资源，两地劳务合作潜力巨大。新区在青岛设立武都劳务工作站，与20多家企业达成劳务意向协议。以"春风行动""就业援助"为载体，深入开展以"政策引导、求职引荐、用工对接"为一体的招聘活动。累计提供就业岗位15000个，向青岛输转劳动力1328人，实现稳定就业脱贫劳动力816人，通过援建就业帮扶车间实现就近就地就业4542人，通过牵线搭桥帮助外地输转脱贫劳动力454人，培训脱贫人口1607人。通过劳务协作，不仅有效地提高了脱贫人口的收入，而且加快了武都区技能型人才的培养，对提升武都区脱贫人口内生动力具有不可替代的作用。

青岛西海岸新区除在助推脱贫攻坚上倾情帮扶外，每当武都区受到自然灾害的紧急时刻，都会第一时间雪中送炭，给予无私援助。2018年8月7日，武都区发生暴洪灾害，新区捐款500万元帮助武都区安化镇马家沟村群众重建家园。面对新冠疫情和2020年"8·17"暴洪灾害，新区迅速给武都区提供了30万元疫情捐款和300万元的灾情捐款，并捐赠了大量防疫物资和救灾物资，体现了"一方有难、八方支援"的人道主义精神。

【孙承刚】

# 医者仁心　播撒大爱

健康帮扶作为东西部协作工作的重要组成部分，对于提升人民生活质量、减少因病致贫和返贫、推动社会公平和正义以及创新医疗服务模式，都具有重要意义。自东西部协作工作启动以来，武都区充分利用青岛西海岸新区帮扶平台，在医疗业务技术输送、人才队伍建设及培养、人员互派、组团帮扶等方面做了大量的工作，推动了武都区卫生健康事业的发展。

为了确保东西部协作工作顺利实施，双方加强组织领导，先后制定了东西部医疗卫生协作行动方案和"组团式"帮扶工作实施方案，成立了帮扶工作领导小组，做到"四有""四落实"，即有组织领导、有阶段性计划、有实施方案、有检查督导，落实时间、落实地点、落实人员、落实目标，以此推动东西部协作工作的规范化和制度化运作。

加强精准帮扶，做到有的放矢。新区按照"对方所需、我方所能"的工作思路，加强在人才培养、健康产业促进、医联体建设、妇幼健康领域等方面协作，加大精准帮扶的实施力度。确定以武都区区级医疗机构综合能力建设培养为重点，提升常见病多发病诊疗、危急重症救治、公共卫生事件综合能力。两地先后有59家医院签订了东西部协作协议，建立"一对一"帮扶关系。新区先后派出专家86人，充分发挥专业特长，传技术、帮专业、带发展，用心、用力、倾心投身帮扶工作，通过帮扶，帮助武都区医院加强以理念、人才、技术为核心的医疗服务能力建设。

加强重点科室建设，开创一个优质高效的新局面。专家们在科室管理、技术创新等方面倾心倾力，做了大量卓有成效的工作。在专家的协助下，武都区第一人民医院重点加强检验科、泌尿外科、肾内科、麻醉科、口腔科、骨科等科室建设。妇科专家开展了武都区首例宫腔镜下子宫内膜剥脱术、首例宫颈冷刀锥形切除术,耳鼻喉专家开展了经鼻内镜鼻腔恶性肿瘤切除术,骨科专家开展了肱骨外科颈骨折并大结节粉碎骨折内固定后肩袖修复术。武都区第一人民医院没有独立的胸外科科室,青岛西海岸新区第一人民医院胸外科医生黄成辉为医院开展了有史以来第一例胸腔镜手术,彻底解决了困扰病人四十几年的先天性膈膨升疾病,病愈患者送来锦旗,表达感激之情。

加强帮教传带活动,留下一支不走的专家队伍。按照"团队带团队""专家带骨干""师傅带徒弟"工作机制,重点加强对专科骨干的人员培训,加强本地医疗人才队伍建设,打造一支带不走的医疗队伍。帮扶专家与所在科室业务骨干签订了"师带徒"协议,通过传、帮、带、教,全面加强受援医院紧缺型、急需型人才培养。麻醉科、妇科、病理科、消化内科等科室的年轻骨干医师已能独立开展各类技术操作。青岛西海岸新区第一人民医院关节外科副主任医师程勇杰表示,第一次帮扶有很多工作没有完成,感到很遗憾,于是报名参加第二次帮扶,希望把上次没有完成的工作继续进行下去。武都区第一人民医院还利用远程 MDT 诊疗新模式,与青岛市立医院、青岛西海岸新区第一人民医院打通远程会诊平台,就疑难杂症展开远程会诊,极大提高了医疗效率。

加强硬件建设,确保钱花在刀刃上。按照"保基本、强基层、建机制"的原则,根据医院实际需求,争取东西部协作资金 220 万元用于武都区第一人民医院"智慧药房"建设,并于 2023 年 10 月正式投入使用,改变了医院药房现有手工调剂分发药品流程,有效控制和减少交叉污染、差错率高的问题,实现了药品调剂工作的

武都区第一人民医院东西部协作药品自动分拣项目　王江　摄

信息化和自动化，大大提高了医院的周转效率。争取东西部协作资金 200 万元，用于移动护理项目和医护对讲系统建设，建立起移动护理系统、医护对讲系统、护理管理系统等，使医院护理信息化管理向病房延伸，提高了医院智能化管理水平。争取东西部协作资金 300 万元，为 10 所卫生院更新彩超设备 10 台，有效提升了基层卫生院影像诊断水平。青岛西海岸新区援助资金 10 万元，按照"填充补齐"原则，为武都区 10 个受援卫生院配置了医疗设备和信息化设备，重点解决了受援卫生院医疗设备和信息化设备短缺的问题，提升了受援卫生院信息化服务水平和医疗服务能力。

医者仁心，用一腔热血守望杏林春暖。术者精诚，以满腹经纶呵护橘井泉香。通过"组团式"帮扶，武都区医院发生了可喜的变化：形成积极向上的工作氛围，专业技术人员队伍得到壮大，临床科室发展更加均衡，专科发展重点突出，优势学科优势明显，达到省内领先水平。医院质量管理水平显著提升，成为区域内具有影响力的医疗中心。

【孙承刚】

# 为梦想插上翅膀

教育帮扶是推动教育公平和社会进步的重要举措，是努力办好人民满意的教育的重要任务。自 2018 年以来，新区和武都区教育主管部门经过多次协商及实地考察调研，结合两地实际情况强化责任落实，积极开展了各方面教育帮扶工作。

加强结对帮扶。2018 年，青岛西海岸新区教育体育局与武都区教育局签订了东西部扶贫协作教育帮扶框架协议。到 2024 年，武都区 20 余所学校与青岛西海岸新区学校达成了结对帮扶共识，双方学校签订了结对帮扶协议，有效推动了帮扶工作。其中，胶南第一高级中学结对帮扶武都二中，新区第一高级中学结对帮扶两水中学，新区第二高级中学结对帮扶八一中学，新区实验高级中学结对帮扶洛塘中学，新区第六初级中学结对帮扶东江初中，新区第五高级中学结对帮扶城关中学，新区第三高级中学结对帮扶滨江学校，新区第八高级中学结对帮扶深圳中学，新区致远中学结对帮扶马街初中，开发区第四中学结对帮扶汉王中学，新区弘文学校结对帮扶角弓初中，新区文汇学校结对帮扶三河初中，新区第四初级中学结对帮扶旧城山中学，新区实验初级中学结对帮扶安化初中，新区职业学校结对帮扶甘泉农中，新区第二实验小学结对帮扶两水中心小学，新区东风小学结对帮扶钟楼小学，新区香江路第一小学结对帮扶安化中心小学，新区珠江路小学结对帮扶东江中心小学，新区育才小学结对帮扶角弓中心小学。

加强支教帮扶。到 2024 年，新区共选派 59 名教师到武都区支教。通过支教活动，实现了优质教学资源共享。支教教师发挥主观能动性，在传播先进的教育教学理念的同时，构建了集教学、研究、培训等职能于一体的教师合作学习共同体，切实帮助指导武都区教师提高了教学技能和业务水平，并为学校长远发展出谋划策。

2022年8月,新区中德应用技术学校副校长姜秀文主动请缨,带领"组团式"帮扶团队来到甘泉农业中学。该校受基础设施陈旧、教学设备落后、海拔高、地理位置偏远、交通不便等诸多因素影响,教育教学发展严重受阻。改善教学环境,成了姜秀文对其实施帮扶的第一要务。姜秀文多次申请协调,在武都南山改建了19亩的实训基地,建立了甘泉农中分校区,改善了学校的办学条件。武都区划拨60亩职教用地将甘泉农中搬迁到城区建设新校,并更名为武都区职业中学,为将该校建成标准化职业学校长远发展提供了基础的条件和保障。他个人出资购买奖品、营养品,奖励九年级6名成绩优异的同学,学生们深受鼓舞,纷纷表示将全力以赴备战中考,为校争光! 2023年5月23日,教育人才"组团式"帮扶校长领航工作室在武都区甘泉农业中学正式揭牌。姜秀文表示,将竭尽所能,引领武都区中职教育加快迈向市内一流、省内先进水平。2023年8月,姜秀文带领的国家乡村振兴重点帮扶县教育人才"组团式"帮扶团队荣获中宣部、教育部颁发的"最美教师团队"称号。

开展捐资助学。到2024年,新区教育系统为武都区累计捐资358.5万元。其中:2018年为隆兴九年制学校捐建一个音乐教室,为龙坝九年制学校捐建一个多媒体教室。2019年资助品学兼优贫困学生共计30万元(20所学校,每校1.5万元)。2020年为武都区学校购置笔记本电脑45台和价值20万元的图书。2021年为城关小学建设录播教室一间。2022年为八一中学购置电脑、为甘泉农中建设多功能室一间。2023年为城关中学、甘泉农中、八一中学、武都区新入职教师培训等提供捐助。通过捐资助学,一方面改善了武都区乡村学校的办学条件;另一方面用于表彰奖励优秀学生干部和优秀学生,资助家庭经济特别困难学生和残疾儿

2023年8月,姜秀文带领的国家乡村振兴重点帮扶县教育人才"组团式"帮扶团队荣获中宣部、教育部颁发的"最美教师团队"称号

童，解决了他们的实际困难，极大地鼓舞了他们成长成才的信心。

开展教师培训。到2024年，新区教体局先后举办9期骨干教师培训班，培训武都区中小学学科骨干教师共计2344人次；同时武都区派遣学校中层管理人员及骨干教师共计311人次赴新区学校挂职培训学习。通过学习培训，武都区教育事业在课堂教学改革、校园文化建设、学生全面发展等方面取长补短，校园面貌焕然一新。

在八一中学我们看到，新区来的体育老师带领学生在操场上有序训练；创客教室内，火箭、中国空间站等模型，把教室装扮得跟未来世界一样；第一批帮扶队员刘春晖老师成立了八一中学第一个心理咨询室，自费1000多元购买了简单的心理咨询设施，第二批帮扶队员李锐老师自费购买了价值5000元的体育器材。新区第二高级中学副校长、武都八一中学校长逢锦在说："帮扶工作就是用爱心与行动诠释着作为一名教育工作者的责任与担当，所有的帮扶老师都想用自己的光为武都孩子点亮心灯，为他们的梦想插上翅膀。"

【孙承刚】

八一中学学生在创客教室内开展活动　　　　　　　　安殿堂　摄

　　按照"一年规划、三年实施、五年建成"
的目标，武都区借鉴学习青岛西海岸新区
铁山街道黄泥巷、后石沟村等先进经验，
将产业发展与区域自然基础条件相结合，
人居环境治理与生态振兴、美丽乡村建设
相结合，社会治理与文化振兴、人才振兴、
组织振兴相结合，探索打造具有鲜明武都
特色的新农村。新区投入东西部协作资金
8490万元，实施帮扶项目33个。实施了城
关镇石家庄村、石门镇草坝子村、两水镇
土门垭村3个示范村建设项目，目前已全
面完成建设任务。补齐产业基础，改变村
容村貌，完善村庄整体服务功能，全面提
升乡村颜值，增强乡村的内涵美和视角美，
让青岛"红瓦绿树、碧海蓝天"在武都实
现"青山绿水、村美业新"的华丽转身。

# 陇上樱桃园

　　城关镇石家庄村位于武都区市区北出口，距离市区约 1.5 公里，交通便利。以石姓人士居多，故名。

　　石家庄村历史文化资源富集，有红女祠（相传唐代女子，受婆婆欺凌自杀后成仙，福泽乡民，故祀之。李商隐有《圣女祠》和《重过圣女祠》两诗纪念之）文保单位，有"武都维梓团"（1940 年根据中共甘肃工委"组织各种进步团体，开展抗日宣传活动"的指示，武都发展的党的外围组织）旧址，且山有五凤、河有北峪，旅游资源较为丰富。

城关处处飞粉樱　　　　　　　　　　　　　武都区档案馆提供

石家庄村境内农业资源富集，有樱桃、油橄榄、花椒、蔬菜种植等特色作物。其中樱桃种植已有100多年的历史，樱桃产业已经成为群众增收致富的支柱产业。每当春天来临，北峪河湿润的春风吹来，山庄田间的樱桃树枝头花蕊绽放，整个河谷和山坡都被粉白色的花海所覆盖，如玉带环绕山间，似白雪香溢谷中。"早春第一枝""初夏第一果"使"陇南樱桃第一村"声名大噪，盛产的樱桃状似珍珠，色如玛瑙，皮薄汁多，味道鲜美，不仅受到广大市民的喜爱，同时也远销周边县区及兰州等地。赏花、采摘等休闲旅游成为石家庄村的特色项目。

为加强旅游环境建设，促进樱桃产业与文旅产业融合发展，2022年初，城关镇编制了《陇南市武都区城关镇樱桃河谷设计方案》，分四期开展，打造具有一流水准、独具特色，望得见山、看得见水、记得住乡愁的武都市区北出口田园综合体。

2023年，青岛西海岸新区列支东西部协作资金建设殿沟社区水濂洞周边乡村旅游配套设施、综合配套服务设施、人居环境整治及整体功能提升等项目。到2024年，共投资922万元，道路提升修复351米，滨河景观平台挡墙375.6米，拦水坝52米，河道景观整治提升1208平方米，水濂洞入口牌坊标识59.5平方米，滨河景观绿化4349平方米，滨河景观栈道442.5米，建筑风貌改造约9536平方米。石家庄、殿沟社区整体面貌发生了翻天覆地的变化，社区人居环境实现"颜值"大提升，群众的获得感更可持续，幸福感、满意度不断提升，城区北出口成为"江南樱桃园，锁钥花溪谷"。

陇上江南春来早，樱桃花烂漫染田园。游客作诗云："春风吹拂白如烟，花蕊娇颜照水边。十里飘香游客醉，游人笑语写清泉。"描写了东西部协作的盛况。

【孙承刚】

# 善治铺平和美路

　　石门镇草坝子村位于白龙江以南，全村有 360 户 1630 人，村庄依山傍水，高标准水田和油橄榄园环绕四周。这里气候资源丰富、土壤肥沃，农作物一年三熟，农耕文化厚重。东西部协作开始后，草坝子村成为青岛西海岸新区重点帮扶的示范村建设项目之一，他们抓住机遇强抓善治，通过硬件治理、产业治理、乡村治理，全村呈现出村美人和的良好局面。

　　2022 年，在青岛西海岸新区的大力支持和武都区委、区政府的领导下，草坝子村被列为陇南市级示范村。两年来累计投入协作资金 1300 余万元，以产业建设、基础设施建设和公共服务设施建设为主要内容，实施党群活动中心阵地提升及水田改造、产业路、晾晒场等产业基础设施建设。通过

武都区石门镇草坝子村　　　　　　　　　　　　　　　孟飞　摄

供排水管网、水冲式厕所、雨污分流系统、污水处理站、垃圾处理点、美丽巷道、美丽庭院示范户等生态修复和人居环境综合治理设施。同时建成小餐厅、理发室、小书屋、说事厅、群众服务中心、200平方米村级活动中心、乡村大舞台以及400个集体停车场等公共服务设施，进一步完善村庄整体服务功能，通过硬件治理，推动乡村风貌大变化、颜值大提升。

在产业发展治理方面，草坝子村借助示范村建设机遇，落实土地提质改造、低产园改造、耕地整治等措施，建成800亩高标准油橄榄示范园、500亩小麦高效农业示范区以及高标准水田（旱改水）110亩各一处。随着产业基础设施逐步完善，油橄榄、小麦、蔬果等农业产业品质、农产品质量实现提质增效。

在乡村治理方面，草坝子村积极开展文明实践活动。建立村级项目协调服务队、民事直说委员会、红白理事会、共建共管共享理事会、关心关爱服务队、文化队等组织，做到和美乡村"共建、共管、共治、共享"。同时探索推行"党组织＋网格化"管理服务模式，建立村党支部—网格小组—网格党员"链条"，将基层党建融入网格单元，在项目协调、矛盾调处、政策宣传、关爱特殊群体等方面充分发挥各网格优势，全面提升基层治理能力。

如今的草坝子村，融江岸、水田、稻花、橄榄、民宅、古建筑、美丽巷道等风光成一景。兰渝铁路大桥下，青岛西海岸新区援建的产业路宽直平坦，路边橄榄树挺拔而苍翠，枝叶繁茂，为大地增添了一抹生机；蔬菜大棚内绿意盎然，各种蔬菜苗壮成长，展现出丰收的希望。一个有山有水有型有魂有景的和美村庄伫立在白龙江畔。

【孙承刚】

# 云崖之巅的美丽乡村

  两水镇位于武都区西部 12 公里处白龙江的一片冲积平原上，车水马龙、高楼林立，俨然是武都区的西部城区。中巴车到了镇政府，需要换乘小车才能去土门垭村。经介绍，我们注意到南边的秦岭上，隐隐约约有一座小村，如同天空之境，隔世独立，向世人展示着她的坚韧与美丽。

  土门垭村党支部书记陈海荣开车带着我们向那座云崖之村奔去，路上九曲十八弯，他介绍说，是东西部协作才让这条路硬化了，更好走了，感谢青岛，感谢新区。

  虽然土门垭村距镇政府仅 10 公里，但由于坡度太大，整整走了半个小时。村西头是擂鼓山，东头是凤凰山。在透明的秋阳照射下，蓝天高远，整个村庄干净而整洁，温暖而宁静。

  土门垭村现辖 2 个社 125 户 520 人，有耕地 398 亩、林地 670 亩，年轻人主要外出务工，留守老人则依靠花椒、油橄榄产业的经营性收入增收。目前，全村油橄榄种植面积达 360 亩，年产值 90 万元，户均收入 5000 多元，

土门垭村全景             孙承刚　摄

油橄榄产业成为群众增收致富的重要支柱产业。

近年来，土门垭村抢抓东西部协作建设机遇，紧紧围绕"产业兴旺、生态宜居、乡风文明、治理有效、生活富裕"的乡村振兴战略总要求，总投资 297.2 万元，全力推进和美乡村建设。

土门垭村两委通过东西部协作和美乡村建设项目，引导动员群众自觉拆除破旧杂物房和残垣断壁。新建挡土墙 1606.08 立方米，扩宽道路 320 米，硬化道路 5997.35 平方米、道牙 90.3 米，提升了道路的稳定性和安全性，村民出行更加便捷、安全。争取资金实施土门垭村水毁安全饮水设施维修项目，新埋设清水坪引水主管道 3000 米，保障了群众饮水安全，新建水泥栏杆 140 米、镀锌管护栏 1100 米、院面硬化 1563 平方米、村庄绿化 167.37 平方米、花园护栏 170 米，解决了村内无巷道排水渠、雨水顺路面流动等问题，乡村面貌焕然一新。2024 年，村两委从集体收入中筹资，实施了村道维修、农路拓宽、新建石凳、景墙坐凳、景石等便民设施，为村民提供了出行及休闲娱乐的场所，丰富了其业余生活，增进了村民之间的交流和互动。

在东西部协作的推动下，土门垭村的基础设施得到了显著改善，村民们的生活水平也逐步提高。同时，土门垭村还充分利用自身的地理优势和资源优势，发展起了特色农业和旅游业，吸引了越来越多的游客前来观光旅游。云崖之村，必将迎来更加美好的明天。

【孙承刚　姚彦飞】

# 藏乡飞出幸福歌

　　沿白龙江向西，出武都区 33 公里一处川坝河谷里，一幢幢极具藏族风情的小楼置于其间，环形道路连接村庄。站在附近的山坡俯瞰，依道路走向而建的"新坪垭"如同八瓣莲花绽放在白龙江畔。

　　坪垭藏族乡位于武都区西部，距城区 27 公里。辖 9 个村，18 个村民小组，共 1317 户 6421 人，区域面积 94.5 平方公里，耕地面积 0.95 万亩。经济以农业为主，传统农产品为小麦、玉米、马铃薯及特色小杂粮。2016

坪垭乡旧村寨　　　　　　　　　　　　　　武都区档案馆提供

年以前，坪垭藏族乡分散在高山林缘区，山大沟深，交通不便，信息闭塞，生产生活条件十分艰苦。2016年，武都区政府投资4.69亿元启动实施整乡易地扶贫搬迁项目，把8个村1236户5731人从高山区搬迁至川坝区，藏族群众生产生活条件发生了翻天覆地的变化。这里先后被评定为全国易地扶贫搬迁美丽安置区、全国民族团结进步示范乡镇、全国脱贫攻坚先进集体。

为了让搬迁群众稳得住、有就业、能致富，坪垭乡依托东西部协作的政策机遇，在青岛西海岸新区的大力帮助和支持下，引进中国最大的肉兔养殖企业康大集团，投资5000多万元（其中东西部协作资金2000万元），于2020年底建成了西北最大的肉兔养殖基地。

项目建成后产业振兴效果明显，一是促进肉兔产业增收，采取"企业+合作社+农户"的发展模式，通过培育种兔、提供技术服务、保障销售渠道，有效带动全区23个乡镇共建成37个肉兔养殖示范点、3000多户农户养殖肉兔，存栏种兔6万多只，养殖规模从最初的年出栏50万只发展到现在260多万只，年产值突破1亿元。二是促进搬迁群众就业，每年解决搬迁群众就近就地就业260人以上，人均增收3万多元。三是促进集体经济发展，每年分红180万元，为每个搬迁村增加集体经济收入22万多元。四是促进产业链延伸，研制出系列肉兔菜品20多种，培育了以兔肉为主的餐饮企业25家。五是促进农业产业增效，每年为群众提供优质有机肥1000多吨，实现"经济收益"和"生态效益"双赢。

一兔兴，百业兴。按照"山上有生计、山下好生活"的发展路子，坪垭乡加快构建"3+6"农业特色产业发展体系，积极推行"党支部+合作社+农户"的发展模式，实现花椒、油橄榄、特色小杂粮、肉兔养殖"四大支柱"特色产业提质增效。融入东西部协作劳务帮扶，全乡有劳动力3062人，2024年累计培训2362人，从事特色产业1030人，在肉兔养殖基地就业200多人，外出劳务输转1941人（其中脱贫人口1216人）。通过技能培训，在外出务工人员中60%为架子工，每天工资350~450元，户均劳务收入4.8万元。

坪垭乡还依托肉兔发展文旅事业。开发"烤全兔、柴火兔"等肉兔饮食产品，传承"大块吃肉、大碗喝酒"的当地饮食文化。打造藏乡民俗文化节——"罗萨举安节"，重点演出以藏舞——坪垭"羌姆巴"和藏戏——《松赞干布迎亲记》为主的民俗文化活动，将特色文化与民俗节会相融合。通过节会展示坪垭腊猪腿、藏乡腊肉、酥油茶、荞麦面等特色美食，发展乡村旅游。深入挖掘以藏药康养为主的藏疗馆，鼓励群众开设民宿馆、藏家客栈，让游客体验藏家民宿风情。打好节会"文化牌"，让节会演变为一种集观赏游玩、交易往来、文化宣传于一体的综合性活动，吸引游客广泛参与，带动了消费增长，为坪垭藏族乡经济社会发展增添新动能，让文化旅游成为坪垭群众增收的新业态。

坪垭藏族乡与新区大场镇加强协作，扎实推进"双千双万"目标，即打造千亩山地特色观光农业，发展千亩小杂粮荞麦、油菜种植，综合管护1.4万多亩花椒产业提质增效，实现肉兔养殖年出栏突破100万只。目前，已沿旅游路发展千亩油橄榄基地，打造千亩梯田和发展肉兔养殖产业，形成自然景观、产业景观融为一体的特色农旅发展新路。

【张文凤】

坪垭乡搬迁后的新面貌　　　　　　　　　　　武都区档案馆提供

# 易地搬迁焕新颜

　　2017 年 8 月 7 日，安化镇马家沟村遭到百年难遇的暴雨泥石流灾害，25 户房屋倒塌，83 户房屋严重受损。灾害发生后，区、镇、村三级全力做好抢险救灾、基础设施抢修、灾后恢复生产、受灾群众安置等工作，有力有序推进灾后重建工作。采取"易地搬迁 + 原地分配过渡性生产周转房"的形式，开展"山上住平房，山下住楼房"安置模式。

　　青岛西海岸新区得知消息后，捐助资金 500 万元，支援灾区重建工作，在马家沟村上河坝社四条里实施搬迁群众过渡性生产用房建设项目。该项目规划用地 9886.2 平方米，总建筑面积 1264.32 平方米，总投资 590 万

安化镇马家沟村易地搬迁焕新颜　　　　　　　　　　安殿堂　摄

元。其中生产用房 1192.32 平方米，户均面积 25.92 平方米，每平方米造价 1250 元，其中公厕面积 72 平方米，解决 46 户搬迁群众回村进行农业生产临时居住问题，搬迁群众已于 2019 年全部入住。

救灾同时不忘脱贫攻坚。2018 年，趁着东西部扶贫协作的发展东风，马家沟村成为陇南探索"双椒套种"、发展"麻辣"产业的试点之一。村民马六十娃说："别看椒粒小，可经济效益高，今年自家采摘花椒 800 多斤，收入 5 万多元。"村民杨进宝介绍："除了卖'树上花椒'外，多了'树下辣椒'的收入，没费多少功夫，老百姓收入便一下子提高了！"村民入股武都富民公司和附近渔场，每年还可以分红。目前，马家沟村共栽种无刺花椒种苗 80 亩 2000 株，引进试种美人椒、满天红两种新品种辣椒，种植面积 150 余亩，亩产量达 1000 公斤，亩产值 3000 元，形成"双椒"新优势，优化了产业结构，提高了村民收入，切实达到"搬得出、安得住、能致富"的目标。

当村里老一辈人经营着这片黄土地，畅想着来年盛夏漫山遍野的花椒树硕果满枝时，马家沟的年轻人已经开始踏上外出务工之路。马家沟村在巩固提升花椒、中药材等传统产业的基础上，积极参加劳务培训、"双椒"项目人才培训等，培训人次达 300 余人次，通过自主外出务工、有组织就业招聘等途径，全年累计外出劳务输转 580 余人次。尤其是每年输转到老挝、厄瓜多尔、哈萨克斯坦、巴基斯坦等国家的劳务人员达 110 余人次，形成了示范带动作用，成为群众增收的一个重要渠道，为群众稳定增收奠定了坚实的基础。

【孙承刚】

# 红光东来满眼春

　　马街镇因明代朝廷在此设立军马场，屯田取租养马，故此名为马街，杨湾村位于马街镇下南山片。沿着盘山公路，只见万亩花椒树漫山遍野，与高山云海交织成一幅悠悠田园风景。远远望见一片红瓦白墙农舍点缀其间，万绿丛中，显得灵秀清新，这就是马街镇杨湾村。

　　村头产业文化浮雕墙上，鲜红的党旗辉映着"花椒强镇，村美民富"。武都区抢抓东西部协作政策机遇，利用东西部协作资金，以五凤山旅游风景区为依托，以下南山万亩花椒示范基地为牵引，立足杨湾村自然环境、农业产业、文化底蕴等资源禀赋，"下活一盘棋"，打造马街镇乡村振兴样板。

武都区马街镇杨湾村　　　　　　　　　　　　　　　　　孟飞　摄

在改造过程中，立足村内现有河道、植被等天然"素材"，按照村庄原有脉络进行梳理，一方面以改善人居环境为抓手，提升整体文明程度；一方面坚持在尊重原有自然生态的基础上，研讨优化规划方案，切实打造合理的乡村空间格局，促进人与自然和谐共生。尊重群众意愿，以基础设施改善、人居环境提升、植绿添绿等行动为抓手，以保护乡村农韵肌理为前提，加强村庄建筑特色、风格、色调引导。到 2024 年，杨湾村房屋提升改造完成 148 户，建设 1735.3 立方米挡土墙、120 立方米排洪渠，治理沟道 5920 平方米，浆砌护坡 41 立方米，拆除及维修灌溉渠 142.8 立方米，建设农业灌溉管网 4000 米，建设生活用水管网 1000 米，建设杨湾沟 A 区污水管网 885 米、B 区污水管网 2151 米、C 区污水管网 585 米，道路拆除及修复杨湾沟 A 区 3540.3 平方米、B 区 7772.8 平方米、C 区 2777 平方米，建设产业观摩点 1 处，治理护坡 1 处。利用新修 3 公里产业路，沿路打造生态文化长廊小品景观节点，全村基础设施明显改善，形成了一幅路畅、景怡、人美、业兴的新兴乡村之景。

如今的杨湾村，有"颜值"，更有"产值"。初秋时节的微风徐来，椒香扑鼻。一颗颗晾晒的花椒芳香馥郁，气息氤氲。2024 年，全村发展经济作物花椒、蔬菜总面积 2100 亩，其中花椒面积 1850 亩，人均 1.6 亩，花椒总产量达到了 22.5 万斤，产值 1200 万余元，是杨湾村支柱产业之一。全村推广"花椒+"模式，打造庭院经济，增加收入 260 余万元，进一步拓宽了群众的收入来源，让群众鼓起了"钱袋子"。各类大胆创新的发展举措，极大地增加了农民收入，改善了生活条件。

红红的房顶，红红的花椒，映红了天，也映红了农民的笑脸。

【孙承刚 张文凤】

# 内外兼修　华美蝶变

安化镇杜家塄村地处武都区东北，距区委约 30 公里。走进村庄，村头巷尾干净整洁，步道曲径通幽，停车场宽敞平整。一户户农家庭院掩映在绿树丛中，一个个小广场依偎着小桥流水，一片片小花园蕴藏着季节的变化，一条条石板路感受着岁月的沧桑。正是"人在村中，村在水畔，水在山旁，山在绿中"，赏心悦目的乡村美景提醒着我们，这是一座陇南市级和美乡村。

杜家塄村辖 4 个村民小组，232 户 752 人。在和美乡村建设中，借东西部协作之力，携党群联动之治，内外兼修，全力打造村庄美、产业兴、治理好、乡风和、百姓富、集体强的乡村振兴美丽画卷，实现"由弱到强、由穷到富、由乱到治、由治到兴"的华美蝶变。

在新区帮扶下，共投入协作资金 600 万元，实施了文化广场、村内巷道、

武都区安化镇杜家塄村　　　　　　　　　　　　　　武都区档案馆提供

风貌改造、防护栏、拦水坝、停车场、公共厕所、排污渠等基础设施项目。经过大力整治，烂泥滩变成"小公园"，臭水沟变成"小溪流"，实现了"脏乱差"到"洁净美"的转变。基础设施不断完善，服务功能逐步优化提升，村容村貌彻底改变。同时，创建樊家坝—牛蹄关梁10公里生态文化长廊，沿途栽植樱花、高秆月季等绿植，展现"三季有花、四季有景"的景观效果，呈现"天蓝、水清、景美"的生态画卷。

按照"党支部＋合作社＋基地＋农户"模式，杜家塄村结合撂荒地整治，打造花椒、中药材示范点。依托域内山、水、林、草等自然资源优势，探索出"高山地区种植药材、半山地带栽植花椒、川坝河谷发展蔬菜"的阶梯产业发展模式，打造"十里樱花生态长廊——山水杜家塄和美乡村体验线"，大力发展文旅康养产业及农家乐、度假村、庭院经济，增加群众收入，实现产业"由单一到多元"，让村民的钱袋子"鼓"起来。2023年以来，发展特色农家乐2家，中蜂养殖户5家1200余箱，花椒产值340万元，中药材产值232万元，劳务输转收入440万元，人均可支配收入达到1.35万元，村集体经济累计达15万元。

在彻底解决环境卫生"脏乱差"问题，村民收入普遍增高的同时，杜家塄村成立了红白理事会、新时代文明实践志愿服务队等村民自治组织，评选"美丽庭院"12户，"好儿媳、好婆婆"10名，"模范村民"10名，乡村文明蔚然成风。

【孙承刚】

　　武都区地处长江流域嘉陵江中游、秦巴山地接合部，生态环境独具特色，自古被雅称为"陇上小江南"。良好的气候资源使这块沃土终年树常绿，四季花不败，八节有鲜果，山山出奇珍。武都最高海拔3600多米，最低海拔仅600多米，有"一山有四季，十里不同天"之说。武都既有南国之灵秀，又具有北国之雄奇，是一方兼有南北之美的神奇土地，被著名地质学家李四光誉为"复杂的宝贝地带"。境内自然景观和人文景观星罗棋布，美不胜收。经甘肃省旅游协会确定，武都区共有旅游开发景点228个，其中自然景观194个，人文景观34个。目前全区共有8处A级景区，其中：国家AAAA级旅游景区1家，为万象洞风景名胜区；AAA级旅游景区共4家，分别是朝阳洞名胜风景区、武都历史革命纪念馆、祥宇油橄榄工业园旅游风景区和坪垭藏乡风情景区；AA级旅游景区共3家，分别是五凤山名胜风景区、水濂洞名胜风景区和米仓山红石崖观光休闲景区。2024年，武都区全年共接待国内外游客806.39万人次，同比增长59.68%；旅游花费531098.4万元，同比增长95.03%。

# 武都革命历史纪念馆

　　武都革命历史纪念馆位于长江大道钟楼公园，始建于 2013 年 10 月。主体建筑结构两层，场馆面积 1560 平方米，展厅面积 680 平方米，整座建筑以汉唐风格为特色，与钟楼滩主题公园浑然一体。纪念馆集展览宣传、资料征集研究、革命历史文物收藏和保护功能于一体，2021 年 12 月与钟楼公园合并申报为国家 AAA 级旅游景区，是甘肃省红色教育基地、武都区爱国主义教育基地、国防教育基地和精神文明建设的重要窗口。全馆以"青山作证"为主线，以历史时间为序，展示了武都人民在中国共产党的领导下，

武都区革命历史纪念馆

安殿堂　摄

艰苦卓绝、前赴后继的革命历程。馆内珍藏革命历史文物 232 件（套），包括中央人民政府颁发李虎祥的"人民功臣"牌匾、"二战"坠毁美军飞机残骸碎片、中条山战役缴获日军公文包、抗美援朝中苏友好纪念佩剑，以及红二方面军过境武都遗落手雷等。

## 重大历史事件

### 武都兵变

1932—1933 年，为贯彻中共中央关于组织武装兵变，创造北方苏维埃的精神，中共陕西省委在陕甘地区的国民党地方部队中组织武装起义数十次，武都兵变就是其中有影响的一次。青年军官何处领导的武都兵变虽未取得成功，但对我党开展武装斗争有着极大的鼓舞作用，这次兵变贯彻党的武装斗争的总方针，为建立革命武装积累了经验。

红色甘肃

### 五凤支部成立

马克思列宁主义在中国的传播，以及中国共产党领导和影响下全国革命形势的发展，为武都党组织的建立、发展和壮大提供了思想基础。1941年6月上旬的一个傍晚，高健君、王锐青与胡必昌在县城东门外的东坝草地秘密聚会，由王锐青介绍，接收胡必昌加入中国共产党，同时成立武都第一个党支部——五凤支部，高健君任书记，王锐青、胡必昌为委员。支部的基本任务是：搞好社会基础，发展组织，准备地下武装。

### 西固起义

1949年11月1日，孙铁峰率自卫队、警察及政府人员300余人在西固县城起义，宣布脱离国民党政府统治。14日，起义队伍按照中国人民解放军第一野战军第六十二军指示精神，开赴宕昌接受改编，正式列入解放军序列。

### 武都起义

1949年9月，国民党胡宗南残部退守陕南、陇南，企图做最后顽抗。12月9日，国民党甘肃省政府代理主席兼一一九军军长王治岐、副军长蒋云台在武都联名向毛泽东主席、朱德总司令发出通电，宣布率8720名官兵及政府人员起义，宣告武都和平解放。

【武都区档案馆提供】

# 武都万象景区

　　万象景区是武都区贯彻落实陇南市委、市政府"三城五地"发展目标、全力助推全市文旅康养产业提档升级的重要举措，以国家 AAAAA 级旅游景区创建为目标，打造"生态＋休闲＋文化＋旅游＋康养＋度假"的综合性旅游景区。下辖万象洞、千坝牧场、姚寨民俗文化街区 3 个单元，构成一道美丽而独特的风景线，是观光、旅游、探险、休闲、娱乐的理想之地。

　　万象洞位于武都区东 15 公里处的白龙江南岸山腰，距今已有 2.5 亿至 3 亿年的历史。该洞兼具北国之雄奇与南国之灵秀，人称"华夏北方

万象洞　　　　　　　　　　　　　　　　　　安殿堂　摄

第一洞"。因洞中有洞,乳石遍布,森列多姿,宛如包罗万象的阆苑仙宫而得名。自北周以来,游人不断,题记甚多,规模之宏大、艺术价值之高,可与举世闻名的桂林芦笛岩、肇庆七星岩相媲美。相传通文县天池,洞内湿潮润滑,氧气充足,溪水长流,全年恒温(14℃)。洞口海拔1150米,高出白龙江150米。2007年又发现一姊妹洞,更为原始奇丽。现为国家AAAA级景区、省级文物保护单位、省级爱国主义教育基地、省级风景名胜区、省级地质公园。

千坝牧场位于武都东南部,这里草原平坦辽阔、芳草如茵,林区云松密布、林幽水清。牧场以八坝、八坑、三坪六洞、二池而盛名,现有野鹿、狐狸、盘羊、马熊、娃娃鱼、角鸡等观赏性珍稀动物。游客在这里可以尽情欣赏草原的壮丽景色,感受大自然的神秘与壮美。

姚寨沟历史悠久、文化底蕴深厚,既有古羌、藏民族纯朴遗风,又有古羌族的遗址。主景区由湖泊、特色园、瀑布、农家乐、特种养殖、民族民俗旅游6部分组成。景区内山岭叠翠,森林茂密,碧波荡漾,飞瀑流云,奇石耸立,鸟语花香,堪称人间仙境、"瑶池天堂"。是"春踏青、夏避暑、秋观雾、冬看雪"的原生态旅游胜地,号称蜀有"九寨",陇有"姚寨"。

【武都区档案馆提供】

武都千坝牧场

武都区档案馆提供

# 武都坪垭藏乡风情景区

　　坪垭藏族乡围绕"陇南藏乡·醉美坪垭，经幡飘动·莲花盛开"这一主题开发生态康养乡村旅游，坚持"山上山下一体推进、农文旅融合发展"的思路，将坪垭打造成集美丽安置区、民俗文化、藏寨古村落、生态观光农业于一体的藏乡风情景区和网红打卡地。

【武都区档案馆提供】

坪垭藏舞"羌姆巴"　　　　　　　　　　　　　武都区档案馆提供

# 朝阳洞景区

　　国家 AAA 级景区，位于武都区角弓镇陈家坝仙人崖，又名仙人洞，是陇南市重点文物保护单位。因坐西向东，每当朝阳初升，便有阳光射入洞内，故而得名。《阶州直隶州续志》中有记载：朝阳山，在州西 80 里，明初有老禅卧化于石洞中。这里自然风光险秀，飞檐斗拱、雕刻精美的古建筑群处在陡峭的半山腰，很是惊险独特。朝阳洞相传开凿于唐代，有大小洞窟 26 窟，塑像 100 余尊，其中坐佛、立佛、睡佛被誉为朝阳洞三宝，使朝阳洞闻名遐迩。其他洞窟中遗存和重修的塑像、壁画与游人题留，堪称民间艺术精品，为洞窟艺术中的一朵奇葩。

【武都区档案馆提供】

朝阳洞景区的天宫殿　　　　　　　　　　武都区档案馆提供

# 裕河景区

　　位于甘川陕交界的武都区东南部。境内山高林密,物种丰富,生长着大熊猫、金丝猴、红豆杉、独叶草等 70 余种国家重点保护野生动植物,境内负氧离子含量 36000 个 /cm³,素有"生物群落,生态氧吧"之美誉,长江上游生态涵养的重要区域,具有发展文旅康养产业的天然优势和巨大潜力。按照"一线多点、茶旅融合、突出特色、差异化发展"原则,依托大熊猫国家公园品牌优势和川金丝猴旅游核心吸引物,建成八福沟"栖迟"和唐坝"枫林小舍"2 家全国甲级民宿,鼓励建设乡土民宿、农家客栈、农家餐馆,挖掘"十大碗"、豆花面等特色美食文化,景区接待能力持续增强。

　　深入挖掘张坝古村落、五马郭家文化大院、周家大院等地域文化资源,依托突出的区位优势和优美的生态环境,把景区打造成为"望得见山,看得见水,记得住乡愁"的生态康养旅游目的地。

【武都区档案馆提供】

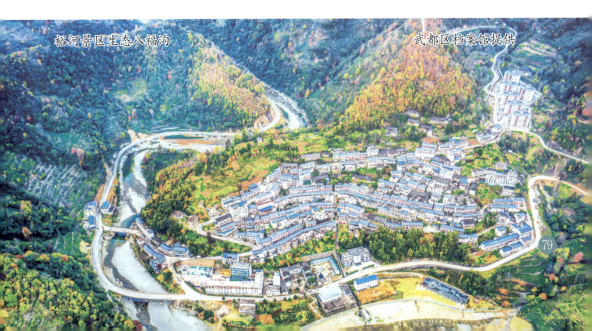

裕河景区生态八福沟　　　　　　　　　　　　　武都区档案馆提供

# 水濂洞景区

　　国家 AA 级旅游景区，古阶州八景之一，陇南市重点文物保护单位。水濂洞初建于唐代，洞窟楼阁依山形建在高约 200 米的山崖上，建筑气势雄伟，现存楼阁为清初重建，乾隆时曾增修殿阁。据《武阶备志》记载，晚唐诗人李商隐曾两次游历红女祠，并写下《圣女祠》和《重过圣女祠》两诗，更加丰富了水濂洞景区的文化内涵。景区周围绿树掩映，风景优雅，"细雨桃花红女洞，春风杨柳白龙江"，构成一幅美丽的图画。

【武都区档案馆提供】

武都区水濂洞景区　　　　　　　　　　武都区档案馆提供

# 五凤山景区

　　国家AA级旅游景区，原名真武山，古阶州八景之一，现为县级文物保护单位。五凤山境内现存石碑四通、古建筑面积1100多平方米，亭、台、楼、阁星罗棋布，山巅有多年护育的4000多亩油松林，其中清道光年间所植110多株松树，挺拔茂密，郁郁苍苍。每年农历三月三前后是五凤山传统庙会，上山朝拜者如潮，游人如织。

【武都区档案馆提供】

武都区五凤山景区

武都区政府提供

# 米仓山红石崖观光休闲景区

国家 AA 级旅游景区，位于陇南市武都区安化镇以东的大鹿院村，距离镇区 15 公里，海拔 1900 米，年平均气温 16.4℃，森林覆盖率达到 40% 以上，是北峪河流域一道天然生态屏障。红石崖风景区的主要特色是其迷人的红色山崖，这些山崖由赤红色的砂岩构成，形成了壮观的地质景观。红石崖层层叠叠，形状各异，壁立千仞，给人以震撼的视觉效果。每当夕阳西下时，红石崖映入夕阳的余晖，整个景区变得更加绚丽多彩，被誉为"红石崖金山"。依托"杨六郎"征西途经米仓山这一背景，深入挖掘厚重的历史文化内涵，建成了以"杨六郎"征西为历史背景的文化广场和杨家将浮雕文化墙景。雕像栩栩如生，广场旌旗飘扬，重现了当年的金戈铁马。以"魂归米仓"为主题的镇区观景台，居高临下，俯瞰镇区全貌——高楼耸立，街道井然有序，新镇区建设如火如荼，俨然成为北峪河河谷上一颗璀璨的明珠。

【武都区档案馆提供】

米仓山景区　　　　　　　　　　　　　　　　　　　武都区政府提供

　　武都区地处甘肃南部的秦巴山区，属中国南北气候的过渡区，日照充足，气候温润、生态多样，孕育了丰富的特色物产。代表性特产有武都花椒、武都油橄榄、武都崖蜜、武都红芪等，号称"武都四宝"。

　　武都区依托独特地理气候，形成以花椒、油橄榄为龙头，中药材、蜂蜜、茶叶、猕猴桃、柿子、樱桃等协同发展的特色产业体系，产品兼具生态价值与经济价值，是陇南"绿色名片"的重要组成部分。

# 武都花椒

　　武都是中国花椒原产地之一，距今已有 2000 多年的栽培史，堪称"千年椒乡"。武都花椒品质优异，民间冠以"大红袍"之称。2007 年，第一座中国花椒博物馆在武都区马街镇大李家村开馆。

　　每年 7 月，武都区迎来花椒成熟采收季。花椒地里一片繁忙而喜悦的景象，一排排花椒树郁郁葱葱，绵延在山丘、耕地之间。红色的花椒缀满枝头，微风拂过，椒香扑面而来，沁人心脾。花椒的生长喜光、喜热，耐瘠薄、耐干燥，喜沙质土、砂壤土、壤土，喜中性偏碱土，喜水不耐涝，喜农家肥、氮磷钾硼肥。最佳适生区为海拔 1150~1850 米的阳坡或半阳坡地带，武都"大红袍"能名声斐然，与它的生长环境息息相关。

椒农采椒 　　　　　　　　　　　　　　　　　　　　武都区档案馆提供

近年来，武都区依托优越的自然环境和气候条件，大力发展花椒种植产业。通过持续加强花椒产业技术服务指导，推广先进科技，加强培训力度，努力提高花椒的品质和产量，有力拓宽了群众增收致富途径。2024年，武都花椒喜获丰收，种植面积稳定在100万亩，产量达7000万斤以上，预计综合产值达37亿元以上。武都花椒已在全国县域具有"面积第一、产量第一、品质第一、农民收入占比第一"的行业地位。

2024年，武都花椒成功入选农业农村部农业品牌精品培育计划。如今的武都，以花椒为"笔墨"，绘就的产业增收蓝图，正在武都大地徐徐展开，为乡村振兴"椒"出一份满意答卷。

【武都区档案馆提供】

武都花椒　　　　　　　　　　　　　　武都区档案馆提供

# 武都崖蜜

　　陇南市自然生长的树种达1300多种，其中经济树种400多种，森林覆盖率39.95%，适宜养殖蜜蜂。"武都崖蜜"为中华蜜蜂所产蜂蜜，因其收获时间和蜜源植物不同，武都崖蜜呈从浅琥珀色到深褐色颜色不等的液态或结晶固态，上下色泽均匀一致，内容物无蜜蜂肢体、幼虫、蜡屑及正常视力可见杂质，透明度极高。挑起蜂蜜时，蜜汁和液面形成一根丝条，断丝后迅速缩成珠状，浓度高、黏度大，弹性良好。

　　武都崖蜜气味纯正、蜜味浓郁。把少许崖蜜置于手掌，搓揉嗅之，有引人入胜的蜜香。取少许蜂蜜放在舌面上品尝，能够感到甜润和纯正的香气，甜而不腻，绵软细腻，无杂质无异味，余味清香持久。

　　2018年2月12日，农业部正式批准对"武都崖蜜"实施农产品地理标志登记保护。

【武都区档案馆提供】

武都崖蜜　　　　　　　　　　　　　　　　孙承刚　摄

# 武都油橄榄

武都区是中国境内油橄榄最佳适宜种植区之一、中国四大油橄榄生产基地之一，合适的气候土壤条件及种植传统，使该区油橄榄产量高、含油率高，所产橄榄油产品荣获中国林产品博览会和甘肃省林业名特优新产品博览会银奖、金奖。2004年，武都油橄榄被中国国家质检总局审定为国家地理标志产品予以保护。2011年，武都被中国经济林协会授予"中国油橄榄之乡"称号。

1964年，阿尔巴尼亚政府把油橄榄当作"国礼"赠送给中国引种，自此中国被列入世界油橄榄分布地图，陇南也被认定为油橄榄一级适生区。

油橄榄加工企业生产线上，工作人员在将橄榄油装箱　　武都区档案馆提供

经过60年的发展，陇南已建成中国最大的油橄榄种质资源圃、亚洲收集油橄榄品种最多的种质资源基因库，筛选的油橄榄种子两次搭乘"神舟号"飞上太空。武都区油橄榄鲜果、橄榄油产量均占全国90%以上，成为中国最大的特级初榨橄榄油生产基地和加工基地。

武都橄榄油始终秉承"绿色、健康、可持续"的发展理念，精选优质油橄榄果，采用国际先进的冷榨工艺，保留了橄榄果中最纯粹、最丰富的营养成分。橄榄油蕴含单不饱和脂肪酸、抗氧化物质以及多种维生素，不仅色泽清澈、口感醇厚，更以其独特的香气和卓越的保健功能赢得了市场的广泛赞誉，是高级食用油、保健用油、医药用油、化妆品工业用油，被誉为"液体黄金"。

中医认为，橄榄味甘酸，性平，入脾、胃、肺经，有清热解毒、利咽化痰、生津止渴、除烦醒酒之功，适用于咽喉肿痛、烦渴、咳嗽痰血等。《本草纲目》言其"生津液，止烦渴，治咽喉痛，咀嚼咽汁，能解一切鱼蟹毒"。橄榄油作为食用油，能降血脂、降胆固醇，预防多种癌症，还有非凡的美容功效。

【武都区档案馆提供】

武都区外纳镇油橄榄种植基地　　　　　　　　　　　　武都区档案馆提供

# 武都中药材选介

武都区位于甘肃省东南部，独特的地理位置和多样的气候条件，为各种动、植物和菌类提供了良好的生长繁衍条件，所产的中药材品种多、质量优、药效好，素有"千年药乡"之美称。全区可开发利用的中药材资源有 1200 多种，已开发利用的有 500 多种，现已人工栽培的有 200 多种。其中产量大、分布广的有武都红芪、武都纹党参、黄芪、当归、大黄、贯叶连翘、山茱萸、杜仲、柴胡、天麻、猪苓、银杏、茯苓、板蓝根、连翘、黄精等。

从 1984 年开始，武都区人工种植中药材逐步形成规模，部分中药材开始进入国际市场，其中大宗中药材武都红芪、武都纹党参、大黄、猪苓、当归等进入中国香港、台湾等地及国际市场，驰名中外，为武都区经济发展、增加贫困户收入做出巨大贡献。

## 武都红芪

属豆科岩黄芪属植物，在历史上一直是中药黄芪的一个品种，因其根皮呈红棕色，故名红芪。2010 版药典把红芪单列为一个品种。其中正品红芪（红花多序岩黄芪，野生）分布范围比较集中，主要分布在秦岭西部的甘肃南部、四川西部和陕西南部一带的山

武都红芪　　　　　　　　　　　武都区档案馆提供

地灌木丛中。武都红芪商品多来源于栽培，亦有野生品。

武都红芪有近百年的栽培历史，所产红芪药材具有花斑、色红、粉性强的特点，群众称为棉芪，又因根形似马鞭，俗称马鞭根。武都红芪以根入药，具有补气固表，利尿托毒的功效，用于治疗气虚乏力、食少便溏、中气下陷、久泻脱肛、便血崩漏、气虚水肿、血虚萎黄、内热消渴等症，可以保肝护肝，增加人体抵抗力，对慢性肝炎及肝硬化具有很好的疗效。

### 武都纹党参

武都纹党参属桔梗科，属素花党参。根呈圆锥形，无分枝，头粗尾细，根长 10~20 厘米，表面呈淡黄色，表皮有环状横纹及少数支根痕。搓条后质地柔软致密而韧，不易折断。横切面皮部呈白色，髓部呈淡黄色，形成层呈淡黄色环，有细致的放射状纹理，俗称菊花心。武都纹党参味甘，具特异香味，嚼之无渣，药食同源。

据中国药典《本草正义》记载，武都纹党参是党参中的上品，"健脾运而不燥，滋胃阴而不湿，润肺而不犯寒凉，养血而滋腻，鼓舞清阳、振动中气而无燥之弊"。对脾胃虚弱、血气亏损、体倦无力、贫血、白血病，妇女血崩、产后诸病有显著的疗效。主要药理:（1）降压作用;（2）抗应激作用;（3）抗常压缺氧、组织细胞缺氧、微循环缺氧的作用;（4）有影响脾脏促进红细胞生成的作用;（5）益智作用;（6）镇静、催眠、抗惊厥作用。

2016 年，获得农业部地理标志登记保护。

### 武都黄芪

黄芪具有补气固表、利尿排毒、排脓、敛疮生肌的功效，用于治疗气虚乏力、食少便溏、中

武都黄芪　　　　　武都区档案馆提供

气下陷、久泻脱肛、便血崩漏、表虚自汗、痈疽难溃、久溃不敛、血虚萎黄、内热消渴等症。《本经》记载："主痈疽,久败疮,排脓止痛。补虚,小儿百病。"《日华子本草》记载："助气壮筋骨,长肉补血。"黄芪药用迄今已有2000多年的历史,具有增强机体免疫功能、保肝、利尿、抗衰老、抗应激、降压和较广泛的抗菌作用。质量以根条粗长、菊花心鲜明、空洞小、破皮少者为佳。

【武都区档案馆提供】

　　甘肃省陇南市武都区地处陕、甘、川三省交界地带，多元文化交融，民俗文化底蕴深厚。

　　武都民俗文化面临现代化冲击，但近年来通过非遗申报（如高山戏）、乡村旅游开发（如坪垭藏乡风情体验）等方式得到一定传承。政府与民间合力举办民俗文化节、手工艺展销等活动，推动传统文化焕发新生机。

# 武都高山戏

　　武都高山戏是国家级非遗保护项目，又名高山剧，为甘肃省独有的两大地方特色剧种之一。高山戏发源于武都的鱼龙镇，主要流传于武都的鱼龙、隆兴、金厂、龙坝、汉王、马街、安化、佛崖、甘泉、角弓、城关等乡镇，西和、礼县、康县、文县、成县的部分地方也有流传。鱼龙等地属高山丘陵地带，山大沟深、交通不便，农业以土豆、玉米、小麦为主。庙会、祭祀、社火等民俗活动在这里自古盛行，高山戏即是从这里的民间祭祀和传统社火中孕育、演变、发展而来的戏曲剧种。

　　1959 年以前，鱼龙、隆兴等地人叫它"演故事""走过场""社火戏"等。1959 年 10 月定名为"高山戏"。1965 年其名见报后被陆续载入《辞海·艺术分册》《中国戏曲文化》《中国戏曲曲艺辞典》等书籍中。2008 年 6 月 7 日，甘肃省陇南市申报的"武都高山戏"经国务院批准列入第二批国家级非物质文化遗产名录，遗产序号：735 Ⅳ-134。2013 年，建成鱼龙、隆兴、城关 3 个高山戏传习所。"武都高山戏"的舞台演出程式一般分为"踩台""开门帘""打小唱""演故事"等，其中"演故事"是高山戏的正式内容，其他表演如"圆庄""上庙""走印"等则带有明显的祈福、娱神和自娱等性质。

武都高山戏"走印"　　　　武都区档案馆提供

【武都区档案馆提供】

　　陇南市武都区地处秦巴山区，饮食文化融合川陕风味与陇南特色，武都小吃善用本地食材（如土豆、荞麦、酸菜），注重酸辣调和与粗粮质感，街头巷尾随处可寻烟火气十足的市井味道。

# 洋芋搅团

洋芋搅团　　　　　　孙承刚　摄

洋芋搅团为武都地方名优小吃，是用当地产的洋芋（土豆）精制而成。搅团是生活贫困时常吃的饭，现在逐渐发展成为当地的著名小吃。分热食、冷食两种食用法。热食，放入酸菜浆水中略煮，连同酸菜浆水盛碗后调以盐、油泼辣子即食；冷食，盛入炝煮的融醋、油泼蒜、辣子于一体的醋汤中，入碗即食。

【武都区档案馆提供】

# 暖锅

暖锅，俗称锅子，是一道煲仔菜肴，为地方特色名吃，是秋冬武都人民款待亲友的最佳美食。其食材取材范围广，如四季时蔬、鸡鸭鱼肉等，制作精细，使用传统烹饪技艺，汤菜交融，味道鲜美，荤菜搭配适宜，有养颜滋胃之功效。

【武都区档案馆提供】

# 武都洋芋饼

外酥里嫩，清香可口。把洋芋丝、葱花放入大碗内，辅以少许盐、花椒粉、五香粉，沿顺时针方向拌匀，放入鸡蛋液做成洋芋饼待用。取平锅放入少许油，大火烧至8分热，再转小火放入洋芋饼煎炸，炸至金黄色即可。

【武都区档案馆提供】

# 武都炒焖焖

炒焖焖是武都农家饭中的一大特色，将面烤好后，加臊子，配搭胡萝卜、辣椒丝翻炒。色泽金黄，口感酥软。

【武都区档案馆提供】

# 武都面皮

将面团放入清水中反复搓洗，分出面筋，将淀粉浆上笼蒸熟者为酿皮。调入用草果、山萘等调料炝煮的醋、盐、油泼大蒜、油泼辣椒，辅以洗出的面筋、爽口菜，盛入洋瓷碗而飨客，其口味主要特点是酸、辣、香。

【武都区档案馆提供】

# 武都米皮

武都米皮是当地最受欢迎的小吃之一，男女老少都爱吃，一年四季都有卖，早餐、中餐、晚餐、夜宵，米皮可作为任意一餐。当地人早起，相互见面问候的第一句话是"米皮吃了吗"；外出几天回来先要做的事，就是吃顿米皮解回馋。

武都米皮　　　　　　　　孙承刚　摄

武都大街小巷乃至乡村，到处都有卖米皮的。一张桌子，几个小板凳，就是一个米皮摊。米皮以其绵软润滑、酸辣可口、爽口开胃的特点，不但是街头小吃，而且登上大雅之堂。在武都各大饭店、饭庄、酒楼经营的武都小吃中，米皮是必不可少的。大米磨成米浆，舀入刷过熟油的蒸盘内摊匀蒸熟，待凉后改刀切成 2 厘米宽的长条，放入盘中。将大头菜、盐菜、酥黄豆、葱花放于米皮上，用红油辣椒、酱油、醋、味精、麻油、花椒油、姜蒜水兑成汁浇淋在米皮上即食。

【武都区档案馆提供】

岷县境内有秦长城的起点，青岛西海岸新区则有齐长城入海处。2021年，青岛西海岸新区和岷县结为协作关系，两个时代，一段奇缘，就这样穿越三千年、跨越四千里来到我们面前，我们作为见证者，见证西岷两地携手共进，奋勇进取的伟大身影。

两地发挥东西部协作工作联席会议优势，建立高效、便捷的合作机制，加大产业协作、消费协作、社会帮扶、人才支援等方面工作力度，整合利用好各类资源，立足自然禀赋和产业环境，从产业扶持到教育提升，从消费帮扶到劳务输转，青岛西海岸新区全方位、多角度、用真情、出实招支持帮扶岷县。最大限度地把"中央要求、岷县所需、新区所能"结合起来，全力推动产业振兴，形成"西岷模式""西岷样板""西岷经验"，持续巩固拓展脱贫攻坚成果，迈向共同富裕道路，共奏东西部协作交响曲。

截至2023年，青岛西海岸新区各方与岷县18个乡镇和相关部门、脱贫村、学校、医院等主动沟通，全面开展结对帮扶；累计投入帮扶资金2.06亿元，建成帮扶项目102个，项目涵盖产业、劳务、医疗、教育、基础设施建设等多个领域；从东部引进水发晟启（山东）控股有限公司、华润三九（六安）中药材产业发展有限公司、山东商都药业等13家企业，到位资金2.79亿元，为推动中药材产业转型升级增添了新动能；青岛西海岸新区红十字会引入青岛微尘基金会共同捐赠建设岷县第一所微尘博爱小学——纸坊博爱小学，项目建成后将有效改善学校教学环境，提高学校教学条件，丰富学生课外活动，惠及学生260名；支援岷县二中教师4名，有力助推了岷县教育事业稳步发展。青岛西海岸新区选派党政干部和教育、卫生、农业、科技等领域优秀专技人才100多人次"组团式"援岷帮扶，岷县派出47名专技人才到青岛西海岸新区交流学习，利用东部资源培训各类人才6557人、培训党政干部900多人，为乡村振兴提供了强有力的人才智力支持。

东西部协作·岷县篇

## 岷县地图

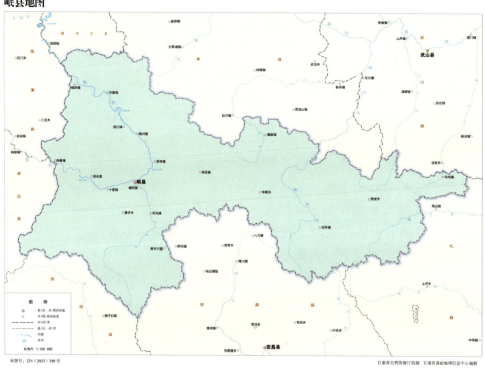

审图号：甘S（2023）398号

甘肃省自然资源厅监制　甘肃省基础地理信息中心编制

# 产业帮扶　打通产业动脉助力乡村振兴

乡村振兴的核心在于产业，产业兴则百业旺。

青岛西海岸新区始终坚持把产业发展作为东西部协作工作的最大结合点，充分利用东部地区的资金、技术优势，结合岷县自身资源，帮助岷县实现了产业的升级与转型。中医药、猫尾草、畜牧、蔬菜等优势特色产业逐渐走向产业化、规模化、技术化的发展道路。同时以农牧业振兴发展、文旅融合发展、现代服务业集聚发展为主要支撑，紧盯中药材、猫尾草、黑裘皮羊、高原夏菜等特色产业，提高岷县农产品的附加值。

岷县是著名的"千年药乡"，中医药产业资源禀赋独特，青岛西海岸新

青岛西海岸新区与岷县东西部协作示范项目——麻子川镇万亩中药材示范基地

安殿堂　摄

区结合"健康新区",围绕中药材等特色农产品领域,帮助岷县培育产业链骨干企业,做强品牌链、做大产业链。10月正值岷县2.4万余亩当归种苗的采挖关键期,在麻子川镇青岛西海岸新区和岷县合作的万亩中药材示范基地,药农们穿梭在田间地头忙着挖苗、分拣、捆绑、装袋,为来年当归种植打下坚实基础。

2024年,全县中药材种植面积达68.97万亩,中药材种子种苗繁育面积6.6万亩,中药材绿色标准化率达到85%以上,产值达到68亿元以上。围绕"一县一园"创建目标,列支东西部协作资金1500万元,用于岷县中医药产业孵化基地中药饮片GMP车间及中药材深加工萃取车间建设项目,助力药材深加工,延长产业链,帮助集体经济发展壮大,促进群众稳定增收。

### 鲁甘黄河经济带智慧农业产业园

长期以来,岷县的农业产业以中药材产业为主,农业产业结构单一,农民产业收入来源单一,制约着农业增效、农民增收、农村发展。针对这

位于维新镇马莲滩村的鲁甘黄河经济带智慧农业产业园　　　　孙承刚　摄

一现状，2022年，新区帮助岷县在维新镇引进首批鲁甘协作项目——鲁甘黄河经济带智慧农业产业园。旨在通过引入先进生产理念、运营管理模式和新技术新品种，带动蔬菜产业转型升级，助推巩固拓展脱贫攻坚成果同乡村振兴有效衔接。

维新镇位于岷县西北，海拔较低，气温较高，是全县农作物成熟最早的地方。洮河在山谷中开出一片冲积平原，名叫马莲滩，鲁甘黄河经济带智慧农业产业园就位于此处，2022年总投资1714万元建成。

产业园由山东寿光蔬菜产业集团承建并运营，建成后资产归维新镇民合村、马莲滩村、柳林村集体所有。通过企业化运作、产业化经营，实行"龙头企业＋科技＋合作组织＋农户"的经营模式，形成公司连接市场、市场带动基地、基地带动农户的格局。该案例在山东省对口帮扶工作简报2023年第七期刊发。

深秋来到产业园，只见12座温室大棚整齐排列，棚内绿意盎然、生机勃勃，放眼望去，黄瓜、辣椒等蔬菜尽收眼底、长势喜人。产业园共培育7大类11个品种的蔬菜水果，在大棚建成当年就开始上市，岷县首次在冬季吃到当地生产的蔬菜，改变了以往主要依赖外地蔬菜的历史。

产业园发挥统一规划种植结构、制定生产技术标准、实现高标准批量生产的优势，从而提高农业生产效益，形成维新镇的新的增长极，带动地方经济实力持续走强。建成运营后，通过出租方式，每年向村集体经济以投资资金的4%分红，预计每年收益68.56万元。同时为全镇提供就业岗位，每日用工量50人左右，每人每月收入3000元左右，每人每年预计收入3.6万元。

## 岷县高原蓝莓大健康产业示范园

为充分利用岷县特色设施农业资源，做精做强特色优势产业，促进农业结构优化升级，实现群众致富增收。2023年10月初，在新区农业农村局的牵线搭桥下，青岛西海岸新区良种繁育场为岷县引入2000株基质蓝莓，分别投放到十里镇三十里铺村鲁甘黄河经济带现代农业产业园和十里村日光温室进行试种，喜获丰收，成功打造了甘肃省首例"高原蓝莓"特色品牌。

趁热打铁，2024年在十里镇建设高原蓝莓大健康产业示范园，该项目由青岛海西现代农业科技有限公司负责运营，在十里村流转土地40.885亩，投入资金2260万元，其中引入青岛海西现代农业科技有限公司资金1400万元，争取东西部协作资金700万元，财政衔接资金160万元，共建设11座蓝莓冬暖棚、1座连栋大棚和1座拱棚，并推广了2套水肥一体化设施。

产业园需长期工人20人，在种苗和采摘期间每天用工人数达50人左右，每年支付劳务费超过60万元。通过土地流转和劳务用工，产业园每年按照政府投入资金的4%为十里村等6个村集体经济分红，同时吸收了500余名村民就近务工。

此外，产业园每年还计划举办5期大棚种植技能培训班，培训技术人员50人次，为岷县保留了可贵的技术力量。

通过该项目运作，新区先进农业技术和管理经验得以在岷县当地推广应用，特别是市场化运作，使这一项目不仅在经济上取得成功，也在区域合作上树立了标杆。通过土地流转、技术培训和劳务用工，十里镇的农户不仅获得了经济收益，还掌握了先进的农业种植技术。这种双赢的合作模

岷县高原蓝莓大健康产业示范园内景

王江 摄

式，为其他地区提供了宝贵的经验和借鉴。

走进十里镇产业园，蓝莓、西瓜等蔬果长势喜人，鲜脆欲滴。园内已全部实现智能温控设备，实现了温室内机械化旋转种植和采收，促进了联农带农增收。高质量、高起点的设施农业生产基地促进产业蓬勃发展，成为乡村振兴的有力支撑。

到 2024 年，岷县先后从新区引进西岷食品产业园项目、猫尾草草宠饲料研发项目、岷县维新镇马莲滩村蔬菜产业冷库建设项目、中药材绿色标准化种植信息化项目、岷县十里镇预制菜加工厂建设项目（二期）等 21 个产业项目。这些项目的实施，为推动岷县县域经济发展，促进农业生产向规模化、集约化发展注入了新动能。

【孙承刚】

# 消费帮扶　释放市场潜能谋共赢

消费是经济活动的起点和落脚点，对经济增长具有导向和拉动作用。它是生产的最终目的和动力，新的消费需求能带动产业成长，促进经济持续发展。两地精准高效推进消费协作，以消费促进循环。

消费帮扶，一头连着好产品，一头连着大市场。青岛西海岸新区秉承"岷县所需，新区所能"的帮扶原则，通过"东部企业＋岷州资源""东部市场＋岷州产品"的模式，打出山海协作"组合拳"，让岷县的农特产品实现"岷货出山"。

——2023年，借助"鲁甘同心、玉成芪事""青岛·定西东西部消费协作"等活动，青岛西海岸新区帮助岷县在青岛搭建了名优产品宣传推介、招商洽谈、经贸合作对接平台。2024年，岷县积极组织企业参加鲁企陇上行、兰洽会线上营销等系列活动，全方位、立体式推介岷县农特产品，不仅提高了岷县农特产品的曝光度和销售量，也让更多鲁企有了投资意向。

——通过青岛国际啤酒节、农交会等各类节庆会展平台，加强产销对接，拓宽销售渠道。充分利用青岛国际啤酒节西海岸会场客流量大、游客覆盖范围广、活动丰富多样的资源优势，在会场展销岷县特产，利用"岷县花儿艺术节"等节会，举办"青岛国际啤酒节岷县分会场"，拓宽了合作领域，推动两地消费协作工作进一步提升。

——抢抓东西部协作契机，青岛西海岸新区帮助岷县在新区建立集东西部协作服务中心、甘肃中药材直销中心、甘肃岷县名优农产品直营中心为一体的产销对接基地，并建成物流配送车间和营业网点，占地面积1000多平方米，与青岛绿色硅谷科技有限公司、青岛法尔塑胶管业有限公司实行订单经营，即时吞吐岷县货物。

　　——签订两地消费协作协议，发挥依托沿黄达海、辐射日韩和"双港口口岸"城市优势，全力支持岷县国际陆港建设，强化海港、陆港联动，构建对外贸易物流通道，让更多岷县优品走出甘肃、走向世界。

　　——充分利用现有电商销售平台加大农产品在东部市场的宣传力度，拓展销售渠道，让岷县农特产品进入消费帮扶快车道。

　　——大力推广岷县野草莓、点心、中药材、猫尾草、羊肉、大豆等农特产品，使其走进青岛市场。

　　到2024年，依托青岛西海岸新区东西部协作服务中心和青岛市各大消费市场，累计帮助销售岷县农特产品价值5.82亿元，青岷协作铺就了一条消费帮扶的"康庄大道"。

【岷县档案馆整理提供】

# 劳务协作　促进群众稳岗增收

就业是最大的民生，对于大部分生活在大山里的岷县村民来说，外出务工仍然是增收的重要途径。

依托东部用工企业等优势资源，青岛西海岸新区积极与岷县进行交流对接，进一步拓展东西部劳务协作范围，全力推进东西部劳务协作健康有序发展。青岛西海岸新区连续3年举办岷县"春风行动"暨东西部劳务协作招聘会，组织多家县内外企业及人力资源服务机构全方位开展用工宣传，累计提供就业岗位2.2万个，输出劳动力1350余人，累计实现劳务收入4800多万元，真正实现了"劳务输转一人，脱贫致富一家"的目标。新区援建和改造就业帮扶车间133个，吸纳就业3123人，其中脱贫劳动力1895人。

为确保劳务输送安全，岷县人社部门协调大巴，运送务工人员统一乘坐高铁，进行"点对点、一站式"直达运输。鼓励扶持县内4家人力资源服务机构及所属劳务经纪人到脱贫村开展职业介绍服务，积极扶持劳务能人参与对接输送，强化"能人带动"效应，不断扩大劳务输转组织规模。新区人社部门先后举办劳务协作培训班3期，培训脱贫人口743人。

让农村劳动力广泛就业，有效增加了农民家庭收入，为巩固拓展脱贫攻坚成果起到了关键作用。

在东西部协作框架下，岷县2023年"点对点"组织输转外出务工人员欢送仪式　　岷县档案馆收集提供　【岷县档案馆整理提供】

# 社会帮扶　乡村振兴谱新篇

　　加快建设宜居宜业和美乡村，是满足人民群众美好生活需要的内在需求，也是全面推进乡村振兴的有力抓手。

　　行走在甘肃岷县维新镇民合村，道路干净整洁，农家庭院错落有致，一幅山川秀美、宜居宜业的和美乡村画卷铺展开来。

　　青岛西海岸新区和岷县在资源共享、客源互介、政策互惠等方面深化探索，深化"万企兴万村"行动，两地按照"产业兴旺、生态宜居、乡风文明、治理有效、生活富裕"乡村振兴20字方针，突出个性化和示范性，组织动员青岛弘元基集团有限公司、青岛西海岸新区公用事业集团、青岛

2023年4月28日，青岛西海岸新区——定西市岷县东西部协作工作联席会议上，新区相关镇街向结对镇街捐赠社会帮扶资金　　　　　　新区档案馆提供

黄岛发展（集团）有限公司、青岛鲁泽置业集团有限公司等大型企业与岷县进行结对帮扶。引导企业和帮扶村立足实际，找准帮扶方向，解决帮扶村在基础设施、人居环境、发展壮大村集体经济、企业发展、劳务协作、消费帮扶等方面的需求。

青岛西海岸新区与岷县围绕"百村振兴计划"，统筹东西部协作财政帮扶资金集中力量打造乡村振兴示范村。2021年以来，分别对西江镇唐家川村，梅川镇永星村，中寨镇红崖村，寺沟镇巴仁村、八步川村，维新镇马莲滩村，麻子川镇岭峰村、旋窝村、大草滩村9个示范村进行提升打造，全力推动鲁甘协作示范村建设。突出各个示范村建设的新项目，通过乡村建设，大力实施产业项目带动，丰富文化生活，实现了乡村发展、乡村治理，一幅和美乡村的幸福美好新画卷在岷县徐徐展开。

"志合者，不以山海为远"，在东西部协作的道路上，青岛西海岸新区与岷县心手相牵，携手共进，共同谱写着新的篇章，以坚定的信念和真挚的情谊，共同为两地人民的幸福生活而奋斗。

【孙承刚　文静】

# 东西部协作助残汇大爱
## 携手共叙西岷山海情
### ——青岛西海岸新区帮扶岷县残疾人工作侧记

重峦叠嶂，海浪潮涌。从黄海之滨到陇中洮岷，虽相距千里，却因"东西部协作"这一战略部署的深入推进而一脉相承。两地以巩固拓展脱贫攻坚成果、助力乡村振兴为有力抓手，并肩作战、携手奋进，生动谱写了"东西协作、山海相依"的华美篇章。

岷县地处陇中黄土高原、甘南草原和西秦岭陇南三地交汇地带，位于定西、天水、陇南、甘南几何中心。全县总流域面积 3578 平方公里，辖 15 镇 3 乡、349 个村、12 个社区，总人口 42.5 万，持证残疾人 1.5 万人，其中一、二级重度残疾人 0.73 万人，残疾人占全县常住人口的 3.5%。

志合者，不以山海为远。新时代赋予了青岛西海岸新区新的使命，也给予了岷县更多的发展机遇。2021 年 7 月，青岛市残联东西部协作考察组深入岷县考察调研，围绕岷县残疾人事业发展的短板弱项，以协作促项目、以项目促发展，扎实推进东西部协作残疾人项目发挥服务提升效用，努力实现优势互补、共赢发展。

**筚路蓝缕铸就康复梦　万水千山情系助残路**

自 2021 年东西部协作至 2023 年，东西部协作帮扶资金共投入 240 万元用于残疾儿童康复救助，总受益儿童 142 名。2024 年又投入协作资金 82 万元用于 42 名残疾儿童康复救助，青岛西海岸新区残联不远千里带领技术和人员到岷县残联及县康复中心实地参观、调研指导、互动交流，并提出了康复指导意见，分享康复训练经验，积极探索创新"防、康、医、教"的"一体化"残疾儿童康复帮扶新模式，确保康复救助项目落实落地。深入推动残疾人康复事业走向规范化、专业化。同时，青岛西海岸新区残联向岷县残联捐赠了帮扶资金1万元，签订《青岛西海岸新区·定西市岷县深化残疾人服务保障协作框架协议》。其间，青岛西海岸新区挂职干部深入残疾儿童康复救助项目基地进行调研检查，强调让享受东西部协作残疾儿童康复救助项目的家庭摆脱残疾和病痛的阴影，阻断残疾儿童家庭贫困、残疾代际传递，筑牢残疾儿童家庭防返贫屏障。

**东西融爱共享助残成果　山遥水远辅助增权赋能**

近年来，两地协作开启了携手前行的新征程、新领域，东西部协作项目相继投入40万元用于残疾人产业扶持，为部分残疾人家庭提供就业技能培训、自主创业扶持等，切实帮助和带动脱贫残疾人家庭实现自主生产，增创增收。

岷县残联努力拓展"量体裁衣"式残疾人服务，申请20万元东西部协作资金为岷县重度残疾人困难家庭进行无障碍改造项目，帮助残疾人补偿功能，提高残疾人生活质量，促进残疾人参与社会生活、共享改革发展成果。

路虽远，行则将至；事虽难，做则必成。针对两地残疾人事业发展的特点和短板、优势，岷县残联创新方式方法，突出优势互补，充分用足"问海借力"金钥匙，交流共赢、合作发展。岷州大地收获了东西部协作的硕果累累，故事让人动容，力量让人澎湃。三年来，两地并肩作战，血脉相连，在新时代的征途上砥砺前行、再创未来。

【岷县档案馆整理提供】

# 教育帮扶 为孩子送去温暖

　　高原上的冬天来得快、来得猛，10 月 20 日，岷县城区已经开始供热。岷县二中的孩子们则开心极了，他们再也不需要使用供暖效果不佳的电暖气取暖，而是用上了集中供暖，教室里暖和了，孩子们的学习劲头也更加高涨了。

　　与供暖一起的好消息还有，教学楼、学生宿舍、报告厅内的卫生间等改造提升工作已经进入施工后期，新建厕所已基本成型。这是开展"组团式"帮扶工作以来，利用东西部协作帮扶资金为学校做的一件大好事，其中，用于供暖提升改造和卫生间改造的资金就达 400 万元。

　　根据中组部、教育部等八部委关于开展国家乡村振兴重点帮扶县教育人才"组团式"帮扶工作的安排，2022 年 8 月，由青岛西海岸新区致远中学等 4 所学校的 11 名教师组成的帮扶团队来到岷县二中，开展教育人才"组团式"帮扶工作。2022 年，岷县二中以"东西部协作·组团式帮扶"为契机，抢抓

定西市岷县二中　　　　　　　　　　　　　　　　　　　　孟飞　摄

学校周边棚户区改造机遇，成功扩址45.6亩，使学校占地面积达到80亩以上。2023年8月顺利创建为市级示范性普通高中，2024年扩大高一招生规模，停招初中，学校成为独立高中，跨越学校发展瓶颈，开启教育新篇章。

挂职岷县二中校长刘相林带领帮扶团队深入调研，结合岷县二中硬件建设落后的现状，积极协调青岛西海岸新区教育和体育局捐资15万元建成校园广播电视台。同时，加快推进岷县"组团式"帮扶智慧化校园建设项目，争取到东西部协作资金177万元，先后建成共享教室、理生化实验室、云计算机教室、录播教室，学校智慧化水平明显提升。

学校硬件设施提升了，师资队伍的提升更是至关重要。在"组团式"帮扶的引领下，岷县二中积极引进东部先进管理经验，修订完善《岷县二中教师教学评估办法》《岷县二中教师考核管理办法》等6项学校管理制度，全面推行级部扁平化管理，细化管理措施，推动学校教育理念、管理经验转变。岷县还选派教育工作者赴新区交流学习，推动岷县教育事业高质量发展。另外，帮扶团队建成了帮扶班级"致远班""为明班"，并积极衔接青岛西海岸新区教育体育局先后两次捐资共30万元，用于奖励品学兼优的学生和帮扶有困难的学生。

物理学科一直是岷县二中的薄弱学科，已有30多年高中教学经验，且是青岛西海岸新区致远中学物理学科带头人、教研组组长的陈鲁民一手带班，一手带物理教研组。他经常深入学生中间，狠抓备课、稳抓学情、大抓巩固，注重从教学实际出发，制定适合当地的教学方案，通过展示课等形式带动其他教师迅速成长。

远赴千里，从海到山，教育帮扶与协作，彰显的是青岛西海岸新区与岷县的这份深情厚谊。从黄海之滨到陇中大地，从东到西，从"输血"到"造血"，岷县二中不断推进教研教改工作，教育教学质量稳步提升，硕果累累。如今已从一所普通中学发展成为知名特色学校，先后被评为"国家级艺术教育工作先进学校""省级语言文字规范化示范性学校""省级快乐校园示范学校"，连续两年被岷县县委、县政府授予"高中阶段教育质量奖"。

【孙承刚】

# 医疗帮扶　让笑容更加灿烂

　　没到岷县时，就听说过青岛西海岸新区中心医院原口腔科主任邵丹在医疗帮扶期间，为岷县及周边群众就医有"医"靠提供很大便利的事迹。到了岷县人民医院了解到，原来 50 平方米的口腔科已经扩建为 600 平方米的口腔医疗中心（口腔医院），从以前的"四个人两把椅子"发展到初具规模的口腔全科，能开展种植牙、牙体牙髓治疗、牙周病治疗、口腔黏膜病治疗、儿童牙病治疗、各类缺失牙修复、口腔正畸和口腔颌面外科等多种业务。宽敞明亮的诊室、先进齐备的设备，令我们大开眼界。

　　2021 年 8 月，邵丹强忍爱人去世的悲痛，克服颈椎病、网球肘、高原反应的困扰，戴着弹力袖套参加东西部协作。邵丹主任发现岷县本地医疗机构的口腔医疗技术相对薄弱，满足不了群众看病就医的需求，群众要到外地进行治疗，既浪费时间金钱，又折腾病人。于是打破传统的技术帮扶模式，创新性地提出"授之以渔"的"东西部医疗卫生学科建设协作"新模式。在创办"邵丹名医工作室"的基础上，提出建设岷县人民医院口腔医疗中心（口腔医院）的近期和远期协作建议，得到了鲁甘两省乡村振兴部门及地方党委、政府的全力支持，并被列为青岛·定西东西部协作示范项目。一期工程、二期工程已投入东西部协作资金 240 余万元，三期工程计划投入东西部协作资金 800 余万元。在他的带领下，岷县人民医院开展了第一台口腔手术，颌面外科、口腔种植、儿童舒适化诊疗等项目也有序开展，变化前所未有。一年的时间，邵丹全部门诊量达 751 人，其中外县 38 人，主持各种手术 340 例。邵丹主任说："我是一只小小的萤火虫，虽然发光弱小，可每人都发一点光，集中起来就是一束耀眼的光。我们将努力把东西部协作的新成果，不断镌刻在岷州大地上。"

2022年8月，新区中心医院的口腔科专家李若珣作为第二批赴岷支医的专家之一，接过邵丹主任的旗帜，继续致力于为岷县人民解决看牙难问题。在他这里接受完治疗的患者，每一位都对他赞誉有加。当年高原的种种不适，在3年帮扶时间里早已如过眼云烟，他已经把自己当成岷县人。他说，看到当地居民在家门口就能及时解决各种口腔疾病，从此不用再长途跋涉去省城看口腔疾病，感觉自己的价值在这里得到了最大体现，心中无比自豪。

在李若珣的影响下，同在青岛西海岸新区中心医院工作的妻子陈苗苗也在2024年6月底到岷县人民医院加入"组团式"帮扶工作，这对白衣伉俪在岷县传为佳话。虽然只有3个月的支医经历，仍然让她收获颇多，不仅更加理解东西部协作是一件利国利民的好事，也为自己和丈夫能加入协作大军而感到自豪。陈苗苗说："不论距离多么遥远，只要我们心中有爱，就能跨越山海，共同创造美好的未来。"

如今的岷县人民医院口腔医疗中心（口腔医院）拥有医务人员16名（其中高级职称2名、中级职称4名），在两地政府的大力支持下，中心先后

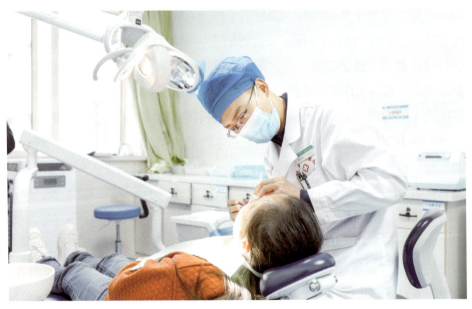

新区中心医院医生李若珣在岷县人民医院青岛定西东西部协作口腔卫生保健
教育基地为患者诊治牙齿

王江 摄

获得东西部协作专项资金 440 万元用于设备采购，目前有牙椅、数字化口腔 3D 打印设备、口腔 CBCT、口腔根管显微镜、超声骨刀等国内先进的口腔医疗设备 30 多套。开展了甘肃省首例口腔机器人种植牙手术，开展"邵丹口腔医疗基金"为老年人免费镶牙活动，辐射范围已涵盖岷县及迭部、卓尼、临潭、漳县、宕昌等周边县区 80 余万群众。口腔病房于 2023 年 12 月正式启用，自东西部协作开始至今已收治病人 300 余人次。

邵丹和李若珣等帮扶医生，用精湛的医术和温暖的心灵，守护着高原百姓的口腔健康，让他们的笑容在阳光下更加灿烂夺目。

【孙承刚】

## 昔日旱码头　如今国际港

### ——甘肃（岷州）国际陆港建设纪实

　　岷县自古就是"西控青海、南通巴蜀、东去三秦"的交通要道，是商贾云集、商品集散的繁华商埠，是名副其实的"茶马互市"之地，素有陇上"旱码头"之称。

　　进入新时代，甘肃省加大改革开放力度，抓紧融入共建"一带一路"，岷县中药材产业作为省级外贸转型升级基地，成为省级战略的重要组成部分。

　　2020 年 7 月 1 日，甘肃（岷州）国际陆港开工。这不仅是岷县融入"一带一路"、参与国际陆海贸易新通道建设的重要支撑，更是构建区域开放平台、促进经济社会高质量发展的新引擎。

　　在甘肃（岷州）国际陆港（以下简称"岷州陆港"）建设现场可以看到，西河和叠藏河在这里汇合，兰渝铁路和兰海高速在对面并行。工业园内厂

甘肃（岷州）国际陆港　　　　　　　　　　　　　　　　　　孙承刚　摄

甘肃（岷州）国际陆港、中医药产业孵化基地中药饮片 GMP 车间、中药材加工萃取车间建设项目　　　　　　　　　　　　安殿堂　摄

房林立，施工有序。岷县是黄河流域、长江流域的分界地带，陆港又称国际陆港，是指设在内陆经济中心城市铁路、公路交汇处便于货物装卸、运输、存储、分拨和相关国际货运单证办理的车站，具备国际货运的单证办理、货物查验、货物装卸、存储配送等功能，是物流、人才流、资金流的交换枢纽。北上，可融入黄河流域高质量发展国家战略；通过"一带一路"，东向借青岛港出海，并与 21 世纪海上丝绸之路相接；西与中国—中亚—西亚经济走廊相接；南下，可融入成渝双城经济圈，通过长江流域经济带与西部陆海新通道，远发东南亚。地理优势加上政策优势，正符合了"天时地利人和"，岷县迎来了再次腾飞的大好机遇。

岷州陆港位于定西市岷县县城南部，南至岷县寺沟镇八步川村，北至岷县岷阳镇南川村，西至岷县秦许乡宁坝村，东至山体，总规划面积约 12.58 平方公里。

在规划中，岷州陆港按照"多式联运、多层衔接、多方驱动、多业支撑"发展规划，坚持"一业为主、多种经营、南来北往"建设思路，抢抓国家"一带一路"倡议和国际陆海新通道建设重大战略机遇，构建对外贸易物流通道，提升区域开放型经济发展水平，优化生产招商环境，带动岷县及周边区域经济发展。

岷州陆港作为岷县工业园区"一区四园"的重要组成部分，按"港、区、产、城"的规划及发展思路，整体规划为"一港、三区、五中心"的发展格局，一港指多制式联运港，三区指中医药产业区、综合商贸产业区、新产业发展区，五中心指公路物流中心、保税物流中心、商务信息中心、政务服务中心、生活配套中心。

建成后，岷州陆港将成为"南来北往"的开放高地，形成物流高效畅通、产业协同共进、通道网络发达、配套支撑完善的国际陆港发展体系；将成为"港产城"融合示范区，与兰州国际陆港、西宁陆港、广元港、成都陆港、重庆果园港、北部湾港形成西部陆海新通道上的港口联盟；将成为岷县打造甘肃木寨岭以南重要区域经济中心和西部陆海新通道重要节点城市的主要支撑。

目前，岷州陆港共谋划实施项目60个，总投资约135亿元。已开工建设项目38个，总投资约64亿元，累计完成投资24亿元。其中，已建成的有10个基础设施类项目、4个产业类项目。岷县中药材检验检测中心项目（一期）、岷县中医药产业孵化基地及配套基础设施项目已建成。其中，投入东西部协作资金1500万元的岷县中医药产业孵化基地中药饮片GMP车间及中药材深加工萃取车间的机器设备都已安装到位。全部建成投产后，每年可加工中药材4.2万吨，年营业收入预计达到2亿元，预计年利税1447.54万元。将为寺沟镇等18个乡镇、54个村集体带来稳定收益，并持续带动周边群众稳定就业。同时可全面提升全县中药材产业科技含量，在培育壮大优势特色主导产业、形成区域发展产业链条、促进乡村振兴步伐等方面发挥积极作用。

【孙承刚】

# 西岷协作绽新绿

深秋时节，走进岷县寺沟镇巴仁村一线，山上层林尽染，红黄绿参差相杂，大自然的鬼斧神工描绘出一幅山水画卷；山下火车呼啸而过，山风静止，"青岛林""青岛西海岸新区生态林"几个大字更加醒目。

从前，岷县大部分地区为森林所覆盖。《汉书·地理志》载：陇西、天水郡，山多林茂。古人咏岷诗如"万树青松间井河""遍地松柏雪满天"等句，都是当时林木茂盛的写照。明清时期，森林植被遭到严重破坏。《岷州志》谓："岷州货殖之利，唯林木为最广。"当时，林木已经成为人们生

寺沟镇"青岛西海岸新区生态林"　　　　　　　　　　　　孙承刚　摄

活的主要经济来源，远近商贾入山采买，包砍青山，贩运木材。加之兵火、移民屯垦、统治阶级大兴土木等原因，很多山头变成童山秃岭。到 20 世纪 80 年代，全县仅存马烨林场和马沿林场两处天然林区。

生态兴则文明兴。东西部协作，生态造林始终是重中之重。

西岷两地开展协作后，针对麻子川镇生态环境脆弱的现状，结合和美乡村建设，青岛西海岸新区投入了大量的人力、物力和财力，帮助岷县治理山林，让丛山成为绿色屏障。

新区林业专业技术团队深入岷县，与当地干部群众携手合作，共同选种、育苗、栽植。岷县严格按照规划要求，精心组织，科学施工。目前，"青岛西海岸新区生态林"已初具规模，已完成栽植面积 1090 亩，枝繁叶茂，成为生命之源、环境卫士，生态效益初步显现，改善了当地生态环境和人居环境，成为岷县生态建设的新亮点。麻子川镇作为岷县"南大门"，良好的生态林建设也提升了岷县的整体形象。

从"一棵树"到"万亩林"，种得下也要护得好，绿色生态底色的背后，离不开"林长制"的加持赋能。山有人管、林有人造、树有人护、责有人担，岷县 1905 名护林员巡山设卡，守护着这抹来之不易的"绿色"。他们每个月巡林不少于 25 次，见证了从前光秃秃的山现在变得绿木葱葱，他们对自己工作的自豪感油然而生。

风从海上来，昔日的不毛地，如今已被吹绿。一棵棵小树苗在岷县的山坡上扎根生长，逐渐连成片，形成了郁郁葱葱的生态林。这些林木不仅美化了环境，更改善了当地的生态环境，提高了土壤保水能力，减少了水土流失，为岷县的发展奠定了坚实的绿色基础。

新区与岷县的合作并未止步于植树造林。双方还积极开展技术交流、人才培养等合作，共同探索生态建设与经济建设相结合的有效途径，帮助岷县提升生态环境保护能力和生态效益转化能力。如今，岷县的青岛西海岸新区生态林已成为一道亮丽的风景线，吸引着众多游客前来观光旅游，带动了当地经济的发展。

【孙承刚】

在遥远的西北大地，有一片被群山环抱、绿水滋润的土地——岷县。这里，东部的海风与西部的山川相遇，如同神奇的画笔，勾勒出一幕幕动人的故事。

走进岷县的乡村，仿佛踏入了一个全新的世界。二层小楼鳞次栉比，村庄道路干净整洁，文化广场设施齐全，处处洋溢着幸福与和谐的气息。这不仅是乡村面貌的焕然一新，更是乡村治理、产业发展、生态宜居等多方面的全面提升。

在唐家川村，高效农业示范园里，现代化的日光温室一字排开。东部的资金与技术支持，让传统农业焕发出新的生命力。村民们在家门口就能就业，收入不断增加，幸福感满满。他们笑着说："这日子不比城里人差！"

十里镇的高原蓝莓产业示范园，更是东西部协作的璀璨明珠。东部蓝莓在高原地区成功种植，不仅丰富了岷县的农业产业结构，更让这里的农特产品走向了更广阔的市场。蓝莓大棚内，枝繁叶茂，长势喜人，预示着丰收的喜悦和未来的希望。

这样的故事，在岷县数不胜数。

如今的岷县乡村，已不再是昔日闭塞落后的模样。这里山清水秀、产业兴旺、生活富裕、乡风文明。在东西部协作的推动下，岷县正以前所未有的速度向前发展，绘就一幅幅和美乡村的新画卷。这画卷里，有山海的交融，有东西的携手，更有岷县人民对美好生活的向往与追求。

# 从易地搬迁扶贫村到乡村振兴样板村

八步川村位于县城东南部,地处叠藏河畔,隶属岷县寺沟镇。村总面积 1833 公顷,东西长 6 公里,南北宽 4 公里。兰渝铁路、渭武高速、国道 212 线穿村而过。八步川村距县城约 12.5 公里,距镇区约 2.5 公里,区位条件较好,对外交通便捷。全村辖 6 个村民小组,共有 306 户 1314 人,有村级标准化卫生室 1 座,村小学 1 所。2020 年被评为省级文明村。2021 年被评定为全省标准化先进党支部。

八步川村原名藏语"巴布川",后来改为"八步川"。从前的八步川村坐落于狭隘的山沟里,被群众戏称为"八步就可走出头",生活条件十分艰苦、交通不便。2008 年初,在党委和政府的大力支持和深切关怀下,八步川村建成第一批易地搬迁项目,安置群众 86 户。2014 年,建设"7·22"地震灾后重建集中安置点 100 户。2015 年,配套易地搬迁项目安置 57 户,整合全村 243 户群众"挪穷窝,拔穷根,建新家",精神面貌焕然一新。

寺沟镇八步川村         孙承刚　摄

寺沟镇八步川村                                          安殿堂　摄

　　近年来，八步川村在实现全面脱贫的基础上，坚持党建引领，全面聚焦乡村振兴战略二十字方针，紧抓东西部协作机遇，探索乡村治理新模式，拓展延伸产业链，持续巩固脱贫攻坚成果，打造美丽宜居和谐富裕新农村。

　　建强"一个核心"，坚持党建引领带动。帮钱帮物，不如建个好支部，农村是乡村振兴的"主战场""主阵地"，农村基层党组织是乡村振兴的"主力军""领头雁"，是全面推进乡村振兴的"坚强堡垒"。近年来，八步川村通过支部引领、党员示范、能人带动，跑出追赶发展"加速度"。

　　构建"两级网格"，健全网格化管理体系。探索建立"一片四员八户长"网格化管理模式，根据党员活动半径，将全村划分为2个片区，由村党支部书记、第一书记分别担任片区管理员，镇村干部担任片区指导员，党小组组长、村民小组长担任联络员，支部委员担任片区宣传员。通过无职党员设岗定责，确定有威望、热心集体事务和公益事业的16名党员担任中心户长，形成了支部牵头、党员为主、群众参与的网格化治理体系，支部党员主动承担起人居环境整治、社会信息采集、邻里矛盾化解、治安隐患排查、政策法规宣传等职能，做到了人在格中去、事在网中办、服务全覆盖，群众吹哨、党员报到。自"一片四员八户长"治理模式实行以来，八步川村群众办事越来越方便，人居环境越来越美丽，邻里关系越来越融洽，社会治安越来越稳定，精神文化越来越丰富。

做强"三个产业"，巩固脱贫攻坚成果。近年来，八步川村突出产业振兴，在中药材、劳务输转两个传统产业的基础上，立足八步川村离县城近的区位优势，探索延伸产业链条，谋划发展城郊经济、庭院经济、田园经济。一是夯实中药材产业发展基础。推广绿色标准化种植技术，实行"基地＋党支部＋合作社＋农户"的方式，确保中药材销售稳定。二是巩固劳务产业发展。在摸清全村劳动力信息和就业意愿后，强化宣传引导、信息共享、双向互动、精准对接，促进外出务工人员稳定就业、稳定增收。同时，通过加强培训，能人带动等措施，按全村年龄结构和文化程度结构对口输转务工人员。三是探索发展城郊经济、庭院经济、田园经济。八步川村位于城乡接合部，交通便利，区位优势明显，镇、村两级提出了发展城郊经济、庭院经济、田园经济新思路，借乡村振兴政策东风，制订了《寺沟镇八步川村"多规合一"实用性村庄规划（2021—2035）》。2021年，八步川村以创建东西部协作乡村振兴示范村为契机，围绕"产业兴旺、生态宜居、乡风文明、治理有效、生活富裕"的总要求，开展种花绿化、房屋外立面改造、铺设彩色油路等工作，并安装围栏、树椅，改造大门、凉亭、艺术雕塑、鹅卵石小道，维修文化体育广场、文化长廊等，新建公共卫生间、化粪池，新建一处农家乐，资产归村集体经济所有，以自营或者出租方式运营，收益归村集体所有。2023年，东西部协作项目继续投资73.5万元铺设村道，安装路灯，种植花木，房前屋后立面改造，为群众改建卫生厕所等，使全村面貌焕然一新，美丽新农村建设初见成效。八步川村外在"颜值"和内在"气质"不断提升，全民宜居宜游、展业创业的能力大幅提高。

今日的八步川村，已然成为一个产业兴、百姓富、乡村美、生态优的美丽乡村。

【岷县档案馆整理提供】

# 乘东西部协作之风　建特色田园乡村

从县城出发，沿着蜿蜒的叠藏河溯流而上，行至叠藏河与210省道交会处，便是寺沟镇巴仁村。走进村庄，蔚蓝的天空、和煦的暖阳、清爽的秋风、清澈的河流、清新的草香、浓烈的药香……一步一景、美美与共的和美乡村宛如一幅山水画卷，让人流连忘返。

巴仁村位于岷县寺沟镇南部，距县城15公里，海拔2500米，为汉藏杂居的民族村，辖8个村民小组，254户1135人，辖区耕地面积2322亩，人均耕地面积2.1亩，主导产业为中药材、猫尾草种植加工和劳务。

自2023年被确定为市级乡村振兴示范村以来，巴仁村借东西部协作东风，紧紧围绕巩固拓展脱贫攻坚成果同乡村振兴有效衔接这条主线，积极发挥资源优势，因地制宜、科学规划、稳步推进。在青岛西海岸新区的大力支持下，巴仁村积极学习借鉴浙江"千万工程"经验，立足地域特色和资源优势，积极探索推行"党建＋和美乡村"模式，紧盯"村美院净乡风好、

寺沟镇巴仁村　　　　　　　　　　　　　　　　　　孙承刚　摄

127

兴业民富集体强"目标，坚持一张蓝图绘到底，一年接着一年干，让乡村增"颜值"、村民提"气质"、产业丰"路子"，全力打造宜居宜业和美乡村。

生态宜居，焕发和美乡村新气象。巴仁村以东西部协作帮扶为契机，成立了乡村振兴示范村建设工作专班，按照"政府主导、统一规划、群众参与"的原则，有序推进房屋墙体维修、完善路面排水设施、拆违治乱、覆土绿化等工程。与此同时，始终把常态化人居环境卫生整治放在突出位置，大力营造整洁有序、文明和谐的乡村环境。先后硬化全村道路 8500 平方米，新建边沟 1500 米，新建护坡 850 米，同时在道路两旁、农户房前屋后美化栽植香花槐 460 株、海棠 65 株、樱花 70 株、榆叶梅 70 株、连翘 50 株等，使得巴仁村人居环境得到了持续有效改善。

产业兴旺，蹚出持续发展新路子。巴仁村始终把产业振兴作为农户实现持续稳定增收致富的根本举措，在不断巩固拓展传统优势产业的同时，为了不断壮大村集体经济，落实东西部协作帮扶项目资金 120 万元，用于发展壮大巴仁村乡村旅游。该项目已完成全部建设内容、出租运营，通过项目实施进一步推动了巴仁村一、二、三产业融合，并且吸纳本村富余劳动力 20 多人，增加了当地群众的就业收入。巴仁村乡村旅游建设项目为巩固拓展脱贫攻坚成果同乡村振兴优先建设起好了步、带好了头。

治理有效，激发乡村建设新活力。巴仁村充分发挥村党组织在引领发展、培育新风、乡风塑造、改善群众精神面貌等方面主力军作用，以村组干部为核心骨干，建立党员联系农户机制，通过党员干部带头，村上新风日渐兴起、旧习得到了彻底改变。通过制定村规民约、红黑榜公示，村里陋习得到了有效遏制，铺张浪费、薄养厚葬、高价彩礼等得到了有效纠正；通过宣传教育、典型示范引领，积极开展美丽庭院打造行动，深入开展好媳妇好孝子、"五星"文明户等评选活动，大力弘扬新风正气，为乡村治理提供强大的精神动力；通过主题党日、议事协商、新时代文明实践志愿活动等不断拓宽群众参与乡村治理的渠道，让巴仁村村民真正成为乡村治理的主体、乡村振兴的受益者。

乡村蝶变，各美其美，美美与共。自从巴仁村打造东西部协作乡村振兴示范村以来，来该村游玩的游客越来越多，不仅仅是旅游体验，更多人是来感受它的山水之美，文化之韵，生态之醉。如今，这个被山水浸润的"风水宝地"，处处呈现生机勃勃的新气象。从散落乡间的青砖黛瓦，到创意赋能的乡村，有亮点、有特色、有风景，生态价值与自然之美不断碰撞，像一颗颗繁星，成为乡村振兴的生动实践。

在叠藏河畔，巴仁村里，无论是金色的山峦，抑或牛羊悠然自得地啃食田间的残余，都是大自然赋予的丰厚馈赠。农与牧，畜与粮，借与还，禁与动的多向奔赴，奏响了人与自然和谐共生的美好乐章。未来的巴仁村，在农业产业和乡村旅游融合发展的过程中，必将散发出更加迷人的风采和魅力。

【岷县档案馆整理提供】

# 青岛链赋能产业链　新色彩绘就新画卷

　　沿着麻子川旅游环线，漫步在乡间小道，目之所及，一片片孕育着丰收希望的农田、一座座错落有致的农舍、一条条干净整洁的道路、一个个辛勤劳作的身影……一幅优美、清新、幸福的美丽乡村画卷正徐徐展开，处处涌动着乡村振兴的热潮。

　　麻子川镇大草滩村位于岷县南部，距县城 23 公里，距镇政府所在地 7.5 公里，位于旋窝村北部约 3 公里处，境内平均海拔 2600 米，全村共有 7 个村民小组 302 户 1230 人，有耕地 3577 亩，人均占有耕地 2.9 亩，以种植当归、黄芪、党参等中药材和马铃薯为主。

　　大草滩村充分发挥基层党组织的战斗堡垒作用，借东西部协作东风，以党建为引领，以产业为依托，以文明铸"乡魂"，以绿色植底蕴，坚持以党风带民风，以民风促村风，坚持以"道地、绿色、生态"为核心，以品种培优、品质提升、品牌打造和标准化生产为重点，干群同心，齐力共建产业兴旺、生态宜居、乡风文明、治理有效、生活富裕的和美乡村，不断

青岛西海岸新区·岷县东西部协作示范项目——麻子川镇万亩中药材示范基地

孙承刚　摄

刷新大草滩新"颜值"。

项目建设夯基础。近年来，大草滩村始终把项目的谋划和建设紧紧抓在手上，以项目建设推动产业发展、改善农村面貌，为建设美丽乡村夯实基础、增强后劲。青岛西海岸新区在该村项目建设中给予了大力支持，自2022年以来，共实施东西部协作项目5个，共投入协作资金473万元。一是投入100万元，新建东西部协作生态林540亩，栽植1.5米以上青海云杉21600株、沙棘21600株；二是投入162万元，新建中药材产业道路13500平方米；三是投入88万元，新建排洪渠400米；四是投入60万元，对环线道路进行改造提升，铺设人行道透水砖979.9平方米、道牙875米，新建边沟涵583米；五是投入63万元，对村内进行人居环境改造提升。项目建成后，进一步改善了全村人居环境，极大地改善了中药材产业发展条件，有效解决了全村群众种植业发展及中药材等农产品机械化使用率低和运输难的问题。

产业发展兴活力。建好用好管好中药材核心示范区，主要种植当归、黄芪和党参，参与农户302户1230人。采取"支部＋合作社＋基地＋农户"经营模式，紧盯"党建强、产业兴、群众富"的发展目标，立足村资源优势和区域特点，基地始终坚持把"种好药、卖好价"作为产业发展的理念，通过政府推动、企业联动、农户行动、技术支撑四级联动方式，充分发挥示范引领作用，全力打造中药材绿色标准化种植示范基地，为推进巩固拓展脱贫攻坚成果同乡村振兴有效衔接"保驾护航"。同时，通过"党建＋产业"模式，切实把产业发展作为引领群众增收致富的重要抓手，真正拓宽群众增收致富门道，实现了农村基层党组织与本土产业链有机融合，使党员带领群众致富效应在产业链条上不断延伸，党组织的凝聚力变强了、村集体经济壮大了、村民增收致富了，初步实现了党建强村、产业富村梦想，让产业兴旺真正成为点亮乡村振兴的不竭动力。

移风易俗见成效。坚持将推进移风易俗、培育文明乡风作为深化农村精神文明建设的重要抓手，从人民群众的实际需求入手，用乡风文明"软实力"筑牢乡村振兴"硬环境"。在先进人物、生动案例的挖掘上下足"绣花"功夫，在传统文化、古典记忆上下足"硬盘头"，充分利用"三会一课"、固定党日等载体，借鉴"板凳会""炕头会""田间会"等方式，邀请老一辈革命者登台讲说，点燃群众爱乡、护乡、念乡的热情。弘扬崇德向善的感人事迹，扎实开展"移风易俗乡风文明""道德模范""身边好人""最美家庭""好婆婆""好儿媳"等评选活动，引领广大群众以榜样为镜，向先进看齐，学习他们勤俭治家、团结和睦的优良家风，勤劳勇敢、尊老爱幼的高尚品质。

东西部协作绽新绿。东西携手，逐"绿"前行。2023 年，针对生态环境脆弱的现状，结合和美乡村建设，从规划到实施，青岛西海岸新区投入了大量的人力、物力和财力。专业的林业技术团队深入大草滩村，与当地干部群众携手合作，共同选种、育苗、栽植，经过不懈努力，在大草滩村火石山梁栽植的 800 亩"青岛林"如今已初具规模，树木苗壮成长，改善了当地生态环境和人居环境，使其成为岷县生态建设的新亮点。在全面实施面山绿化的同时，大草滩村围绕"绿"文章，对火石山梁进行整体规划，通过修建柏油路、观景台、农家乐等设施，促进乡村旅游，让大草滩村呈现出"村在林中，房在树中，人在景中"的人与自然和谐共生的新画面。

近山远黛皆景色，一波碧水情留客。大草滩村秉持"绿水青山就是金山银山"理念，坚持全地域推进"绿水青山"行动、全领域推进绿色发展转型，以更加良好的生态环境，换取最普惠的民生福祉，把全面建设社会主义现代化国家的壮美图景描绘在大草滩的田野上、书写在 1000 多名群众的幸福生活中。

【岷县档案馆整理提供】

# "红""绿"并举谱新曲
## 美丽乡村尽开颜

"更喜岷山千里雪，三军过后尽开颜。"1935年9月18日，毛泽东率领中央红军突破天险腊子口，翻过白雪皑皑的达拉梁，进入麻子川镇旋窝村后，回头望向绵亘千里的岷山，一扫心中的阴霾，酝酿并创作了气势磅礴的千古绝唱——《七律·长征》。

旋窝村位于岷县南部山区，距县城24公里，距麻子川镇政府7公里，因四面环山，地处中央，类似旋涡而得名。这个地处青藏高原与黄土高原交界区的自然村，宛如一个天然的避风港，是红军长征途中的一处重要休整点。

麻子川镇旋窝村"长征路上的加油站"雕像　　　　　　　安殿堂　摄

旋窝村海拔 2650 米，属于少数民族聚居村。红军入驻旋窝村前，由于受之前国民党的反动宣传误导，许多村民连夜逃进了山里。然而，红军到达旋窝村后对百姓秋毫无犯，他们帮助留在村里的老人孩子提水做饭、打扫卫生，有的战士因饥饿拔了村民的萝卜，还把钱放在萝卜坑里。红军宣传队还在村里的墙上、道旁书写了大量标语"遵守政治纪律，争取抗日群众""抗日反蒋，保护回民，保护清真寺"等。为了进一步贯彻党和红军的民族政策和严明纪律，军委及时制定了《回民地区守则》。

如今的旋窝村，有 6 个村民小组 162 户 721 人，有回、汉、撒拉、东乡 4 个民族。属双燕自然保护区，生态资源丰富，全村林地面积 5.1 万亩，草场面积 1.3 万亩，耕地面积 2748 亩，人均占有耕地面积 3.8 亩。主导产业为中药材种植、草畜养殖、旅游餐饮业。

实现脱贫之后，旋窝村继续弘扬长征精神，立足村情实际，以创建市级乡村建设示范村为依托，乘着东西部协作东风，立足毛泽东长征旧居、旋窝草原自然风光等红色生态元素，紧跟全镇乡村旅游步伐，积极整合项目资金，着力打造以乡村建设、产业培育、集体经济、环境整治、乡村治理等为主要内容的"五大工程"，擦亮红色生态旅游及美丽乡村靓丽品牌。

"高起点"实施乡村建设，让基础设施更"硬"。按照"点、线、面、景"总体规划，着力补齐公共基础设施短板。2022 年，新区列支东西部协作资金 470 万元，建设完成麻子川镇红色生态旅游产业提升项目十标段，改造提升党建主题广场 1 处，修建文化舞台 1 座，安装室外全彩 LED 屏 1 个，场景还原"长征精神" 18 处，修建旅游公厕 2 座，道路两侧护栏改造 1681 米、风貌改造 9860 平方米、茅草屋顶改造 815 平方米。积极争取绿化亮化建设项目，安装太阳能路灯，加强通道绿化及房前屋后绿化，让村庄环境更加优美宜居。积极探索"红 + 绿"产业融合发展模式，以红色旅游环线路为主轴，依托旋窝村毛泽东长征旧居，打造爱国主义教育基地，吸引外来游客到毛泽东旧居接受红色教育、体验草原风光，大力发展红色生态旅游产业，旅游旺季每日游客量达 500 余人次。

"高质量"培育富民产业，让增收渠道更"广"。中药材产业方面：坚持"道地、绿色、生态"的标准，按照"企业 + 合作社 + 农户"的模式，2024 年全村种植中药材面积 1500 亩左右。畜草产业方面：全村现有养殖户 52 户，养殖西门塔尔、牦牛、黑裘皮羊、藏羊等草畜 2000 余头（只）。种植猫尾草 300 亩，预计产量达 400 吨。高原夏菜产业方面：采取"党支部＋企业＋合作社＋基地＋农户"的经营模式，通过"七统一分"生产管理，由公司、合作社、农户签订保底收购合同。2024 年流转土地 428 亩，种植红莴笋、甘蓝、娃娃菜等，并引导群众实现就地务工，全年务工人数在 150 人左右。劳务餐饮业方面：2024 年全村劳务输转 380 余人；就地从事餐饮业 72 户 303 人，拓宽了群众增收渠道。

"高标准"盘活闲散资源，让集体经济更"强"。凝心铸魂夯实发展阵地。充分发挥党组织优势，积极推行"党建＋村集体经济发展"模式，争取项目资金盘活村级闲散河滩地，修建垂钓园，以出租的方式壮大村级集体经济。多措并举激活一池春水。采取"党支部＋合作社＋农户"的方式，投资入股岷县浩丰养殖合作社，每年领取分红壮大村集体经济。多驱发力重振发展势头。利用光伏分红、商铺、草地等集体资产出租等方式，持续壮大村集体经济。2024 年，村集体经济收入达 20 万元以上。

"高水平"整治人居环境，让村庄面貌更"靓"。规划先行优布局。坚

麻子川镇旋窝牧场是自驾游的重要露营地　　　　　　岷县档案馆收集提供

持高标准规划、高起点建设，按照"景村融合"的建设思路，找准村庄定位，突出村庄特色，科学编制村庄规划，扎实推进乡村建设行动，着力打造集"红色教育、观光体验、网红打卡、休闲度假"于一体的红色生态和美乡村品牌。点面结合夯基础。加大村庄基础设施建设力度，利用东西部协作帮扶资金，对98户农户房屋、大门、院墙风貌统一进行改造，硬化村组道路2.5公里、产业道路2.1公里，安装护栏，铺设人行道，修整边沟，改造卫生厕所，村容村貌发生了翻天覆地的变化。示范带动强引领。充分发挥党员干部示范引领作用，持续推进农村人居环境综合整治，及时对河道沟渠、村庄道路、房前屋后的垃圾进行清理清运，形成"横到边、纵到沿、全覆盖、无缝隙"的环境卫生管理体系。2024年旋窝村获评全市"美丽庭院"示范村，人人参与和美乡村建设的浓厚氛围正在全面铺开。

"高效能"推进乡村治理，让管理服务更"优"。坚持制度保障、宣传教育、实践养成，引导群众破除陈规陋习，进一步提高群众思想道德文化素质和社会文明程度。建立《一约三会两榜一积分》群众自治模式，修订《村规民约》，进一步健全党组织网格化责任体系，让群众自己说事、议事、主事。组织开展"邻里互助一家亲，同心共筑中国梦"志愿服务活动，教育引导群众破除陈规陋习，倡导丧事简办、婚事新办。以创建规范化村级综治中心为目标，积极构建社会治安防控体系，在村内主干道安装了"雪亮工程"监控设施，为全村社会安定和经济发展提供了有力保障。

长征是宣言书，长征是宣传队，长征是播种机。新时代新征程，西岷两地山遥水远、守望相助，携手阔步走在新的长征路上。在青岛西海岸新区的尽心帮扶下，旋窝村面貌日新月异，基础设施日臻完善，产业发展如火如荼，百姓幸福指数持续攀升，一幅幅美丽的乡村画卷正在这片红色沃土上绘就、呈现。

【岷县档案馆整理提供】

# 东西部协作显真情　同心携手促振兴

　　沿国道 212 线南行，出县城 21 公里处海拔 2700 多米的山岭之上，便是历代兵家必争之地的麻子川镇岭峰村。此村因地处岷县南部黄河流域和长江流域的分水岭端，故以前也叫分水岭村，通常人们都叫麻子川岭。岭峰村与陇南市宕昌县接壤，为岷县"南大门"，曾是古雍州与梁州的分界线。

　　岭峰全村共有 7 个村民小组 352 户 1400 人，总占地面积 311.77 公顷，林地面积 1065 亩，耕地面积 3050 亩，均为山地和半山地，人均占有耕地面积 2.3 亩，主要种植当归、黄芪、党参等中药材。

　　按照"党建做引领、产业筑基础、乡风提内涵"的工作思路，借助东西部协作的东风，近年来，岭峰村充分发挥北接旋窝村毛泽东长征旧居及鹿原里会议会址、南连宕昌县哈达铺会议纪念馆的红色旅游通道优势，深入挖掘长征文化内涵，大力发展强村富民产业，着力壮大村级集体经济，积极探索"红＋绿"互相融合的发展模式，将红色资源与生态美景、和美乡村建设统筹起来，着力打造集红色旅游、观光体验、休闲度假功能于一体的美丽乡村。

　　2021 年以来，岭峰村累计争取东西部协作资金 564 万元，实施东西部协作项目 7 个，其中：2021 年投入资金 258 万元，实施岷县麻子川镇岭峰村乡村振兴示范村建设项目；2022 年投入东西部协作资金 80 万元，新建特色农产品展销中心一座、中药材产业道路 4200 平方米；2023 年投入东西部协作资金 10 万元，建设物流网点一处，配置快递打包设备、四轮叉车、拉货平板车等；2024 年累计投入东西部协作资金 216 万元，新建东西部协作生态林 300 亩，新建挡墙 40 米、边沟 40 米、护栏 30 米，新建中药材产业道路 3400 平方米、边沟涵 800 米，砂化中药材产业道路 4 公里。

立足资源优势，下活产业兴旺"一盘棋"。以"强村＋富民"为导向，紧抓项目建设机遇，充分盘活村集体资产、资源要素，村内道路畅通，公共设施逐步完善，群众获得感不断提高。依托岭峰黄河长江分水岭和麻子川镇红色资源，积极衔接镇上推出的"岭峰村黄河长江分水岭—鹿原里会议会址—牧马滩景区—旋窝村毛泽东长征旧居"一日游线路，大力扶持种养殖业、通过奖补等形式引导有意愿的农户开办农家乐，打造国道212沿线农家生活观光体验风情线，引导游客"体验农家活、吃农家饭、享农家乐"，持续带动农户增收。利用岭峰村特色农产品展销中心，引进岷县立源牧草种植农民专业合作社，售卖特色农产品，延伸农副产品价值，实现村集体经济和群众双增收，旅游旺季实现日游客接待量300余人次。

建设和美乡村，绘制生态宜居"一幅画"。以改善农村人居环境为切入点，通过东西部协作项目的精准实施，人居环境显著改善。以红色元素为基调，对村内主干道两侧建筑物风貌进行统一改造，将红色文化和美丽乡村元素深度融合，全面提升人居环境。实施环境绿化行动，栽植各类景观树8000株，通道绿化6公里，在农户房前屋后、道路两旁种植花卉16亩。

麻子川镇岭峰村 　　　　　　　　　　　　　　　　孙承刚　摄

建立健全环境卫生保洁"五项"长效机制，发放倡议书 360 份，签订门前"三包"责任书 385 份，利用"巾帼家美积分超市"，开展积分兑换活动 12 场次，实物奖励 83 户，形成人人参与、户户比超的良好氛围。

推进移风易俗，追求乡风文明"一片好"。不断加强农村治理体系建设，突出党组织推动农村发展聚人心作用，完善民生联办、文明联创、治理联抓工作机制，结合本村实际修订完善《村规民约》，成立红白理事会、村民议事会、道德评议会，让群众自己"说事、议事、主事"。把群众的权利、义务以及社会治安、人居环境整治等进行细化、量化，为村民实现自我教育、自我管理、自我约束提供了依据。大力提倡群众喜事新办、丧事简办、弘扬孝道、尊老爱幼、扶残助残、邻里和睦，真正让文明乡风吹遍每个角落，让群众道德素养得到进一步提升，让乡村振兴的文明沃土进一步形成。

山海情深切，协作谋发展。乘着东西部协作的东风，西岷两地以精工之笔绘就了一幅波澜壮阔的协作画卷，人居环境、特色产业、道路建设等领域硕果累累，为岭峰村巩固拓展脱贫攻坚成果同乡村振兴有效衔接注入了强劲动力。

【岷县档案馆整理提供】

# 星光永不落　蝶变展新颜

　　行走在位于岷县东北部的梅川镇永星村，只见黄土丘陵的层层梯田和深绿浅草，虽是深秋依然生机盎然。一簇簇小楼房拔地而起，白色的外墙、青色的琉璃瓦、坡屋面式的顶檐，显得整齐划一，成为一道道亮丽的风景线。崭新的柏油路平坦宽敞，像一条黑色的玉带镶嵌在重山之中。谁能想到，这里在11年前曾经被地震摧残过，又是在极其困难的情况下完成脱贫攻坚任务，走上乡村振兴之路。

　　作为2013年"7·22"岷县、漳县6.6级地震的震中，永星村受灾严重，村民的房屋几乎全部倒塌。在各级党委、政府的关心关怀和社会各界的帮助支持下，永星村搬迁到离原址不远的新安置点，在223亩土地上重建。重建后的永星村，在基础设施、特色产业、乡村治理等方面取得了新发展，俨然成为千年药乡的一颗耀眼明珠。

梅川镇永星村

孙承刚　摄

梅川镇是县境内重要的中药材等农产品集散地，以当归、党参、黄芪为主的中药材种植加工历史悠久，2020 年被农业农村部评定为"一村一品"示范村镇。永星村土地平旷肥沃，日照充足，水利设施完备，是"岷归"等中药材主产区。该村距镇政府 15 公里，辖 6 个村民小组 283 户 1280 人，耕地面积 3656 亩。由于常年干旱少雨，独特的地理风貌让永星村成为整个岷县最适宜种植当归、黄芪等名贵中药材的沃土。

巩固拓展脱贫攻坚成果同乡村振兴有效衔接工作开展以来，永星村坚持以"强化党建引领、壮大特色产业、改善人居环境、带动群众增收"为总体工作思路，借东西部协作之东风，将乡村建设与人居环境整治提升行动、美丽宜居村庄建设等相结合，加强公共基础设施建设、改善村容村貌、提升农村基本公共服务和乡村治理水平，积极创建省级示范乡村。

2021 年到 2023 年，东西部协作资金共投入永星村 876 万元，用于实施乡村振兴示范村建设项目、生态修复及人居环境整治项目、县级乡村建设示范村补短板项目和中药材产业道路建设项目。村内基础设施完备，公

梅川镇永星村中药材 GAP 标准化种植基地　　　　　　　　　安殿堂　摄

共服务设施配套齐全。村卫生室 60 平方米；村内主要道路通柏油路长达 20 公里；村自来水入户率达到 100%，水质达标；村内排水管网健全；电视、电话、网络、邮政等公共通信设施齐全，信号畅通，完全满足了村民的使用需求。

随着基础设施完善，永星村加强产业谋划，按照"龙头企业+新型经营主体+种植农户"的特色产业发展模式，结合中药材绿色标准化种植及种苗繁育基地的建设，形成中药材"耕、种、收、产、加、销"的全链条发展，全面带动全村 283 户中药材户年均增收 5 万元以上，"药乡"处处飘"药香"，一个产业聚集、规模扩大、效益倍增的产业振兴新样板出现在岷州大地上。

永星村加强人居环境整治。完成乡村"四旁"植树 1140 余株、打造路域景观带 5824 平方米，栽植国槐 71 株、连翘 109 株、榆叶梅 110 株、紫丁香 111 株、金丝垂柳 53 株、红叶李 27 株、金叶榆 15 株、西府海棠 33 株、牡丹 43 株。同时，先后购置垃圾清运车 3 辆、摆臂斗 4 个、垃圾桶 300 个，新建垃圾堆放点 2 座，开展常态化农村人居环境整治，让美丽家园成为实现群众"生活指数"倍增的重要支点。

因为这里看星星特别清晰，故取名为永星村。如今走上小康路的永星村，正如她的名字一般——璀璨星光，永恒不灭。

【岷县档案馆整理提供】

# 村美院净乡风好　业兴民富集体强

从岷县县城出发，顺洮河而下，18 公里处便是西江镇唐家川村。村庄内白墙素瓦、绿树掩映，道路宽阔平坦，院落整洁有序，浓浓的药香扑面而来，产业园里热火朝天，好一幅田园美景。

全村现有 6 个村民小组 420 户 1701 人，耕地面积 1380.31 亩，人均占地 0.81 亩。群众以劳务输转及党参、黄芪等中药材种植为主要收入来源，2023 年村民人均收入为 14560 元，集体经济年收入实现 20 万元以上。该村先后获得全国文明实践巾帼志愿阳光站、省级优秀新时代文明实践站、省级卫生村、定西市"巾帼家美积分超市"示范村、定西市心理咨询室试点村、定西市"和美乡村"等荣誉。2021 年，成功创建为省级乡村建设示范村。

近年来，唐家川村抢抓青岛·定西东西部协作的有利机遇，积极借鉴学习青岛西海岸新区美丽宜居乡村建设的工作经验，聚焦基础设施提升、特色产业深耕、乡村治理增效，敲开了和美乡村建设的"三重门"。

乡村振兴，产业先行。唐家川村积极建设以中药材种植、马铃薯种植繁育、高原夏菜、畜牧养殖、乡村旅游为主的"现代农业产业园"，实现马铃薯、中药材、高原夏菜等特色产业多点开花。一是吸引马铃薯种薯繁育产业园落户，建成 500 亩的"马铃薯种薯应用示范基地"，带动 130 余名群众就近务工就业，每人年均增收 4.5 万元。二是推行中药材绿色标准化种植技术，建成了 500 亩中药材种植示范基地，引导农民专业合作社、家庭作坊等发展中药材加工业，全村从事中药材加工业的农户达到了 25 家以上。三是通过"村集体 + 合作社 + 基地 + 农户"的模式发展高原夏菜产业，建成 200 亩"西江镇高原夏菜种植示范基地"，年产辣椒、茄子、西红柿、黄瓜等蔬菜 50 吨,年均增收 20 万元。四是通过"政策宣传 + 能人引领"模式,组织 330 余人到新疆、内蒙古、广东等地务工,年均创收 850 万元以上。

近年来,唐家川村在大力发展特色优势产业的同时,以省级乡村建设示范点创建为抓手,统筹各类资金 2344 万元,新建了村社道路、文体广场、综合场馆、物流网点、贮藏冷库、新时代文明实践广场(筑梦居)等基础设施和公共服务设施,建设成为"三季有花、四季常青、开窗见绿、推门见景"的美丽新乡村。同时,依托依山傍水的地理优势,积极培育休闲观光、户外野炊、亲子互动、文化体验农旅新业态,利用东西部协作资金 300 多万元,打造了集村史馆、国学馆、农耕文化馆、手工体验馆和休闲娱乐馆于一体的综合教育基地,成为县城及周边群众"周末游""休闲游"的不二之选。随着乡村旅游的发展,不少村民在家门口吃上了"旅游饭"。

西江镇唐家川村

孙承刚　摄

　　"以前，这里一片是荒滩，现在这边修了水泥路，建了花园，闲了大家出来坐着聊一会、浪一会都是很好的。路面原来都是土路，后面也修建成了水泥路，我感觉住在这样的村子里很幸福。"村民杜玉明骄傲地说道。

　　"这边开了一个露营小镇，距离家里也近，就在家门口上个班，想着赚点钱，给孩子们也减轻负担。"60 岁的李徐花"老有所为"的自豪之情溢于言表。

　　和美乡村，在于村容村貌之美，在于生态环境之美，更在于民生幸福之美。如今的唐家川，越来越多的村民农忙时种植中药材、马铃薯，农闲时外出务工和摆摊搞旅游，群众收入"连年翻番"。"洮河明珠·幸福唐家"的含金量还在持续提升。

　　　　　　　　　　　　　　　　　　　　　【岷县档案馆整理提供】

# 乡风乡韵传乡情

　　走进中寨镇红崖村，蜿蜒错综的硬化村道，鳞次栉比的农家屋舍、休闲景观遍布村内，老人在房门前闲叙、妇女在泉眼旁浣洗、儿童在古梨树下嬉戏……处处充满着乡风乡韵，久违的乡愁顿时涌上心头。

　　中寨镇红崖村位于岷县北部，距县城 36.5 公里，距镇政府 1.5 公里，平均海拔 2200 米，全村有 6 个村民小组 269 户 1234 人，耕地面积 1672 亩，人均耕地 1.34 亩，林地面积 1324.8 亩，草地面积 4310 亩。主要经济作物为当归、黄芪、党参等中药材。2023 年农村人均可支配收入 12500 元，2023 年村集体经济收入 15.7 万元。

　　红崖村坚持党建引领，乘乡村振兴之风，借东西部协作之势，以市级示范村创建为抓手，以人居环境整治为切入点，健全完善社会治理体系，着力打造"党建引领促发展，壮大产业强基础，社会治理树新风"的美丽

岷县中寨镇红崖村　　　　　　　　　　　　　　　岷县档案馆收集提供

乡村，昔日的偏僻山村，正上演着美丽蝶变。

项目支撑，助力振兴焕新颜。2021年，乡村振兴示范村建设项目总投资258万元，建成休闲长廊、凉亭、成品自分解环保卫生间、仿木纹栈道、彩色地砖铺装、雕塑、假山石、拱桥、荷花池、景观墙、喷泉等；产业路硬化项目总投资38.3万元，硬化产业路3830平方米。2022年，产业发展及人居环境提升奖补项目总投资154万元，新建酿醋合作社一家，为岷县宋会中药材种植农民专业合作社和岷县畅通中药材种植购销农民专业合作社两家合作社新建厂房，完成示范村人居环境整治；县级乡村建设示范村补短板项目，总投资30万元，完成道路维修（铺设预制块）180平方米，墙体维修加固及边坡挖土方2390平方米，安装道牙石、新建挡土墙、拆除并新建边沟盖板。2023年，鲁甘共建乡村建设示范村基础设施补短板项目，总投资120万元，新建护坡65米（3处），安装防护栏60米，新建边沟70米，硬化综合服务中心场地，建设其他附属设施，改善人居环境。2024年，中药材产业道路硬化项目投资185.5万元，新建中药材产业道路12125平方米，新建盖板涵1000米。

规划引领，精准定位抓统筹。坚持理论与实践结合、守正与创新融合、一般与特殊兼顾，以创建省级示范村为目标，实施产业发展、基础设施、公共服务、乡村治理、环境整治"五大统筹"，整合项目、资金向示范村建设聚力。同时，采取"月调度、季观摩，红黑榜、晒实绩"的措施，确保各项任务清单式管理、节点化推进、责任化落实。

宜居强基，补齐短板优服务。坚持因需建设、务实管用、稳步提升的原则，拉长长板、补齐短板，在有效解决269户1242人生产生活难题的基础上，群众的获得感、幸福感、安全感不断提升。以马崖"百年梨园"梨花节为契机，鼓励群众创办农家乐，积极探索集"吃、住、行、游、娱、购"于一体的现代乡村旅游产业，持续提高群众收入，积极探索发展壮大村级集体经济。

宜业固本，特色产业促增收。按照"龙头企业＋新型经营主体＋种植农户"的特色产业发展模式，示范建设村集体经济发展试点项目一个，结合中药材绿色标准化种植及种苗繁育基地的建设，形成中药材"耕、种、收、产、

在东西部协作资金的帮扶下，中寨镇红崖村村容村貌发生巨大变化

安殿堂　摄

加、销"的全链条发展。全村 2024 年种植中药材总面积 4200 多亩（当地耕种 1300 多亩，在临近县区租借土地种植 2900 多亩），全面带动全村 269 户中药材户年均中药材增收 5 万元以上，户均净收入达 15 万元以上，努力打造产业聚集、规模扩大、效益倍增的产业振兴新样板。依托岷县归芪参纯粮手工老陈醋及"八爷寨"纯粮酒品牌效应，做优做强传统手工制醋业及纯粮酒工艺，支持发展壮大岷县岷厨娘食品农民专业合作社，做优做强中寨"八爷寨"白酒品牌，突破品牌单一瓶颈，实现多种经营，提高群众收入。

生态托底，美丽家园提质量。牢固树立绿色发展理念，结合"人居环境整治"行动，完成乡村"四旁"植树 1000 余株，进一步筑牢了乡村生态安全屏障。将严重影响附近群众生活的臭水坑改造为集运动健身、休闲娱乐、网红打卡等功能于一体的新时代文明实践广场，每天有 500 余人次在广场开展健身等休闲娱乐活动。同时，通过常态化开展农村人居环境整治，努力让美丽家园成为实现群众"生活指数"倍增的重要支点。

今后红崖村将继续围绕乡村振兴这篇大文章，延续文化根脉，体现风土人情，拓宽致富道路、涵养淳朴民风，切实将村子建设成景美、民富、人和的现代化乡村，留住乡风乡韵乡愁。

【岷县档案馆整理提供】

# 马莲花为什么这么鲜艳？

奔流不息的洮河一路北上，穿越铁城，碧绿的河水、辛勤耕作的农户、鳞次栉比的新居，桑麻满目，炊烟袅袅，构成了一幅幅绝美的图画。

维新镇马莲滩村位于岷县北部，距县城42公里，距镇政府3公里，是"3·30凉山州木里县森林火灾"救火烈士赵耀东的家乡。该村由于处于洮河谷地，地势平坦，土壤肥沃，第一批先民到达此处时，正值四五月份，马莲花盛开河滩，相当美丽，故名马莲滩。全村有6个村民小组278户1161人，耕地面积约534亩，主导产业为种植业，主要作物有当归、党参、黄芪等。

2020年，岷县实现整县脱贫后，马莲滩村干部群众以实施乡村振兴战略为契机，抢抓东西部协作机遇，优化农业产业布局，完善基础设施建设，和谐发展、向美而行，全面建设乡村振兴示范村。"苟日新，日日新，又日新。"如今的马莲滩村，村容整洁，环境优美，生活富裕，宜居宜业，发展变化人人耳闻目见，村民的幸福感、获得感成色更足。

马莲滩的发展离不开东西部协作的好政策，更离不开青岛西海岸新区的倾力帮扶。2022年10月，在西海岸新区的大力支持下，总投资1500余万元、占地200余亩的马莲滩村鲁甘黄河经济带农业产业园投入使用。一是2022年，下达鲁甘共建乡村建设示范村补短板项目，总投资30万元，用于开展拆危治乱及人居环境改善提升工作。二是2023年，下达鲁甘黄河经济带农业产业园（二期）建设项目，投入资金200万元，新建108米×48米玻璃温室的室内仿石砖路面、原土夯实地面、玻璃隔墙、可移动苗床育苗区、水肥一体化控制区和荷兰膜式无土栽培区等；新建14栋8米×96米的拱形棚。三是2024年，下达马莲滩村蔬菜产业冷库建设项目，投入资金 50 万元，建设储藏量 150 吨的冷库一座，场地硬化 400 平方米，新建库房 200 平方米、冷库外围保温墙体 60 米。

产业园以蔬菜产业建设为重点，采用规范的生产管理、现代经营理念，运用先进技术设备，发挥农业生态、生产、生活的综合效益，通过与山东寿光蔬菜产业集团签订运营合同，使当地群众在技术上得到培训，掌握种植管理相关技术，承担外围运输装卸等工作，激活当地群众内生动力，真正实现"输血"到"造血"的转变。依靠无公害生态种植、培育多样化蔬菜品种，发展观光采摘农业，突出自己动手一日游的特色，吸引周边游客，推动美丽乡村旅游，辐射带动附近镇村发展和群众增收。

产业园通过出租方式运营，民合村、马莲滩村、柳林村集体经济以投资资金的 4% 分红，预计每年收益 68.56 万元。同时，为全镇富余劳动力提供就业岗位，每日用工量 50 人左右，每人每月收入 3000 元左右，每人每年收入约 3.6 万元。

在西岷两地的携手努力下，马莲滩村处处生机勃勃，英雄故里旧貌展新颜。

【岷县档案馆整理提供】

位于维新镇马莲滩村的鲁甘黄河经济带智慧农业产业园，洮河在旁边静静淌过

孙承刚　摄

岷县旅游资源丰富，拥有众多的自然景观和人文景点，为游客提供了多样化的旅游体验。岷县的主要旅游资源包括中共中央西北局岷州会议纪念馆、狼渡滩湿地草原、二郎山省级森林公园等。

中共中央西北局岷州会议纪念馆入选全国 100 个红色经典旅游景区、20 条红色旅游精品线路。景区位于山清水秀的岷县十里镇三十里铺村，红色文化底蕴深厚。游客可以在这里了解革命历史，感受红色文化的魅力。

狼渡滩湿地草原是岷县的一大亮点，位于县城东部，距县城约 70 公里。这里地势平坦开阔，河流纵横，草原广阔，是游客休闲度假、纳凉避暑的好去处。游客可以在这里欣赏到草原的壮美景色，感受大自然的宁静与和谐。

二郎山省级森林公园则位于岷县县城之南，地形独特，森林覆盖率高达 90% 以上。登上山顶，游客可以鸟瞰县城全景，一览洮河、叠藏河的风光，享受大自然的馈赠。

除了这些主要景点，岷县还有双燕—沙金生态旅游景区、大崇教寺、山那树扎遗址、菗地坪遗址、清水关帝庙等众多值得一游的景点。这些景点各具特色，既有自然风光，又有人文历史，为游客提供了丰富的旅游选择。

# 岷州会议纪念馆

　　中共中央西北局岷州会议纪念馆位于十里镇三十里铺村，纪念馆陈展中心占地面积10300平方米，建筑面积2300多平方米，其中展厅1300多平方米，游客中心1000平方米。基本展览内容以"团结北上"为主题，分为"序厅""北上抗日定方向""红军联袂进甘肃""西进北上苦争论""建立革命根据地""会宁胜利大会师""红军精神代代传""岷州大地展新姿"8个部分，利用声、光、电等现代展示手段，真实再现了中国工农红军一、二、四方面军长征经过岷县并在此创建临时根据地的革命历史，突出了中共中央西北局岷州会议的历史功绩。

岷州会议纪念馆　　　　　　　　　　　　　　　　　　孟飞　摄

1936年9月16日至18日，中共中央西北局于岷县三十里铺召开了会议，史称"岷州会议"。与会者有朱德、张国焘、陈昌浩、李卓然、萧克、何畏、曾传六、傅钟、刘少文等。会议根据毛泽东电令，在肯定中央北上方针的基础上，否定了张国焘的"西进计划"，并制订了《通庄静会战役计划》，决定在敌胡宗南一军尚未集中于静宁、会宁、通渭以及定西大道之前抢先予以占领，以配合一方面军在运动中夹击敌人，争取会师。19日，红四方面军总部向全军发布了进军令。半个月后，红军三大主力部队终于在会宁、静宁地区大会师，宣告历时整整两年的长征胜利结束。

该纪念馆是甘肃省"省级国防教育基地""甘肃省爱国主义教育基地""全国爱国主义教育基地"，2022年创建为AAAA级国家旅游景区。

【岷县档案馆整理提供】

# 二郎山景区

　　二郎山原名金童山，因早期在山上修建"二郎庙"而得现名，位于岷县县城之南，国道212、316线沿其东、北两侧而过，东临叠藏河，北毗洮河，地形独特。二郎山峰头曾筑有堡寨，依次被称为头、二、三寨子，最高峰三寨子海拔约200米，登上峰寨可以鸟瞰县城全景。红军长征途中，这里曾发生过二郎山围城战役。

　　1936年8月，红二、四方面军会师甘孜，制订《洮、岷、西战役计划》，向岷县进军。8月8日，红一纵队向岷县县城进发。据守岷县的鲁大昌部

岷县二郎山景区　　　　　　　　　　　　　　　　岷县档案馆收集提供

岷县二郎山景区　　　　　　　　　　　　　　　　　　孙承刚　摄

加紧修筑城防工事，在二郎山山头一线一连修建了三座巨型碉堡，通以堑壕，与县城连接成一个防御整体。10 日，红八十八、八十九师开始向二郎山鲁军阵地发起猛攻，连续激战六昼夜，先后歼敌 1500 多人，缴获轻重机枪 11 挺、迫击炮 5 门，给敌人沉重打击。由于鲁军顽抗，城未攻克。此后，红军采取不时佯攻的办法，使鲁军不敢妄动，从而争取了休整时间。

如今的二郎山景区已经开发成为省级森林公园，山上林木繁茂，树种丰富，主要有落叶松、云杉、杨树、杏树、柳树、棠棣等，森林覆盖率达90% 以上。正气亭、忠烈祠、开颜阁、二郎山战役纪念碑、战壕遗址、烈士陵园等纪念建筑庄严肃穆，另外还有喇嘛寺、子孙殿、观音殿等名胜古迹。

二郎山不仅是一座拥有革命历史的山，也是一座充满艺术气息的山。在"花儿"盛行的岷县，每年农历五月十七举办二郎山"花儿会"，山上山下游人如织，城里城外商贾如云，是岷县人民狂欢的节日。

【岷县档案馆整理提供】

位于十里镇大沟寨村南面的秦长城后寨子烽燧遗址　　　岷县档案馆收集提供

# 秦长城遗址

　　近年来，岷县文物工作者经过田野调查，发现岷县秦长城遗址与《史记》《汉书》《括地志》等书籍记载相吻合，岷县大沟寨五台山山下的铁关门就是秦长城的西起首所在地，也是秦国的西大门。

　　《史记·蒙恬列传》记载："秦已并天下，乃使蒙恬将三十万众北逐戎狄，收河南。筑长城，因地形，用制险塞，起临洮，至辽东，延袤万余里。"

　　杜佑《通典·州郡典》岷州条下注云："（岷州）属陇西郡，长城在今郡西二十里崆峒山，自山傍洮水而东，即秦之临洮境在此矣。"崆峒山，即今之甘肃岷县大沟寨五台山。

　　2019年4月以来，岷县博物馆实地调查县域内秦长城遗址，初步厘清了秦军事防御分布、形制、走向等基本问题。岷县秦长城遗址分布在县域内洮河以及洮河支流叠藏河河谷附近山脚及山梁上，在县域内大致从东南至西北分布。除了县城及其周边的秦长城遗址外，在调查中共发现秦长城遗址（含遗址群）13处，分别为岭峰亭燧遗址、阴坡山咀烽燧遗址、谷堆坡亭驿遗址、瞭沟梁长城遗址、大坡梁烽燧遗址、八卦棱烽燧遗址、后沟梁长城遗址、崆峒山—铁关门遗址群、岷山顶烽燧遗址、铁关峰烽燧遗址、马匹山烽燧遗址、卓坪古城壕遗址、铁城壕堑遗址。

【岷县档案馆整理提供】

# 狼渡滩

岷县狼渡滩，位于甘肃省定西市岷县东部的闾井镇境内，是一片广袤无垠、水草丰茂的湿地草原。这里地处青藏高原东段和秦岭山脉西缘的过渡地带，平均海拔约 2600 米，是黄河上游的重要渡口。狼渡滩自古以来就是军事要地，是古代西北的重要通道之一，也是红军长征走过的最后一片草原。在这里，你可以尽情领略大自然的壮美与神秘，也可以深刻感受到历史的厚重与文化的深邃。

狼渡滩占地面积 90 多万亩，草原四周群山绵延，狼渡河蜿蜒其中，形成了水草丰茂的自然环境与九曲十八弯的壮观美景。这里是一处自驾胜地，316 国道穿境而过，每年夏天，不少从兰州、天水、西安等方向而来的自驾游客，都会将这里作为一个目的地。他们在这片草原上尽情驰骋，感受大自然的辽阔与壮美。

狼渡滩不仅有着绝美的草原风光，还有着深厚的文化底蕴。西周时期，这里是秦汉部落的牧马之地；三国时代，这里曾是魏、蜀多次交战的古战场；

狼渡滩　　　　　　　　　　　　　　　　岷县档案馆收集提供

狼渡滩　　　　　　　　　　　　　　　　　　　　陈中　摄

清朝时，狼渡滩是陕甘总督年羹尧西征时的屯兵场，后来阴差阳错，这里又成为年氏子孙的流放之地。时至今日，狼渡滩周边大小 10 多个年家庄，都是当年的年氏后裔。到了近代，狼渡滩最浓墨重彩的一笔，是红军长征时经过此地留下的足迹。狼渡滩景区最高峰的应龙阁，便是为了纪念这段历史而建的。

狼渡滩的名字也充满了传奇色彩。一说狼渡滩湿地草原含水量巨大，牛羊马匹很难通行，只能在此喝水，唯有矫健的野狼可以通过，因而得名；一说丰茂的水草吸引着众多牛羊来吃草，便成为野狼瞄准的"餐桌"。这些传说为狼渡滩增添了几分神秘与野性。

在狼渡滩，游客可以尽情享受大自然的馈赠。他们可以在草原上骑马、射箭、野餐，感受草原的辽阔与自由；也可以到应龙阁缅怀历史，感受红军长征的艰辛与伟大；还可以到周边的年家庄探访年氏后裔，了解狼渡滩的悠久历史与丰富文化。

此外，狼渡滩还是一处肥沃的天然牧场。河流、绿草，牛羊星星点点散落其中，完美还原了北朝民歌《敕勒川》里的句子："天苍苍，野茫茫，风吹草低见牛羊。"这里的草原风光和生态环境，吸引了众多摄影爱好者和画家前来采风创作。

【岷县档案馆收集　岷县旅游产业发展中心提供】

　　岷县是全国有名的道地中药材主产区，素有"千年药乡"之称，特产主要包括当归、党参、黄芪等名贵中药材。

　　岷县当归，又称"岷归"，有1000多年的种植历史和药用历史，享有"中华当归甲天下，岷县当归甲中华"之美誉。根据研究，岷归成分复杂，有挥发性和水溶性物质106种，具有强筋健体的功效，是理想的补血活血滋补保健品。从岷归中提取的当归油，是用于航天航空员身体保健的专用药品。岷归驰名中外，远销东南亚、欧美等20多个国家和地区。

　　岷县党参，被誉为"中药里的滋补圣品"。其根部肥大、纹路清晰、气味浓郁，含有多糖类、酚类等活性成分，能益气生津、健脾养胃，尤其适宜气血两虚者服用。

　　岷县黄芪，以其肉质肥厚、色黄白、粉性足而闻名遐迩。它富含多种微量元素及氨基酸，具有显著的补气固表、提高免疫力之功效，是日常养生保健不可或缺的良药。

　　近年来，岷县立足"天然药库"资源禀赋和产业优势，推进全域绿色标准化种植，实施品牌经营战略，提升中药材精深加工水平，建设招才引智工程，完善市场营销体系，逐步把岷归等道地药材变成了助力乡村振兴的支柱产业，把"千年药乡"金字招牌越擦越亮。

# 岷县当归

　　岷县当归，又称"岷归"，素有"中华当归甲天下，岷县当归甲中华"和"妇科圣药"之美誉，是中国国家地理标志产品，具有 1500 多年的种植历史和 1700 多年的药用历史。其主根呈圆柱形或圆锥形，尾端渐细，表皮呈棕褐色或黄褐色，横断面呈白色或淡黄棕色，有线状纹理，习称"菊花心"。岷县当归肉多枝少，质嫩汁浓，气味香醇浓郁，以其优良的品质及显著的功效，成为当归中的佼佼者。

　　从中医的角度来看，当归性温，味甘、辛，归肝、心、脾经，具有补血活血、调经止痛、润肠通便的功效。它可调经止痛，对月经不调、月经

岷县当归城　　　　　　　　　　　　　　　　　　岷县档案馆收集提供

量少、闭经、痛经等问题有良好的调理作用；同时，当归还可用于治疗血虚萎黄、眩晕心悸、虚寒腹痛、风湿痹痛、跌打损伤及肠燥便秘等症状。此外，当归中含有的多种抗氧化物质，如阿魏酸、当归多糖等，能够清除体内的自由基，减少氧化损伤，起到抗衰老的作用，并能提高机体的免疫力，增强抗病能力。

岷县当归的品质之所以上乘，得益于其独特的土壤条件和气候环境。岷县处于温带半湿润向高寒阴湿气候过渡带，年平均气温 6.6℃，年降水量 571.2 毫米，无霜期 90~120 天，平均相对湿度 66.9%，平均日照时数 2160.7 小时。种植区域多为黄土或黑垆土，土壤疏松肥沃，有机质含量丰富，土壤中碱解氮、有效磷及阳离子交换量均在Ⅱ级以上，总砷、汞、镉、铬、铅、铜等重金属含量均未超标。这些独特的自然条件决定了岷县当归的独特品质。

【岷县档案馆收集　岷县旅游产业发展中心提供】

加工当归　　　　　　　　　　　　　　　　　　　岷县档案馆收集提供

# 岷县党参

  岷县党参以其独特的品质而闻名遐迩。其根条直长，皮肉坚实，致密柔润，断面呈黄白色，有裂隙或菊花纹，气香，味甜，嚼之无渣。这些特点使得岷县党参在中药材市场上具有很高的辨识度和竞争力。此外，岷县党参还富含多种对人体有益的营养成分和活性物质，如多糖、皂苷、生物碱等。

  岷县党参作为中药材，具有极高的药用价值。它主要用于治疗气血两虚、脾胃虚弱、肺气不足等症状。在中医临床上，党参常与其他中药材配伍使用，

岷县梅川镇农民在晾晒党参　　　　　　　　　　　岷县档案馆收集提供

以增强疗效。例如，与黄芪、白术等配伍可治疗气虚乏力；与当归、熟地等配伍可治疗血虚萎黄；与桔梗、紫菀等配伍可治疗肺气不足引起的咳嗽、气短等症状。

岷县党参的食用方式多样，常用于煲汤、泡水、制作参苓粥、参枣米饭等食品。例如，党参黄芪鸡汤、党参红枣炖排骨等，具有滋补养生的作用。党参也可以直接泡水饮用，方便快捷。

由于岷县党参品质优良，药效显著，市场需求量一直很大。近年来，随着中药材市场的不断发展，岷县党参的价格也相对稳定。其销售渠道广泛，包括线上电商平台和线下中药材市场等。

【岷县档案馆收集　岷县旅游产业发展中心提供】

# 岷县黄芪

　　黄芪作为一味古老而珍贵的中药材，在岷县有着悠久的种植历史和卓越的品质，深受中医界和广大消费者的青睐。

　　黄芪，又称黄耆，最早记载于《神农本草经》，具有极高的药用价值。其味甘、微温，归肺、脾经，有补气升阳、益卫固表、利水消肿、生肌托毒等多种功效。在中医临床中，黄芪常用于治疗体虚自汗、虚喘、水肿、久泻、脱肛、子宫脱垂、肾炎等症状，具有显著的疗效。

梅川镇农民在采收黄芪　　　　　　　　　　　　　岷县档案馆收集提供

岷县黄芪之所以品质卓越，得益于其独特的生长环境和精细的种植管理。这里的黄芪具有"金盏银盘菊花心"的特征，纹路清晰，韧性十足，富含浓郁的豆香味，是中药材中的佼佼者。

在种植过程中，岷县的药农们采用标准化的绿色栽培技术，包括选地整地、轮作倒茬、土壤处理、配方施肥、种苗选择等关键环节。精选健壮、无病虫害侵染的黄芪植株留种，并在第二年长出的种子更加成熟饱满后，才作为种植用种。这样的选育方式确保了黄芪的优良品质和高产。

此外，岷县黄芪的加工过程也极为讲究。新鲜的黄芪在采挖后，需要去除泥土，自然晒干至含水量五成左右。然后，经过反复揉搓、多次晾晒，直到黄芪条直、皮紧为止。这样的加工方式能够激活黄芪的有效成分，提高水溶性物质的浸出率，同时保留黄芪的本色本味，减少营养的流失。

近年来，随着中医药事业的蓬勃发展和人们对健康生活的日益关注，岷县黄芪的需求量不断增加。当地政府也加大了对中药材产业的扶持力度，

岷县黄芪交易　　　　　　　　　　　　　　　　　岷县档案馆收集提供

通过培育龙头企业、补强产业链短板等方式，持续做大做强中药材产业。这不仅促进了当地经济的发展，也为岷县黄芪的种植和加工提供了更加有力的保障。

【岷县档案馆收集　岷县旅游产业发展中心提供】

　　岷县位于甘肃省南部，地处青藏高原、黄土高原和西秦岭的接壤区，秦统一六国前建县制，是马家窑、齐家、寺洼文化的重要发祥地，自古就是多民族融合区域和茶马古道重镇。灿烂多元的历史文化背景和特殊的地理位置，使得岷县的民俗文化丰富多彩、意味绵长。

　　洮岷花儿是一种传唱千年的民间艺术瑰宝。这种民歌形式以其独特的音乐风格和深厚的文化内涵吸引了无数人的关注。每年农历五月十七日，岷县会举行盛大的二郎山花儿会，群众赛唱"洮岷花儿"，场面极其热烈。

　　岷县巴当舞是一种以说唱古羌语（部分衍化为藏语）为主的宗教祭祀歌舞，不但保留了较为古老的原始美、野性美，而且富有舞蹈的节奏美、韵律美，是岷县人民长期劳动智慧的结晶，具有较大的地域和民族特色。

　　此外，在这片繁荣美丽的土地上，还有神秘的青苗会、精美的洮河砚雕、雅丽的剪纸窗花、精湛的陶艺制作工艺，等等。这些优秀的特色民俗，无不鲜活地诠释着岷县民间文化的辉煌灿烂。

# 巴当舞

　　"巴当舞"古称"播鼗武"，源于古羌人的"祭山会"，是先民们祭祀神灵最原始、最尊贵的礼仪。主要流传在岷县中寨镇的古庄、根扎路、乔家沟、毛牛沟、窗儿崖、鸦利山及维新乡的部分村社。远古时期，生活在岷县北路片的中寨、维新等村社的农民每逢正月都要表演"巴当舞"，进行祭山神活动，以祈求风调雨顺、五谷丰登。2011 年 5 月，被国务院公布为第三批国家级非物质文化遗产保护项目。

岷县巴当舞　　　　　　　　　　　　　　　　　　　　岷县档案馆收集提供

  "巴当舞"大致由"安场""敬山神""扯节勒"三部分组成。"安场"时本村男子在"春巴"的领导下，手摇长柄"巴当鼓"，口唱藏语舞曲，脚踏各种舞步，列队舞蹈，这一阶段有 9 种唱词、9 种舞步。"敬山神"是巴当舞中最主要的部分，在这一阶段，"春巴"点燃大火，引领舞者开始"拜五方"，然后在新立的秋千下尽情舞蹈，此过程有 12 种唱词。"扯节勒"是巴当舞的第三部分，所有舞者开始吃饭、喝酒、品茶，集体进行藏语大合唱。

  "巴当舞"内涵极其丰富，蕴藏着中华文明的文化基因，是当地民族历史发展、文化交融和演变的活化石，具有很高的文化艺术价值和民俗研究价值。"巴当舞"在甘肃乃至全国各地已经很少见到。目前，与岷县中寨相邻的卓尼县的部分村社也流传巴当舞，只是当地的叫法与岷县略有差异，叫作"巴郎鼓舞"。

【来源：岷县人民政府网站】

# 岷县花儿

花儿是流行于甘肃、青海、宁夏、陕西、新疆等省区，近 10 个民族共同享有的一种民歌，岷县花儿作为甘肃省花儿的重要组成部分，2006 年被国务院公布为国家级非物质文化遗产保护项目，2009 年被联合国公布为"人类非物质文化遗产代表作"。

岷县花儿分南北两派，流传在岷县南部麻子川、寺沟、秦许、岷阳、十里、清水、西寨、茶埠、梅川 9 个乡镇的花儿又叫"阿欧怜儿"，岷县南部地区叫它为"曲儿"，是偏重唱词的称呼。"阿欧"即是这种曲调起腔的呼喊句，"阿欧怜儿"曲调结构简练朴实，散板式节奏自由舒畅，以上、下二乐句成段，属民族六声商调式。"阿欧怜儿"因方言与地域之差，各呈异彩，

2023 年，岷县花儿艺术节开幕式　　　　　　　　岷县档案馆收集提供

城区及小东路以悠扬舒展见长，南路以婉转华丽见长，西路以急切豪放见长，东路以质朴简练见长。流传在县城北部西江、中寨、维新和西寨、清水两个乡的部分地方的花儿曲调叫"两怜儿"或"啊花儿"。"两怜儿"名称的得来，是摘取乐曲最后"送声"与"和腔"的"啊两怜儿"的后三个字；"啊花儿"的叫法，是因曲调在演唱时起腔和收尾多用"啊"字，邻近县也有叫"尕怜儿"或"莲花令儿"的。这种花儿的曲调，结构较为严谨，节奏较和谐，旋律进行较平缓，表情达意细腻而深沉，委婉动听，长于叙事。演唱者真假嗓并用，属民族六声商调式。一首完整的花儿，除起腔和托腔用"啊"字联结外，最后必以"啊，两怜儿"来结束，长篇叙事花儿只不过是这种曲调的无限反复而已。

岷县花儿不是在散文语言中通过情节和人物表现生活和思想的，而是用韵语的形式，在音乐性的语言中表现生活和思想的。"花儿"是音韵和谐、铿锵悦耳、声通气顺、朗朗上口的口头诗歌，是劳动人民在漫长岁月中的集体创作，充分表现了劳动人民的聪明才智。在浩如烟海的岷县花儿中，最突出的是具有语言简洁、明快、生动和描绘事物形象鲜明、意境清新的特点。其中对修辞手法比喻、象征、借代、夸张、对偶、排比、顶真等的运用更是得心应手。

岷县花儿除爱情内容外，其他题材的"花儿"中，有歌唱新社会，歌唱领袖，歌唱党的路线、方针、政策的"时政花儿"；有控诉旧社会、反抗旧传统、讽刺落后思想的"暴露花儿"；有歌唱劳动生产和个人境遇的"生活花儿"；有歌唱历史传说、民间故事的"故事花儿"；有歌唱祈福消灾、祝愿吉祥的"祝愿花儿"。有些不是情歌的"花儿"中也穿插了爱情的内容，使爱情这一永恒的主题成为花儿的经典内容。人们称短小零散的"花儿"为"散花儿"；把围绕有一定主题而展开叙事的"花儿"叫"整花儿"；把歌唱戏剧故事、小说传记、民间传说的"花儿"叫"本子花儿"。"散花儿"多是即兴之作，很难以计数，但旧有而较传统的花儿是产生新花儿的基本材料。"整花儿"的程式也较固定，尽管有一点出新，总是变化不大的。像借花喻人的《十二牡丹》和《十二牡丹套古人》；苦诉爱情悲剧的《送扎角儿》，表述爱情愿望的《十二莲台》；借时令歌唱爱情的《数九九》；颂扬神仙故事的《八洞神仙》；传述动物故事的《十二属相》；歌唱恋情的《借东西》《浑身想》；歌唱人体衰老规律的《人老歌》，都是广为传唱而经久不衰的"整花儿"。"本子花儿"因涉及的内容是戏剧故事或小说传记，一般歌手是不易演唱的，识字而有文化的"老把式"，也必须在熟读书本、多看戏剧的情况下与对方编创唱答。经常能听到的"本子花儿"有《三国》《说岳》《仁贵征东》《薛刚反唐》《辕门斩子》《彩楼配》《白蛇传》《梁山伯与祝英台》等。

【来源：岷县人民政府网站】

# 岷县剪纸

　　岷县的剪纸艺术源远流长，岷县农村多是大方窗，有些殷实人家是"虎张口"的窗子，其上是正方形的窗格。贴窗花时，最上面一排空格留烟眼儿，贴"轱辘贯钱""对口空心花卉""空心花团"等。整个窗空四边是"角云儿"，斜角配方。每个窗格子上，都要按不同的色彩，对称配搭。窗花有各种花卉、十二生肖、人物传奇如《白蛇传》《二十四孝》《孙悟空大闹天宫》《黛玉葬花》《武松打虎》等。在巴掌大的方块上展现出大千世界的画面来，其夸张、简约的风格，让人回味无穷，浮想联翩。

【来源：岷县人民政府网站】

岷县剪纸　　　　　　　　　　　　　　　　岷县档案馆收集提供

# 岷县青苗会

　　青苗会民间祭祀是流行于甘肃岷县锁龙乡部分村社的一项独特而神秘的神灵祭祀活动。2014年11月，被国务院公布为第四批国家级非物质文化遗产保护项目。

　　锁龙乡以驻地锁龙山、堡子山相近，山口酷似龙头，山口下有条小溪流过，相传把龙锁在该地而得名。青苗会民间祭祀流行区辖：严家、林畔、后家、山庄、潘家寨、赵家、买家、拔那、锁龙、古素10个自然村。人们习惯上称前6个村为上三会，后4个村为下两会。

岷县青苗会　　　　　　　　　　　　　　　　　　岷县档案馆收集提供

五大会的总庙在锁龙乡赵家庄，人称月楼滩庙，庙里供奉着两位善神：九天圣母京华娘娘、九天圣母京皇娘娘。相传两位娘娘因不满家里指定的婚姻，离家出走，最后在锁龙的梳发台显神。

青苗会民间祭祀庙会活动由"坐床""取水""坐庙"等几部分组成。"坐床"是指每年农历六月初六至六月十二日在锁龙五大会 10 个村社村民中选取服侍二位娘娘的大老爷、二老爷、锣客、伞客等，由老友主持，在各自家里设置新房，新房里设置神位，筹办喜宴，全村人携礼品恭贺，所选之人一律新郎官装扮，在新房里服侍二位娘娘。"取水"是指在"坐床"活动结束后，服侍二位娘娘的大老爷、二老爷、锣客、伞客、老友及全村人抬上二位娘娘沿固定路线进行巡域走马路，然后在娘娘祠进行取水活动。"坐庙"是指大老爷、二老爷替二位娘娘取来灵水后在庙里搭设新床，并在庙里安坐三天以服侍二位娘娘看戏娱乐。

作为流传久远的庙会活动，锁龙月楼滩青苗会民间祭祀携带了许多农耕文明的信息，其广泛的群众参与性、独特的人神沟通方式、虔敬的水崇拜等都具有极大的文化价值，是研究当地民间民俗活动的活化石。

【来源：岷县人民政府网站】

# 岷县洮砚

岷县洮砚的历史悠久，据地方志记载，其刻砚始于唐，盛行于宋、明、清，距今已有 1300 多年的历史。清代乾隆年间钦定的《四库全书》中列其为国宝。岷县"洮砚制作技艺"于 2008 年 6 月被国务院公布为第二批国家级非物质文化遗产名录。

岷县洮砚，即洮河绿石砚，与端砚、歙砚齐名，并称中国三大石质名砚。洮砚以其石色碧绿，雅丽珍奇，质坚而细，莹润如玉，发墨快而不损毫、储墨久而不干涸等特点享誉海内外，成为文房四宝中的翘楚、馈赠亲友的珍品、古玩库存中的奇葩。

洮河绿石产于洮河中游，即岷县、卓尼县、临潭县交界的喇嘛崖一带的峡谷中，储藏面积约 40 平方公里，距今有 4 亿多年。此地历史上属洮州管辖，石料又濒临洮水，故而洮砚由此得名。

洮砚制作皆为手工工艺。造型分规矩砚和自然砚；构造有墨池、水池、砚盖；款式分单片砚和双片砚；砚面有图案装饰和文字装饰，图案是雕刻构思的精华所在。最具代表性的传统图案是龙、凤以及

岷县洮砚　　　　　　　　　　　安殿堂　摄

宗教器物图、谐音寓意图、借物寓意图、传说故事图等。

洮砚雕刻主要有透雕和浮雕两大类。透雕是洮砚雕刻艺术中最具特色的一种技艺，也是与其他砚种在雕刻方面最显著的区别。即在浮雕的基础上镂空其背景部分，有单面透雕和双面透雕。浮雕是在平面上雕刻突起形象的一种技艺，分为高浮雕和浅浮雕。

洮砚雕刻技法精湛，制作工艺考究，以及砚盖上雕刻的图案和题词，增加了洮砚的文化内涵和独特的艺术风格。所制之洮砚玲珑剔透，古朴典雅，气势雄伟，巧夺天工，无愧于我国传统文化艺术之精粹。

历代文学家、书画家对洮砚赋铭咏诗，赞叹不已。唐代大书法家柳公权《论砚》中道："蓄砚以青州为第一，绛州次之，后始端、歙、临洮。"北宋《洞天清禄集》载："除端歙二石外，惟洮河绿石，北方最贵重，绿如蓝，润如玉，发墨不减端溪下岩，然石在大河深之底，非人力所致，得之为无价之宝。"宋代文豪苏轼赞道："洗之砺发金铁，琢而泓，坚密泽。"黄庭坚作诗咏道："久闻岷石鸭头绿，可磨桂溪龙文刀。莫嫌文吏不知武，要试饱霜秋兔毫。"鸭头绿从此成为洮砚的代名词。当代书法大师赵朴初对洮砚珍爱异常题诗赞云："风漪分得洮州绿，坚似青铜润如玉；故人万里意殷勤，胜我荒斋十年蓄。"

【来源：岷县人民政府网站】

# 岷县陶艺

岷县陶艺加工技艺　　　岷县档案馆收集提供

岷县历史悠久，早在原始社会就有先民在洮河两岸繁衍生息，创造了辉煌灿烂的彩陶文化，从新石器时代直至铜器时代，始自史前的制陶工艺一脉相承，延续不断，位于岷县十里镇的张家坪村是岷县的制陶专业村，至今依然传承着古老的制陶工艺。

岷县民间流行的陶艺制作工艺，以师傅口传心授的方式代代相传，并不断发展，传承至今。陶艺制作工艺均为手工制作，过程十分复杂，每一次创作都是新的创造，所有制作工序的掌握全凭手艺人自己的悟性和感觉，所有制品都是唯一的、不可复制的，具有极大的不确定性。岷县陶艺制作具有浓厚的乡土气息和地方特色，陶艺造型丰富多样。岷县当地人喜欢狮子、鸽子等，主要用于上房房屋的屋顶摆放，有辟邪、镇宅之说。

岷县十里镇张家坪村的窑户们传承着三种工艺：一是砖瓦的烧造工艺；二是建筑脊兽、鸱吻等雕塑工艺；三是各种器皿的制作工艺。

作为一种古老技艺的延续，张家坪村的陶艺加工携带了许多远古文明的信息，有极大的历史价值、科学价值和艺术价值。

【来源：岷县人民政府网站】

岷县历史悠久、人文荟萃，饮食文化更是源远流长。岷县人日常说话时，总是"吃"字不离口，如把赴宴称为"吃筵席"，把吊唁称为"吃斋"，把参加孩子满月宴叫作"吃出月"，平时寒暄也少不了问上一句"吃啦？"，还将公务人员称作"吃官粮的"，把被起诉叫作"吃官司"，等等。

多元的民族文化和独特的地理位置，成就了岷县丰富的美食文化，点心、花糕、姜粉鱼、牛肉糊糊、攒盘、洋芋蒸菜……各种特色小吃不胜枚举。

岷县点心已经有200多年的历史，皮薄个大，工艺独特，百吃不厌，其加工制作技艺已被列入省级非物质文化遗产保护项目；牛肉糊糊吃起来软糯糯、香喷喷、辣乎乎，口感俱佳、老少皆宜，2019年被列入定西市第六批市级非物质文化遗产保护名录；姜粉鱼温中暖胃、营养丰富，经常吃可使人身体健壮、长寿不衰。此外，还有牛肉尕面片、大肉扯面、烧鸡、牛肉骨头、黄酒泡馍、洋芋酿皮等，都是岷县美食的专属名片。

多彩岷州，以开放包容的姿态，诚邀各地游客走进小吃一条街，感受浓浓的烟火气息，沉浸式体验各式好味，探寻特色美食的魅力。

# 岷县点心

　　岷县点心有着悠久的历史。据《岷州志》记载，早在清代，岷县人就有以点心招待客人的习俗。而岷县点心的制作工艺，更是可以追溯到中国古代所说的"酥"类面食。200多年来，岷县点心在传统工艺的基础上，不断吸收南北点心制作工艺的精华，逐步形成了今天独具特色的风味。

　　岷县点心属传统饮食，以前只在本县经营，如今在市场经济的推动下，岷县点心在省内外渐渐有了一定的名气。岷县点心在吸收南北风味的基础上形成了自己独特的风格，酥软可口，油而不腻，皮薄个大，分量足，加工原料丰富，生产工艺考究，令人百吃不厌，是难得的美食，也是馈赠亲友的佳品。

岷县点心　　　　　　　　　岷县档案馆收集提供

　　新中国成立后，岷县点心制作师傅不断创新，由过去的手工捏制改为木模具制作，再烙印上各种花鸟图案，既好吃又好看。岷县点心的制作在手工作坊的基础上又有了新的提高，在发扬传统的基础上竞相显艺，形成规模生产，远销省内各县，产品供不应求。

　　岷县现已初具规模的点心加工企业有冬梅、漫漫、芳琴等企业。

　　　　　　【岷县档案馆收集　岷县旅游产业发展中心提供】

# 岷县花糕

岷县花糕的制作历史可追溯至民国初年，甚至更早。据传，花糕起源于当地人民对自然的崇拜，他们将五谷杂粮和鲜花融合在一起，制作出千层花糕和筒筒儿花糕，以此祈求风调雨顺、五谷丰登。这一传统习俗流传至今，使得岷县花糕成为当地人民心中不可替代的美食记忆。

岷县花糕　　　　　　　　岷县档案馆收集提供

岷县花糕以其独特的风味和色彩而著称，千层花糕和筒筒儿花糕是其中的代表。千层花糕色泽金黄，每一层都薄如纸片，层次分明，口感细腻，入口即化；筒筒儿花糕则以其精美的截面花形图案而著称，有水波浪、万卷书等多种形状。花糕需将香料和面饼交替放置，口感丰富，馅料与面饼的完美结合让人回味无穷。此外，岷县花糕的红色来源于磨碎的红色山丹花花朵，黄色则是中草药姜黄，绿色来自豆科植物苦豆，这些天然颜料不仅使花糕色彩绚丽，更赋予了其独特的药疗作用。

【岷县档案馆收集　岷县旅游产业发展中心提供】

# 岷县姜粉鱼

岷县姜粉鱼　　　　　　　　岷县档案馆收集提供

在甘肃省岷县，有一道深受当地人喜爱的传统小吃——姜粉鱼。尽管它的名字中带有"鱼"字，但这道美食的食材中并没有真正的鱼肉，而是因其形状酷似小鱼而得名。姜粉鱼的制作历史悠久，早在清光绪年间，岷县县城大南门一带就有人开始经营这种特色小吃，至今已有上百年的历史。

姜粉鱼的主要原料是大豆淀粉和姜粉。首先将大豆淀粉溶于水，然后倒入开水锅中煮成糊状。接着，用特制的镂空勺子快速盛起糊状物，滴落在冷水中，使其迅速凝固并呈小鱼状。之后，将这些"小鱼"捞出放入凉水中浸泡，再用开水煮沸备用。

在食用时，姜粉鱼的调味是关键。将煮好的"小鱼"盛入碗中，加入用姜粉拌好的生葱花或蒜苗丝、鲜醋、油泼辣子、食盐、味精等调味料，搅拌均匀。这些调料的组合使得姜粉鱼的味道丰富多样，既有姜粉的辛辣味，又有醋的酸味和辣子油的辣味，相互交织，让人回味无穷。

此外，岷县人还喜欢在姜粉鱼中泡上一把麻花（又叫油丝），这样吃起来更加清爽可口。麻花吸收了姜粉鱼的汤汁，表面稍稍变软，内里仍然酥脆，增加了整道菜的口感层次。

姜粉鱼不仅味道独特，而且营养丰富。大豆淀粉富含优质蛋白质，能够提供人体所需的能量和营养；姜粉则具有温中暖胃、驱寒散湿的功效，特别适合在寒冷的天气里食用。因此，姜粉鱼在岷县人民心中早已成为最具地方特色的早餐名牌，尤其在秋冬季节，更是受到广大食客的推崇。

【岷县档案馆收集　岷县旅游产业发展中心提供】

# 岷县牛肉糊糊

岷县牛肉糊糊　　　岷县档案馆收集提供

牛肉糊糊的起源可以追溯到古代的肉羹，据说早在南北朝时期，岷州（今岷县）就已经有了"正宗糊糊"的早餐。这道美食以其物美价廉、老少皆宜的特点，成了岷县人民日常生活中不可或缺的一部分。特别是在寒冷的冬日早晨，一碗热腾腾的牛肉糊糊不仅能够温暖身体，还能提供充足的能量和营养，增强人体的抵抗力和免疫力。

牛肉糊糊的制作原料主要包括带骨髓的牛骨头和精选的粳米。制作时，先选用上等的牛骨头，最好是带有骨髓和少许肉筋的那种，经过长时间的熬制，使汤变得浓稠透明，富含骨髓的精华和多种营养物质。然后，将精

岷县牛肉糊糊　　　岷县档案馆收集提供

选的粳米淘洗干净后加水浸泡，再倒入牛骨头汤中，用文火慢慢煮成稀粥状。煮制过程中需要不断搅拌防止粘锅，并根据个人喜好调节水量和稠度。最后，根据个人口味在糊糊上撒上花椒、胡椒、香菜等佐料拌匀后即可享用。

【岷县档案馆收集　岷县旅游产业发展中心提供】

# 岷县攒盘

岷县攒盘,又称"拼盘""全盘"。将豆芽菜、菠菜、胡萝卜等蔬菜在开水中烫熟,再用清油炝后作为攒盘的底子备用。接着,按上下两排依次摆放榨肉、皮冻、焖子、排骨、花肠、鸡蛋、蛋饼、猪肝等食材。条件好的人家还会并排放两层拼盘原料,使得攒盘更加丰富多彩。

岷县攒盘                    岷县档案馆收集提供

在岷县的传统鸡肘席［据说就是满汉全席的风格。传统鸡肘席主要包括攒盘、清炖全鸡、糟肉、扣肘子(蛤蟆全肘)、油米甜饭、黄焖羊肉、酸辣肚丝汤、凉拌蕨菜、鲜肉片炒菜(青笋、蒜薹等)、座菜(传统大烩菜)10 种菜肴］中,攒盘作为首道菜,具有非常重要的地位。在过去,攒盘是当地人在重要节日和庆典中必不可少的一道佳肴,为宴席增添了色彩和气氛。

【岷县档案馆收集  岷县旅游产业发展中心提供】

# 岷县洋芋蒸菜

　　洋芋蒸菜是以擦出来的洋芋丝为主要原料的食品（陕西人叫作洋芋擦擦）。将洋芋丝拌上少许青稞面（也有用苞谷面的，不过其口感粗糙，如今都用小麦面粉拌），放在锅里蒸熟，出锅后晾温，然后淋上熟油，调上食盐、花椒、葱叶（或韭菜），再放入蒸菜拌炒即可食用。蒸菜是农家乐的特色菜之一。

【岷县档案馆整理提供】

岷县洋芋蒸菜　　　　　　岷县档案馆收集提供

结对帮扶

# 深化劳务协作　助推就业招工

## ——区人力资源和社会保障局东西部协作纪实

2021年以来，青岛西海岸新区人社局紧紧围绕甘肃省陇南市武都区、定西市岷县、菏泽市定陶区对口协作目标，强化责任担当，创新思路措施，全力做好东西部和省内劳务协作工作，取得了扎实成效。累计吸纳三地来青就业人员1742人，其中脱贫人口802人，完成指标任务的177.4%；帮助农村劳动力就近就地就业8036人，完成指标任务的203.8%；培训协作地区脱贫人口4812人，完成指标任务的115%。

### 多渠道搭建劳务对接平台

在多次互访、充分交流的基础上，新区与武都区、岷县、定陶区共建"劳务工作站"，签订了《劳务协作协议》。依托"劳务工作站"，建立常态化跨区域岗位信息共享和发布机制，促进供需信息精准对接、脱贫人口精准输出、用工企业精准招人。积极举办专项招聘活动，组织青岛海信视像科技、青岛惠陆有机硅有限公司等130余家优质企业和人力资源服务机构赴协作地开展"鲁甘携手聚英才　春风送岗展宏图""秋收行动""激扬青春 职引未来'就'在民企"等招聘活动13场，累计提供岗位5000余个，促进对口协作地区劳动力来新区就业，保障新区企业用工。同时，充分发挥人力资源服务机构在促就业方面的信息、资源优势，支持新区、岷县两地机构联合成立"梧桐树人才生态产业（青岛）有限公司"，进一步提高了劳务协作组织化、专业化水平。

### 深层次开展政校企三方合作

为提升协作地技能人才素质，新区人社局与武都区人社局签订《建立工匠联盟合作协议》，加强两地技工及职业院校结对帮扶共建，提高武都区办学质量和教学水平；积极促成岷县人民政府与青岛睿智博海实业有限公司签订《人才培训基地建设投资合作框架协议》，在岷县注册成立人才培训公司，精准培训城乡劳动者和高技能人才，为其经济发展提供人才支撑和智力保证。新区与兰州理工大学、兰州职业技术学院签署《校城合作发展战略合作协议》，与岷县职业中等专业学校、兰州理工大学和兰州职业技术学院建立政校企合作实践基地，促进学校科技、人才、专业优势与新区经济、社会、文化发展精准对接，进一步推动校城合作、共赢发展。另外，在协作地高校开展"兰州理工大学双选会""强青富岷山海情""访名校　送优岗"等引才推介活动，采用"线上招聘＋线下宣讲"联动模式，帮助协作地大学生深入了解新区引才环境，吸引其来新区就业创业，共提供研发、机电等优质岗位 600 余个，线上线下参与人员达 3500 余人次。

### 全方位提供来青留区服务

为保障协作地来青务工人员引得进、留得住，区人社局根据协作地务工人员的求职意愿，精选新区重点企业和岗位。依托"定西—青岛"专列，统一接送务工人员，确保安全到达用人单位，2021 年以来，专列共搭载甘肃籍来新区务工人员 596 名。另外，引导企业建立人员安置档案，加强饮食、住宿、业余生活等方面的人文关怀，定期召开座谈会，了解务工人员的思想状况，尽量满足其合理需求。例如：将同乡人员安排在一个车间，安排食堂提供符合当地口味的特色饮食，为夫妻安排单间等，努力提升来青务工人员的归属感和幸福感。

### 精准化开展就业技能培训

根据协作地区脱贫人口实际需求，结合协作地产业特点，公开遴选师资力量强、教学质量高的培训机构承担培训任务，科学合理设置电子商务（电商直播）、中式面点师、家政服务员、育婴员、钢筋工等培训专业，制订培训计划，分班次开展技能培训，切实提升脱贫人口就业技能水平。培训期间，创新采取"技能培训＋就业岗位"模式，累计为参训学员提供400余家新区优质企业近8000个相关岗位供其选择，促进学员来新区就业，着力实现"培训一人，上岗一人，致富一家"的目标。

　　2023年6月11日，青岛西海岸新区—陇南市武都区东西部协作联席会议上，两地人社部门签订合作协议　　　　　　　　　　　　　　新区农业农村局提供

# 西出阳关有故人　羌笛新奏山海情
## ——区卫生健康局东西部协作纪实

从 2018 年开始，青岛西海岸新区陆续对口帮扶协作贵州省安顺市经开区、甘肃省陇南市武都区、甘肃省定西市岷县卫生事业发展。区卫生健康局高度重视，投入人力、财力、物力，加快协作地卫生健康事业发展，谱写了一首山海相连、山海情深的新时代赞歌。

### 加快基础建设和设备更新

2021 年，新区对口帮扶东西部协作示范项目——定西市岷县人民医院口腔医疗中心。投入协作资金 440 万元为岷县人民医院购置医疗卫生设备。岷县人民医院口腔科原有牙椅 4 台，成立医疗中心后新增牙椅 16 台，空压机 2 台，负压机 2 台，超声骨刀 2 台，口腔 CBCT、挂臂式牙片机各 1 台，CAD/CAM 3D 打印设备 1 套，数字化根管显微镜、VDW 根管马达、热牙胶充填仪、儿童牙椅、口腔种植牙椅、牙周喷砂治疗仪等设备均已投入使用。场地由原来的两间小诊室变为岷县人民医院门诊楼二楼及三楼的半层，设有全科口腔、儿童口腔、口腔黏膜病与牙周病、口腔颌面外科、口腔正畸、口腔修复、口腔技工、口腔种植、特诊室、洁牙中心、口腔影像等专业诊室，医院自筹 155.6 万元建成门诊专用手术室，且分配有口腔专用种植室。

没改造前，口腔科只能开展简单的口腔诊疗项目，门诊量月均 300 人次，大多数口腔疾病患者都转到上级医院就诊。改造后，先后开展了口腔颌面外科手术（口腔颌面肿物摘除手术、舌下腺切除术、颌面部间隙感染切开引流术、埋伏多生牙阻生牙拔除术等）、种植牙（上、下颌 ALL-ON-6 即刻种植即刻负重、口腔机器人种植牙手术等）、牙体牙髓病、牙周病、口腔黏膜病、儿童牙病的治疗以及各类缺失牙的修复、口腔正畸等众多业务。口腔病房自 2023 年 12 月正式启用，设置病床 10 张，截至目前已经收治 200 余人次，门诊量已经达到月均 1200 人次。

经过改造，口腔医疗中心人员由 2021 年 8 月前的 4 人（其中医生 2 人、技工 2 人），到如今口腔科医生、护士总人数 16 人，其中医生 9 人（高级职称 2 名、中级职称 4 名），技工 3 人，护士 3 人，放射技士 1 人。

目前，岷县人民医院口腔医疗中心辐射范围已涵盖岷县、迭部、卓尼、临潭、漳县、宕昌等周边县区 80 余万群众，极大地方便了附近居民就医。

### 选派支医人员　培训当地医护

2018 年 4 月至 2024 年 6 月，青岛西海岸新区共选派 7 批卫生健康系统干部和专业技术人员 117 人次，赴陇南市武都区、定西市岷县、安顺市经开区帮扶卫生健康事业发展。

2018 年至 2024 年 5 月，青岛西海岸新区共接受陇南市武都区、定西市岷县、安顺市经开区选派的 4 批卫生健康系统干部和专业技术人员 48 人次，来新区接受培训。

### 精湛医术　悬壶济民

区卫生健康局把交往、交流、交融工作作为提升内生发展动力，促进协作发展、落实的重要举措。

甘肃定西市岷县协作情况　2021 年 8 月 26 日，区中心医院口腔科主任邵丹强忍爱人去世的悲痛，克服颈椎病、网球肘、高原反应的困扰，戴着弹力袖套报名参加东西部协作。到岷县后，他着眼于口腔学科建设、医疗技术提升、人才培养，采取"东西部医疗卫生学科建设协作""授之以渔"式的新模式，提出建设岷县人民医院口腔医疗中心（口腔医院）的近期和远期协作建议，得到了鲁甘两省乡村振兴部门及地方党委、政府的全力支持，并被列为青岛·定西东西部协作示范项目。2022 年 3 月 4 日，岷县县委组织部、卫健局在岷县人民医院挂牌了"邵丹名医工作室"；5 月 31 日，青岛·定西东西部协作口腔卫生保健教育基地在岷县北城区幼儿园挂牌；在岷县妇幼保健院设立东西部协作儿童口腔保健健共体；2023 年 6 月，青岛·定西东西部协作邵丹口腔医疗专项基金成立，筹款25万元，为脱贫户、低保户、先天性缺牙患者免费提供镶牙服务，成为岷县闻名遐迩的"口腔天使"。

区立医院骨科医生安无可擅长关节镜下膝踝肩关节运动损伤的诊断与修复，并对骨科常见疾病、创伤的诊治颇有心得。2021年到达岷县后，安无可主动请缨，下沉到岷县中医院急诊创伤中心。一年来，安无可亲自主刀及指导各类手术120余台次，协助完成会诊及疑难病例讨论5人次，开展新技术手术2项，其中锤状指畸形弹性克氏针固定技术为定西市首例，填补了定西市在这一领域的空白，岷县中医院骨科也有了长足发展。

以岷县口腔医院建设为中心，区中心医院东西部协作医疗专家团队前赴后继，薪火相传。2022年8月，李若珣、陈静、马爱萍医师等专家一面加入当地抗疫一线工作，为居民采集核酸，一面坚持开展门诊和手术工作，带领岷县人民医院口腔科医师查房、写病历。李若珣接诊1300余人次，开展手术100余例，收治住院病人200余人，到定西市岷县禾驮哈地哈村、申都乡、麻子川镇、岷阳镇养老院进行义诊。开展讲座12次，培训160人次。陈静先后开展规范化根管治疗术、微创阻生牙拔除术、龋病3M树脂充填术、龈上洁治术、龈下刮治术、全口义齿修复术、种植牙修复术、儿童舒适化诊疗、儿童口腔疾病治疗等项目。区中心医院刘进霞护士在感控科工作期间，前后6次前往闭环区对工作人员进行一对一培训指导，直至所有工作人员对穿脱流程、细节、难点完全熟练掌握。每周对预检分诊、核酸采集点、发热门诊等重点科室进行疫情防控及消毒隔离情况督查，对存在问题及时反馈，及时查看整改情况。

甘肃陇南市武都区协作情况　2022年7月，区人民医院派出由妇产科、消化内科、病理科医师组成的支援团队，到陇南市武都区第一人民医院相应科室开展对口帮扶工作。通过3位医师的努力工作，取得了阶段性成果：开展新技术新业务7项，完成专项培训60余场次，完成门诊诊疗1348人次，住院患者诊疗350余人次，开展胃肠镜检查及手术101台次，病区会诊20人次。参加基层义诊3场次，惠及当地群众200余人。支援工作受到当地医院及同仁的大力支持与广泛好评。

2023 年 7 月，区人民医院选派口腔科王伟主任医师、关节外科程勇杰副主任医师和儿科罗庆湘副主任医师赴陇南市武都区第一人民医院开展对口帮扶工作。帮扶专家团队通过实地指导，在人才培养、医疗技术与服务质量等方面加强交流、深化合作，成功开展 18 项新技术新项目。在此期间，完成专项培训 68 次，门诊 1200 余人次，手术示教 100 余台，教学查房 150 余次，参与疑难病例讨论 80 多例，参加基层义诊 4 场次，实现医疗资源共享和诊疗技术互补。展望未来，他们将继续发挥余力，助力东西部帮扶工作再创佳绩。

每一份努力都凝聚着青岛西海岸新区与协作地人民的深情厚谊，每一份成果都是对"健康中国"战略的生动实践。我们坚信，通过持续不断的努力，东西部协作的卫生健康工作将会取得更加辉煌的成就。

# 跨越山海显真情　教育相连共筑梦

## ——区教育和体育局多维发力深化东西部协作、赋能教育振兴

教育，是点燃民族希望的火炬，是推动社会进步的阶梯，不仅承载着培育人才的重任，更是推动区域协调发展的关键纽带。近年来，区教育和体育局紧紧抓住东西部协作的宝贵机遇，秉持"资源共享、优势互补、共同发展"的理念，围绕教师帮扶、学校结对、教师培训、资金捐赠、消费协作五大领域精准施策、持续发力，成功搭建起一座横跨东西部教育协作的桥梁，书写了"山海情深、教育筑梦"的动人篇章。

### 教师帮扶：山海接力，育梦桃李

在广袤的中国大地上，西部偏远地区因地理位置、经济发展等因素的制约，师资力量长期处于薄弱状态，成为当地教育发展的一大难题。区教育和体育局主动担当，精心谋划，从众多教师中选派一批政治觉悟高、业务能力精湛、不怕吃苦且甘于奉献的优秀骨干教师，奔赴西部地区开展教育帮扶工作。自 2021 年起，已有 99 名帮扶教师如点点繁星，陆续照亮西部山区、乡村学校的教育之路。

"亲母子携手同驻校，三夫妻组团共帮扶。"在这支帮扶队伍里，涌现出了许多令人动容的故事。2021 年，新区弘文学校宋立老师作出了一个勇敢的决定——带着年仅 7 岁的孩子踏上帮扶征程。为了全身心投入教育教学工作中，她把孩子安排在同年级的隔壁班级，让孩子在学校里和同学们一起学习、一起进步。孩子的乖巧懂事，是宋老师坚实的后盾；而宋老师对教育事业的执着，也为孩子树立了最好的榜样，这是亲情与责任的和谐

交融。

2023 年起，怀揣着对教育事业炽热的梦想和无私奉献精神，逢坤吉、张秀瑜、滕新云、孙贤会、安丰波、周爱玲三对夫妻搭档主动报名参与帮扶工作，被选派到武都区透防九年制学校、江南小学、岷县第二中学。他们在西部的校园里，携手并肩，将先进的教学理念和方法倾囊相授，不仅提升了当地的教学水平，更以夫妻间相互支持、共同奋斗的身影，为帮扶工作增添了一抹温暖的色彩，传为帮扶工作上的美谈。在这场东西部教育协作中，新区教师用实际行动展现了"大家"与"小家"的双向奔赴，诠释了教育者的初心与使命。

### 学校结对：云端携手，资源共享

为实现教育资源的优化配置，区教育和体育局全力构建新区优质学校与西部薄弱学校"一对一""多对一"结对帮扶机制，通过"线上＋线下"双线联动模式，推动结对学校间实现资源共享、管理共进、教学共研。截至目前，已有 167 对学校成功结成"教育共同体"，如此紧密相连的纽带，将东部的教育优势和西部的教育需求紧紧绑在一起。

新区黄浦江路小学同甘肃少年儿童开展"书信手拉手"活动，向岷县岷阳镇第一中心小学、武都区钟楼小学赠书 2000 余本。三地 1000 多名少先队员通过邮寄书信、电子邮件等方式，进行心与心的交流，增进了彼此之间的了解与友谊。

武都区葆真小学的 40 多名少数民族师生跨越千里，来到新区香江路第二小学，开启了一场特殊的研学之旅。在这里，他们与香二小的同学们同上一节课，共同探索知识的奥秘；共演一场秀，展示不同地区的文化魅力。在互动交流中，民族团结、文化交流的种子在孩子们心中生根发芽。

新区育才小学充分发挥网络云端优势，邀请岷县南小路小学的师生共同参与崔越老师的"画杨桃"云端教研活动，为两地教师提供了共同探讨教学方法、分享教学经验的平台。

岷县二中的 12 名干部教师来到新区致远中学，深入课堂、进入班级、参与教研活动和骨干教师培训，全方位学习先进的教学方法和理念。

新区文化路幼儿园前往岷县东城区幼儿园，开展为期 5 天的沉浸式送培送教活动，将优质的教学资源和教学经验毫无保留地分享给当地教师；新区滨海新村幼儿园为岷县北城区幼儿园捐赠价值 12000 元的桌面玩具和 2300 余元的图书，丰富孩子们的课余生活；新区高级职业技术学校和中德应用技术学校为甘泉农业中学捐赠 10 台笔记本电脑、价值 1 万元的体育器材和价值 5 万元的办公设备，改善学校的教学条件；新区第二高级中学赴武都八一中学开展英语、物理、生物、政治、历史 5 个学科的专题培训，并捐赠电脑、打印机以及爱心捐款共计 12 万元，助力当地教育教学质量提升。这些丰富多样的结对活动，为帮扶学校的发展注入了源源不断的活力。

### 教师培训：赋能成长，强基提质

教师是教育的核心力量，为提升两地教师队伍的整体素质，区教育和体育局积极推动三地培训交流与合作。自 2021 年起，区教育和体育局组织骨干教师"送培送教"。同时，武都区教育局、岷县教育局定期选派干部教师赴新区结对学校跟岗学习，三地同步开展系列专题培训活动。

培训形式丰富多彩，涵盖集中培训、跟岗培训、现场培训等。截至目前，已先后举办思政课教师提升培训、基础教育管理者培训、名师名班主任培训、心理健康教师培训、跟岗培训在内的 13 个专题集中培训班，各类现场培训超 50 场，培训人数累计超 5000 人次。在跟岗挂职培训中，西部教师深入了解新区学校的管理模式、教学流程，学习先进的教育理念和教学方法，回到当地后，将所学知识运用到实际工作中，有效提升了西部中小学校的管理水平和教学质量，为西部教育事业的长远发展奠定了坚实基础。

### 资金捐赠：精准助力，改善条件

改善办学条件是提升教育质量的重要基础。区教育和体育局积极动员社会力量，通过资金捐赠、物资援助等方式，为帮扶学校送去"及时雨"。

2021 年，区教育和体育局筹集 60 万元资金，分别为陇南市武都区、定西市岷县捐赠录播教室，让西部的孩子们也能享受到优质的教育资源，打破了地域限制，实现了优质课程的共享；2022 年，筹措 15 万元为岷县捐赠校园广播电台，丰富了校园文化生活；筹措 20 万元用于武都区甘泉农业中学党建多功能室建设项目和八一中学办公电脑采购项目，改善了学校的教学设施和办公条件；2023 年和 2024 年，分别向武都区教育局、岷县教育局捐赠资金 15 万元，专项用于贫困优秀学生的资助，帮助他们减轻经济压力，专注学业，激励他们努力追求梦想。此外，还定期举行"红领巾手拉手　爱心义卖助力传递真情"活动，将义卖所得全部用于东西部教育帮扶工作。

**消费协作：以购代捐，双向共赢**

区教育和体育局创新推出"教育＋消费帮扶"模式，发动新区学校、家庭及社会力量采购西部特色农产品，这一举措既拓宽了西部群众的增收渠道，又将消费协作收益反哺教育发展，实现了"以购代捐、双向赋能"的可持续帮扶。近年来，通过工会福利购买、学校食堂团购、个人自费购买等方式，累计采购东西部消费协作产品达 1900 余万元，以实际行动展现了新区教职员工对帮扶地区的支持与关爱。

从教师帮扶的"星星之火"到学校结对的"百花齐放"，从教师培训的"强基固本"到资金捐赠的"雪中送炭"，再到消费协作的"互利共赢"，区教育和体育局凭借多元协作打破地域壁垒，绘就东西部教育"优势互补、发展互促、成果互享"的崭新图景。

跨越山海不为远，教育同行筑梦长。东西部协作的故事，不仅是教育工作者情怀与担当的书写，更是中国教育走向优质均衡发展的生动注脚。未来，区教育和体育局将继续深化协作，探索更多融合发展的新路径，让教育公平的阳光普照每一片山海，携手共筑中华民族伟大复兴的教育梦！

# 情暖西部 青书筑梦
## ——区工商联东西部协作纪实

为振兴协作地区教育文化事业，区工商联（民营经济发展局）组织全体机关干部开展了图书捐赠活动，将爱心播撒到岷县、武都区。在东西部协作的大棋局下，以书为媒，用"情暖黔陇 青书筑梦"行动来践行最有效、最长远的精准帮扶。2023年6月21日，12000余册、价值近30万元的图书装车入厢，向2000公里外的陇南市武都区、定西市岷县奔去。

据了解，此次捐赠的图书涵盖经典名著、现代文学、儿童文学、自然科学、社会科学等类别，能够满足不同年龄段居民的阅读需求。有近300家民营企业和个人参与，捐赠图书12000余册，总价值近30万元。

在共同富裕"赶考路"上，如何共谱山海情、以优势互补助推高质量发展。2022年、2023年，区工商联共组织民营企业家赴陇南、定西对口地区开展考察活动7次，考察企业近20家，落地1个帮扶项目，3个项目正在推进，投资金额超1000万元。

区工商联还积极鼓励新区广大民营企业把自身发展与陇南、定西的多元需求有机结合，为当地解决最急需、最紧迫的问题。区工商联引导执委企业水发晟启（山东）控股有限公司通过在岷县投资建设项目的方式，进行点对点产业和乡村建设帮扶，实施和推进分布式光伏项目；省百强民企康大集团与武都区畜牧局对当地17个乡镇23个肉兔示范养殖场的标准化养殖技术服务进行对接和帮扶指导。着力增强当地的自我发展能力，完善基础设施、优化产业布局，让先进技术、产业、资本、人才等在陇南、定西"生根发芽""开花结果"，为当地群众带去实实在在的实惠。

"青山一道同明月，晓窗共与读书灯。"——新区民营企业家的共同寄语，是民营企业集中力量、集中资源，实现互促共进、合作交流的见证是"富而有责"的生动体现，也是新区民企力量和民企担当的展现，更是坚持共同富裕目标的有力支撑。

# 跨越山海的博爱

## ——新区红十字会东西部协作纪实

为加强东西部协作工作，新区红十字会在甘肃省陇南市武都区和定西市岷县各建有一所博爱小学。除此之外，积极发动社会各界参与东西部协作工作，发动社会爱心人士资助当地困难学生，发动爱心企业捐赠物资抗击疫情，形成了全社会广泛参与东西部协作的良好氛围。

2019年，距离西海岸新区2000公里的贵州省安顺经济技术开发区幺铺镇小屯小学，收到了一份汇聚着新区各界人士暖暖爱心的礼物——"青岛红十字微尘公益基金会小屯博爱小学"，这是青岛西海岸新区红十字会在外省市援建的第一所博爱小学。

仅仅数天后，新区红十字会工作人员辗转千里，来到甘肃省陇南市武都区洛塘镇，共同启动"青岛红十字微尘公益基金会盘底博爱小学"。

截至2021年，在青岛红十字微尘基金的帮助下，青岛西海岸新区红十字会已经启动博爱小学共15所，今年更是新增了甘肃、西藏共4所外省博爱小学，其中陇南市武都区和定西市岷县作为新区东西部协作帮扶地区，同样启动了新的博爱小学——陇南洛塘镇盘底小学和定西市岷县寺沟镇纸房小学2所。

新区红十字会为每所博爱小学拨付善款5万元，善款也会通过微尘奖学金、微尘爱心餐补、微尘图书室和微尘艺术特长班等形式来提高学校教学条件、丰富学生课外活动、帮助贫困孩子们改善家庭生活。这些善款除了来自爱心人士的捐赠，还有一部分是新区的孩子们通过爱心义卖、慈善专场音乐会门票等方式募集的，凝聚着西海岸与两地人民之间跨越山山水水的浓厚友谊。

在爱心人士进行捐赠的时候，青岛西海岸新区红十字会在当地工作人员的协助下，在岷县和武都区共9所学校中，找到了16名家庭困难的学生进行救助，为受助学生发放了9600元助学款。"很感激青岛的叔叔阿姨对我们的帮助，我们会努力学习，不辜负大家对我们的期望。也很期待有一天，我们能够去青岛上大学、看大海。"在入户走访时，受助学生向爱心人士的捐赠表达感谢，他们的眼睛里闪烁着光芒，充满着对青岛这座温暖城市的憧憬。

除了教育领域帮扶，青岛西海岸新区红十字会还充分发挥自身优势，勇于责任担当，积极主动作为，广泛动员社会各界力量，做好对接甘肃陇南市武都区、定西市岷县东西部协作工作，全面助力推进乡村振兴。

博爱家园项目为中国红十字会基于城乡社区以"防灾减灾、健康促进、生计发展、人道传播"为主要内容的人道服务项目。2019年项目落户武都区龙凤乡杨家坪村，该村是甘肃省深度贫困村，为武都区红十字会帮扶村。该村距乡政府16公里，距城区35公里，地处山区，地质原因导致交通不便，泥石流冲毁的道路至今未能完全修复。全村共有2个村民小组，129户411人，有耕地面积500亩，人均1.2亩，林地面积200亩，人均纯收入3500元，建档立卡贫困户16户62人，劳动力278人，外出务工213人，五保户6人，全村粮食作物以马铃薯、玉米为主，经济收入以种植花椒和外出务工为主。

该项目于2019年7月开始调研制定实施方案，2020年受疫情和暴雨灾害影响，2020年12月完成目标任务。项目包括三部分：一是建设避难场所，资金15万元。修建挡墙72米，场地硬化289平方米，新建栏杆41米和廊架18米，总资金15万元。二是村民培训与服务，资金10万元。包括开展健康培训、志愿服务培训、生计基金培训、志愿入户调查、应急救护培训、防灾减灾培训、农业科技培训、预警演练。购买枝剪120把，安装预警设备一套，编印宣传册1800册、宣传彩页2100张；购买应急救护包550个、红十字标识小红帽480顶。三是发放生计基金，资金15万元。已全部发放到位。通过项目实施，提高了红十字会在项目村的影响力，改善了村内环境，增强了群众防灾减灾、安全避险意识。

2021年10月，甘肃地区疫情反弹，在爱心企业的帮助下，新区红十字会向武都区和岷县各捐赠口罩 36000 只，其中 12000 只是 KN95 口罩。此活动助力了疫情防控，同时对于弘扬"人道、博爱、奉献"的红十字精神起到了积极作用。

在爱的名义下，人们见证了东西部协作的深远意义与非凡成果。这份跨越地域的携手，不仅是一座桥梁，连接着东西部的资源与希望，更是一份深情的承诺，承载着对弱势群体无尽的关怀与帮助。红十字会作为人道主义的象征，始终站在这一协作的前沿，用实际行动践行着"人道、博爱、奉献"的精神，把黄海之滨的关爱，送到青藏高原北麓的高原。

2021 年 7 月 5 日，甘肃省定西市岷县纸房博爱小学揭牌　　新区农业农村局提供

# 发挥供销优势　畅通"陇货入青"渠道

## ——区供销社东西部协作纪实

　　东西部协作是促进共同富裕的重大战略决策，青岛西海岸新区供销社紧紧围绕新区工委、管委的部署要求，充分发挥供销社系统经营网络优势，加强与定西市岷县、陇南市武都区供销社合作，全力推进东西部消费协作，畅通"陇货入青、青货进陇"渠道，推动"结对帮扶、爱心岷县"工作，促进东西部特色产品双向流通。

2023 年 12 月，新区市民在西海岸供销社消费帮扶专区购买消费协作农产品场景

新区供销社提供

## 发挥优势　产业帮扶

到 2023 年,累计向陇南市武都区提供 40 万元资金,援建集油橄榄生产、研发、加工、销售于一体的综合性企业。该企业在武都区外纳乡透防村新建占地 6000 平方米、年加工鲜果 9600 吨的现代化油橄榄加工厂区。项目单机生产线每小时 5.5 吨,每天处理鲜果 132 吨,于 2021 年 10 月投产使用,成为国内单机产能最大的加工厂区,有效解决了项目周边乡镇乃至武都区油橄榄鲜果交售问题。2022 年收购鲜果 3000 多吨,生产特级初榨橄榄油 340 余吨。项目运营期间为武都区 400 余户脱贫人口,平均每户增收 4000 元左右。同时,该公司吸纳周围 10 余名农村富余劳动力务工,为支持稳岗就业、促进乡村产业振兴做出了贡献。2023 年,公司新增投资 600 余万元,主要用于油橄榄深加工和提高生产效率,并且在销售方面丰富产品包装、拓宽营销渠道、加强品牌推广。通过在陇南本地开设专卖店和在青岛、杭州、北京建立代理营销渠道,年产值达 3000 多万元。

## 建立平台　物畅其流

青岛西海岸新区供销社搭建了 4 处面积 100 平方米以上的东西部协作产品展示展销中心,其中囊括了来自陇南、定西地区的橄榄油、崖蜜等上百种独具特色的农产品,并提供 1000 多平方米的仓储设施用于特色农产品的存储,促进了协作地区特色农产品在青岛西海岸新区高效流通。

借助供销集团旗下"青西鲜生"电商平台、放心农产品社区经营终端、青岛国际啤酒节平台、胶东经济圈农产品展销会,邀请协作地陇南市武都区的部分企业前来参展,进一步拓宽"陇货"入青的渠道。展示展销陇南地区的花椒、黄芪、蜂蜜、橄榄油等特色农产品,让新区居民近距离体验协作地区的特色产品。

积极对接新区各机关企事业单位,推进特色农产品进机关、进医院、进企事业单位。同时,组织引导产品供应商和流通企业,加强与东部地区商场、超市、电商平台的对接。2023 年 9 月 20 日,由青岛西海岸新区供销社建设的名优产品展销中心开业运营,展销馆展示了甘肃的小米、苦荞茶、藜麦、花椒、橄榄油、中药材等 100 多个品种的特色农产品。2024 年,青岛西海岸新区供销社积极联合武都区电商中心，携手成立研发团队，精心调试，打造出蜂蜜延伸产品——"胶供"品牌武都崖蜜蜂蜜水，提高了蜂蜜的销售，扩大了蜂产品的覆盖范围，推进了农产品消费帮扶工作。上半年销售 3000 余箱。

2023 年，青岛西海岸新区供销社共销售定西市岷县、陇南市武都区农特产品 501 万元。为两地免费提供 1200 平方米的仓储仓库、160 平方米的展销厅和相关设施设备，援派专业技术人员一名赴定西市岷县，进一步促进了东西部协作工作开展。2024 年上半年通过"线上""线下"渠道，采购和帮助销售协作地区农特产品达 200 多万元。自 2018 年以来，累计销售协作地区特色产品 3700 万元。

2025 年 4 月 25 日，新区供销社工作人员在青岛国际牡丹产业园向游客推荐武都特产　　　　　　　　　　　　　　　　王江　摄

挂职干部感悟

# 高原印记　鲁藏情深
## ——挂职干部许峰感悟

在巍峨的喜马拉雅山系与冈底斯山系的怀抱中，有一片被群山温柔环抱的平坦之地——日喀则市桑珠孜区，这里海拔超过 3800 米，见证了无数青岛援藏人的坚定步伐与无私奉献。2016 年 6 月，我积极响应组织号召、接受组织挑选，作为青岛市第八批援藏干部组成员，踏上了这片神秘而圣洁的土地，开始了为期三年的对口援藏工作。

从零海拔的胶东半岛横跨千里来到高原绵延的藏区，高寒缺氧带来的大脑迟钝、胸闷憋气，让人动辄心慌气短，孤独牵挂带来的思乡之苦，别离双亲道不尽忠孝两全。我常常在夜深人静时思索："援藏为了什么？在藏干点什么？离藏留下什么？"近三年充实而忙碌的援藏经历已经让我找到答案——"传承、融合、谋远、奉献"，这 8 个字成为我和全体援藏干部团队的坚定信念。

在桑珠孜区，我担任区发改委副主任兼援藏办副主任职务，主要负责青岛市对口支援项目的规划、建设和管理。当时正值全

2018 年 5 月，许峰（右二）在日喀则市调研藏圣阁民族手工业发展扶持项目

国打赢脱贫攻坚战的关键阶段，我们深知，必须用实际行动将产业援藏、民生援藏、生态援藏和智力援藏工作落到实处，全力助推桑珠孜区打赢这场脱贫攻坚的硬仗。3 年时间，我跟随当地同事走遍了桑珠孜区 4 个街道 10 个乡的每一个角落，对总投资 2.7 亿元的 46 个青岛援藏项目进行统筹安排，与当地干部群众紧密合作，让青岛的经验在高原上生根发芽，转化为推动发展的强大动能。

日喀则市又名"日光城"，年平均日照时间长达 3300 小时。我与援藏干部团队经过充分调研，利用这一资源优势，与桑珠孜区政府共同规划打造江当乡"光伏小镇"，建设"光伏 + 设施农业扶贫示范园区"。引进多家大中企业，配套园区灌溉、道路和用电等基础设施，同时为 613 户易地搬迁贫困家庭建设分布式光伏发电项目，提供 2000 个就业岗位，人均年增收 5000 元以上。如今，江当现代生态产业示范园已成为日喀则市八大产业园区之一，成为援藏工作的亮点和典范。

探索的脚步从未停歇。我们深知，全面脱贫的关键在于激活每一个乡镇的内生动力，让它们各自拥有独具特色的产业支撑。为此，我们深入调研，因地制宜，全力推动了一批产业小镇的蓬勃发展：东嘎乡凭借其肥沃的土壤，被打造成了声名远扬的"土豆小镇"；边雄乡则依托其得天独厚的自然条件，成为"萝卜小镇"，萝卜产业在这里焕发出了勃勃生机；聂日雄乡以传统的青稞种植为基础，融合现代科技，"青稞小镇"应运而生，成为青藏高原上的一颗璀璨明珠；年木乡则凭借其丰富的民族文化底蕴，打造出了别具一格的"民俗旅游小镇"。通过精准定位，探索出了一条以产业发展带动整体脱贫的新路子，为桑珠孜区域经济的快速增长注入了强劲动力。

"输血 + 造血"的援建模式让当地 2500 余户 1.1 万名建档立卡贫困户实现脱贫，帮助日喀则市桑珠孜区于 2018 年底提前实现脱贫摘帽，用实际行动续写鲁藏两地民族团结的新篇章。三年来，青岛对口支援项目建设工作先后获鲁藏两地省部级以上领导肯定性批示 12 次，中央、山东、西藏等电视台以及《人民日报》、新华社、《大众日报》、《西藏日报》等媒体对青岛援藏工作进行了报道。新华社国内动态清样专门刊发了青岛实施产业小镇助推脱贫的做法。我本人也获得青岛市劳动模范、山东省富民兴农奖章、日喀则市"民族团结"先进个人等荣誉。

　　距离踏上援藏之路，已近十载岁月。回望来时路，最大的亏欠是家人，对他们少了照顾与陪伴；最大的考验是身体，高原风雪中对身体和意志的考验永远难忘；最大的遗憾是自己能力和资源有限，没能给农牧民群众和藏区发展做出更多的贡献。但是，最大的收获是增强了党性、磨炼了意志、增长了才干，更收获了与藏区人民深厚的友谊。"援藏精神"的深刻内涵，如同喜马拉雅山脉般巍峨，如同雅鲁藏布江般奔腾不息，这段经历让我更加坚韧、更加成熟，援藏虽结束，但我的奋斗与奉献，将在新的"战场"上继续书写新的篇章。

# 投入感情抓扶贫　高山不负深海心

## ——挂职干部薛雷感悟

自 2017 年 8 月赴陇南市武都区挂职陇南市武都区委常委、政府副区长以来，我牢记初心使命，坚决贯彻落实中央和省市东西部扶贫协作精神，围绕挂职工作目标任务，做到三个转变，即"工作角色的转变、工作环境的转变和生活环境的转变"，做到思想融入、感情融入、工作融入，不断推动青岛西海岸新区和武都区东西部扶贫协作工作向纵深发展。

### 充分认识扶贫协作工作的重要性

注重用扶贫协作精神和精准扶贫脱贫专业知识武装自己，不断增强驾驭复杂工作的本领。经常深入基层调研走访，坚持求教于基层，问计于实践，了解民情，听取民意。已走访 36 个镇街、50 个村社，走访群众近百人；召开各类座谈会 27 次；参与答复人大、政协提案 3 次。

同时，结合实际积极向区委、区政府建言献策，完善并推动武都区《关于扎实做好与青岛西海岸新区东西扶贫协作的实施意见》《对接帮扶工作方案》《对接帮扶年度工作计划》等文件落地，积极开辟扶贫协作新路径，落实两区共同确定的协作任务。经过努力，扶贫协作工作初见成效，成功经验被甘肃省全省扶贫推介会采纳为典型发言，甘肃省委、青岛市委主要领导对武都、青岛西海岸新区东西部协作工作取得的成果给予肯定。2018 年我被甘肃省委、省政府授予"甘肃省脱贫攻坚帮扶先进个人"荣誉称号。

### 合力推进深度协作

仅 2019 年就先后召开 9 次扶贫协作联席会、两地专题会，人员交流

14批117人次。协调两地主要领导实地考察，召开青岛西海岸—陇南武都区东西部扶贫协作座谈会，实现了全方位、不间断，交流合作更加紧密。累计开展厅级干部调研对接5人次，县处级干部调研对接56人次。成功协办陇南市第一届青岛啤酒节。积极协调青岛西海岸新区帮扶资金支持武都区发展特色产业培育、基础设施建设、农村人居环境改善、创业致富带头人培训、科技示范推广和"扶贫车间"建设。累计捐助武都区各类资金1.15亿余元，其中2017年捐助1510万元，2018年捐助4728万元。截至目前，已捐助各类资金近5600万元。

创建三个模式助力脱贫攻坚。一是"马家沟灾后重建"模式。"8·7"暴洪泥石流灾害发生后，青岛西海岸新区第一时间伸出援助之手，向武都区捐赠扶贫救灾资金1000万元，其中500万元用于马家沟村生产用房建设项目，解决了46户搬迁群众生产居住问题。通过东西部协作种植新品辣椒，达到"搬得出、安得住、能致富"的目标。这种"山上住平房、山下住楼房"的灾后重建模式，得到了陇南市委、市政府的充分肯定。二是大力推广东西部协作花椒、辣椒"双椒套种"模式，在去年山东湘鲁食品公司成功在花椒树下试种5000亩辣椒的基础上，今年继续扩大辣椒种植规模，新签订了2万亩种植协议，建成了4处育苗基地，全区订单辣椒29539.6亩，涉及32个乡镇，303个行政村22672户，其中贫困村105个，带动贫困户3705户。目前，该企业已在武都投资2600万元，建设4条现代化辣椒流水生产线，可满足10万亩辣椒产品加工，实现年产值5亿元，同时解决450人就业。三是打造现代农业产业示范园"一园九带"模式，即带动创建一批贫困人口参与程度高的特色产业基地；带动培育一批助推贫困户的龙头企业和合作社，带动贫困户通过产业实现稳定脱贫；带动"名、特、优、新"农产品的开发利用；带动设施蔬菜、中药材、养殖优良品种的推广；带动育苗产业的发展；带动设施蔬菜的发展；带动一、二、三产深度融合发展；带动绿色农业的发展。该项目总投资1400万元，其中800万元为东西部协作资金，占地900亩，土地流转租金惠利建档立卡贫困户14户47人，投产后可吸纳当地贫困户在园区务工40余人，带贫300户。目前，该项目已全面启动。

## 多措并举助力脱贫攻坚

建立"一对一"对口支援关系，改善农户基本生产生活条件。开展贫困村基础设施建设，硬化鱼龙镇观音坝村村内道路 7.5 公里，建成马营镇马营村 1860 人安全饮水工程等民生工程。2019 年，青岛西海岸新区加大对武都区的资金帮扶力度，计划投资 3571 余万元用于贫困村基础设施建设和村级卫生室等基础设施补短板项目，惠及 15 个乡镇 44 个行政村。

搭建推介平台，助推消费扶贫。2018 年在青岛举办了武都区特色农产品暨项目推介会，引导武都企业建立青岛·陇南电商体验中心。青岛军民融合食品保障有限公司与武都区电商办达成军民融合安全食品电商平台项目合作协议。该公司已在其线上融合食品网、线下展示交易大厅分别设置了陇南馆，把武都的花椒、油橄榄等特色农副产品推广到青岛、军队乃至全国市场。积极联系青岛啤酒节组委会和黄岛区会展中心做好年货大集和啤酒节期间活动，黄发集团免费为武都区在第 28 届啤酒节提供展位及相关物品装修费用约 110 万元，组织特色小吃及农特产品参加青岛国际啤酒节，成为啤酒节的网红。

加强劳务协作，推动就业脱贫。推进建立武都区—青岛西海岸新区劳务输转对接机制，2018 年 12 月在青岛西海岸新区设立了武都劳务工作站，加强与青岛企业的联系对接，有计划地开展定向劳务输转。累计举办"春风行动暨东西部劳务协作现场招聘会"等活动 7 场次，提供就业岗位 1 万多个。仅 2019 年已向青岛 3 家企业输转劳动力 267 人（贫困户 67 人）。协调青岛西海岸新区相关部门和企业帮助来青务工人员进行技能培训，累计培训贫困人口 73 人。与青岛园林技工学校签订了定向培养协议，开办了"两后生"陇南班，今年录取 2 个班 100 余人，全部免除学杂费并为每名学生每年提供 2000 元的助学金，3 年毕业后安排在青岛就业，将带动 49 户贫困家庭实现稳定脱贫。

融合扶贫扶智，深化人才交流。选派武都区 50 名乡镇党委书记和区直行业部门负责人，参加新区党校党政干部培训班。组织 18 名幼儿园园长、50 名骨干教师参加新区培训班。分两批选派 46 名卫生院长、社区服务中心主任进行专题培训学习，互派骨干医生学习进修和坐班就诊。新区农发局委托专家培训武都区贫困村创业致富带头人 20 名，带动培训贫困人口 1012 人。双方 21 所高中和中小学建立结对帮扶关系，确定两家医院对口帮扶。组织新区慈善机构募集资金 15 万元，为武都区捐建了两个多媒体教室和美育教室。

# 用真情诠释初心　用实干践行使命
## ——挂职干部逢培成感悟

2018年12月，在国家东西部协作的战略部署下，根据组织安排，我来到甘肃省陇南市武都区，挂职扶贫开发办公室党组成员、副主任。在两年多的时间里，我既感受到了武都区经济社会发展的活力，也感受到了"陇上江南"的宜居和美丽；既感受到了武都干部解放思想、与时俱进、开拓创新、务实肯干的精神，也体验到了丝路文化的互学互鉴、开放包容的精神特质。种种经历，都在我的人生中留下了难以忘怀的深刻印记。

### 深化结对帮扶　加强协作互访

为加强武都区和青岛西海岸新区协商对接，我综合研究分析了陇南市和青岛市下达的任务指标，明确目标，科学谋划，聚焦短板，拟订出一系列帮扶资金使用计划，协助制定了《武都区东西部扶贫协作工作要点》《武都区东西部扶贫协作工作专项提升行动方案》《陇南市武都区与青岛西海岸新区东西扶贫协作重点工作任务分解方案》系列文件。完善两地业务主管部门定期联席会商制度和职能部门统计报告制度，协调两地领导学习考察、部门对接、项目签约、协议签署等工作，加强两地衔接沟通，推动两地同步协作，上下协同落实。协助组织开展两区干部人才挂职、交流、培训，加强学习互鉴，提升专业技能，交流先进经验。两年时间，累计培训党政干部693人次，协助选派388名教育、医护、文旅、农技等专业技术人员赴新区跟岗学习，组织新区专家培训教师、医务人员、创业致富带头人共4680人次。

## 紧盯主责主业　聚力产业合作

陇南与青岛两地的地理区位、经济发展水平、文化习俗等存在较大的差异，为跑出"青陇速度"，打造产业合作新样板，我注重运用市场化、法制化、专业化办法和平台化思维，协调各职能部门做好项目签约、立项、选址、建设、落地、招工、带贫益贫等工作，为"入武"落地的青企解忧解困，推动项目建设进度，建立企业、合作社、贫困户与市场之间的利益联结机制，助力11家青岛企业落户武都，总投资2.21亿元，直接带动163名贫困劳动力就业，利益联结带动贫困户7767人实现增收。

武都的橄榄、崖蜜、花椒等农产品连年丰收，却苦于打不开销路，市场价格相对低迷。我联系企业、相关职能部门梳理填报武都区东西部协作消费扶贫特色农产品目录，提供给青岛西海岸新区企事业单位，并依托"青陇协作"微信公众号等新媒体平台，推动"陇货入青"。武都名优农特产品备受青岛市民的青睐，仅两年时间，扶贫产品销售总额已达2.1亿元，直接带动贫困户9366人实现增收。

## 聚焦就业纾困　强化劳务协作

我到武都不久，便开始着手深入探访脱贫户、监测户等困难群众，全面了解"两不愁三保障"落实情况，详细了解各家庭收入，逐步掌握群众吃穿用等方面困难问题的第一手资料，并以"清单化管理、台账式推进"的策略，协调解决了老百姓的260余条相关问题诉求。在此期间，我又走访调研了新区帮建的33家扶贫车间，帮助企业落实帮扶补贴资金，解决基建和用工困难，助推企业发展。新区建成投产的扶贫车间共吸纳就业1570人，其中贫困人口774人。

面对当地群众"就业难、就业慢"的问题，我在两地人社部门的大力支持下，推进建立两地劳务输转对接机制，开展就业援助宣传月活动，邀请新区专家来武开展建档立卡贫困劳动力就业技能培训，帮助他们学习提升家政服务、农村电商、手工加工、乡村民宿打造等专业技能，累计培训690人。协助举办东西部劳务协作现场和网上招聘会，提供就业岗位6000多个，累计输送750余名务工人员赴青岛就业，同步协调相关企业做好配套服务工作，让来青务工人员吃得惯、住得下、稳就业。

# 牢记使命　协作攻坚　决战决胜
# 助力安顺按时高质量打赢脱贫攻坚战
## ——挂职干部高嵘感悟

2019 年 7 月 11 日，按照组织安排，我到贵州省安顺市参加东西部扶贫协作工作。此时我国脱贫攻坚进入关键时期，2020 年突如其来的新冠疫情又给决战决胜带来了新的困难和挑战。在此机遇与挑战并存的关键时期，我认真履行东西部扶贫协作前后方桥梁纽带和一线指战员的职责，积极为精准扶贫、协作攻坚献计出力，担当作为，迎难而上。截至 2020 年底，安顺市最后的一个深度贫困县紫云县顺利摘帽，21 个贫困村达标出列，1.82 万贫困人口如期达到脱贫标准，安顺市区域性整体贫困问题得到历史性解决。

**提高政治站位，坚决贯彻落实党中央决策部署**

坚持以习近平总书记关于东西部扶贫协作的重要论述引航定向，一条一条深化细化，一件一件细照笃行，自觉对标看齐，坚定必胜信念和信心。严格落实临时党支部"三会一课"制度，认真组织专题理论学习、长征精神体悟、廉政教育，切实抓好安顺挂职帮扶团队的政治建设、思想建设、组织建设、作风建设、纪律建设。巩固深化"不忘初心、牢记使命"主题教育成果，聚焦当地困难群众关心关注的"急难愁盼"，先后到全市 6 个县区的 49 个镇街及相关的 61 个村寨走访调研，知责在心，担责在身，履责在行。

**永不懈怠　凝心聚力　担当作为**

坚持靶向攻坚，助力打好深度贫困"歼灭战"。聚焦安顺市挂牌督战的深度贫困县及其他贫困比较集中的县乡，安排 7.3 亿元青岛帮扶资金、实施了 288 个援建项目，县均 6500 万元助力冲刺，安顺市贫困发生率下降至 0，农民人均可支配收入达到 12000 元，高于全省平均水平。完成 8.2 万人易地扶贫搬迁入住任务，就业、就医、就学配套落实。

统筹战贫战"疫"两手抓，凝聚合力打好"大会战"。面对突如其来的疫情，协调青岛各界筹集价值 187 万元的防疫物资驰援安顺，及时组织 380 余万元的款物支援安顺抗击雹灾、水灾。策划推出总投资 8 亿元的 8 个合作项目网上签约，巩固拓展支医支教支技组团式帮扶，引进名师、名医、新技术，健全稳定脱贫长效机制，推动东西部协作走深走实。

施展产业合作、就业促进、消费扶贫三套组合拳，致力于打好高质量的"协作战"。组织总投资 19.4 亿元的 18 个协作项目集中竣工开工。加大拓岗就业扶贫力度，组织山东省第一架点对点、一站式跨省复工就业包机，先后有安顺籍建档立卡贫困劳动力 452 人分 3 次包机赴青就业。不断提升带贫益贫温度，开展网上直播带货，推动黔货出山，销往青岛等东部地区特色农产品金额达 6.69 亿元，带动当地 3.82 万贫困人口增收。

**建立健全保障机制**

组织完善前方指挥部战时体系，引导大家以时不我待、只争朝夕的历史担当，在大事难事面前践行初心使命；坚持"严"的标准，研究制定了总攻决战方案，与

2021 年 5 月，第五批挂职干部团队圆满完成任务，高嵘（右一）代表青岛市与安顺市领导签署工作交接协议

挂职干部逐一签订军令状，实行挂图作战，压实责任，一线冲锋；注重"管"的效果，组建了挂职干部、支医、支教、退役军人志愿者、专技人员 5 个党小组，把援派在安顺的 346 名青岛人员全部纳入支部管理序列；用好"爱"的激励，先后推荐 49 位青岛挂职干部、专业帮扶人员获得省市表彰。2021年 2 月青岛挂职干部团队被党中央、国务院授予全国脱贫攻坚先进集体，自己作为代表进京领奖，受到习近平总书记等党和国家领导人亲切接见。

"征途漫漫，惟有奋斗！"我坚信：在安顺的付出，终将会以美好的姿态展现给自己，成为终生难忘的宝贵财富！

# 我将初心化彩桥　连心山海促协作
## ——挂职干部车增兴感悟

我是青岛市第五批选派到安顺经开区挂职的扶贫干部，2019年7月开启了为期两年的挂职帮扶工作。在安顺的700多个日日夜夜，我足迹遍及安顺经开区镇（办）、村、组及各企业，对自己能为安顺经开区脱贫攻坚战、疫情防控战出一份力而倍感自豪。2019年获安顺经开区"扶贫贡献者"称号；2020年获贵州省"全省脱贫攻坚优秀共产党员"称号；2021年被安顺市委、市政府记三等功。

### 他乡为故乡　挂职亦本职

青岛与安顺从1996年便建立了结对帮扶关系，虽相距2000多公里，

2020年5月30日，车增兴（前排左二）到贵州聚福菌农业发展有限公司考察香菇菌种生产情况

但东西部扶贫协作让我们紧密相连，20余载"山盟海誓"的兄弟情谊，已使两地成为跨越千山万水的"责任共同体"和"命运共同体"。组织选派我来挂职，是对我的考验和信任。"不拿自己当外人""安顺亦家乡"，这是

我对自己身份的归属；"挂职亦本职""把挂职当成任职干"，这是我对自身角色的定位。

为尽快熟悉区域现状，把对口帮扶政策用好、用活，先后到部门、镇（办）、村（居）、企业走访调研40余次，聊实情，问需求，找问题，想对策，确保帮扶实效。从建立健全行之有效的制度规范入手，进一步完善东西部扶贫协作工作机制，组建人才交流、产销对接等8个工作专班，按照业务区块和责任链条，采取"点对点"方式加强双向沟通、紧密对接落实。定期和不定期进行安排部署和工作调度，先后召开东西部扶贫协作会议20余次，明确协作要求、重点任务和保障措施，有序有力有效推动了扶贫协作工作。我先后7次带队（随队）赴西海岸对接帮扶事宜，在青岛西海岸新区工委、管委高度重视和大力支持下，共获得西海岸财政帮扶资金1254.6万元、社会捐助资金2030.99万元，安排实施扶贫项目30个，项目带动帮助建档立卡贫困人口3934人脱贫增收，利用帮扶资金建设扶贫车间19个，吸纳当地贫困人口188人就业。协调两地举办党政干部、教育、医疗和劳动技能等各类培训班129期6360人次；开展致富带头人培训17期591人次，其中创业成功486人；举办招聘活动4场，提供就业岗位1961个。

### 开对"药方子"才能拔掉"穷根子"

我与扶贫部门一起，研究精准对接、精准协作方案，聚焦在小、准、实上。在产业合作方面，了解到安顺经开区缺少优质产业项目后，我主动协调为当地免费制作了微信版招商引资政策汇编，积极宣传地方招商政策、农特产品优势，吸引有关企业加强与经开区的经济交流合作。先后4次带队到西海岸对接项目引进，在两地工委、管委的大力促动下，青岛明月海藻集团与贵州天赐贵宝公司实现"海味"与"山珍"的联手，青岛土木建工集团援建项目进展顺利。在我挂职期间，两地产业合作完成投资3.64亿元，带贫人数726人。宝林中药公司是经开区一家中药材生产企业，大片种植基地惠及众多贫困人口，虽然产品品质优良，但因缺少销售市场而连年亏损。我积极促成公司与青岛有关社会组织合作开发，实现共赢。消费扶贫是东西部协作的重要任务，也是脱贫带贫的有力抓手，我与产销团队一起，围绕"黔货出山"，积极协调帮助当地农特产品生产企业在青岛拓展业务，在青岛地区超市等设置销售专柜、设立展示店，有效拓宽安顺市农特产品宣传销售渠道。2020年元旦在青岛啤酒城组织年货大集，安顺农特产品销售额达到300余万元。2020年6月在西海岸举办经开区农特产品展销会，为企业免费提供展销场地，节约费用10余万元。先后组织企业赴青岛参加"青岛国际啤酒节""农特产品推介会"等活动15次，开展特色农产品经贸投资洽谈活动8次，与西海岸供销社等建立了长期合作关系，"黔货出山"销售额达1.2亿元，带动贫困人口1759人增收，为消费扶贫建立了良好的产销对接机制。

### 凡事预则立 不预则废

2020年是脱贫攻坚和乡村振兴战略的交会期，我主动思考和谋划两个战略的衔接实施，在帮扶资金、人才资源等方面给予倾斜。幺铺镇阿歪寨村是经开区脱贫攻坚的重点村，也是2020年重点打造的布依族传统村落。围绕经开区这一中心工作，自己统筹扶贫协作力量，主动帮助破解发展难题，助力脱贫攻坚和乡村振兴。2020年西海岸援助财政资金约50%投入阿歪寨村发展，累计投入扶贫协作资金1365万元，实施扶贫项目9个，涉及基础设施、种植大棚、村落改造等。种植大棚采取"公司 + 合作社 + 农户"的组织方式发展以菊花为主的花卉种植，年产值达500万元，效益覆盖全村建档立卡贫困户，平均每天可提供就业岗位35人次。在西海岸相关部门的支持下，广泛开展"创业致富带头人培训"，建设扶贫车间，将西海岸人才、技术、信息、经验等要素传输进来，实现"输血"到"造血"的转变。该村现已从"后进村"发展成为乡村振兴的"示范村"，大众报业、中国山东网及两地其他有关媒体分别以《青岛安顺共建"田园综合体"曾经的"后进村"蝶变"示范村"》《1365万扶贫资金助力安顺阿歪寨村脱贫蜕变》等为题进行了宣传报道。东西部扶贫协作资金助力脱贫攻坚与乡村振兴战略有效衔接的做法，得到了广泛认可。

# 栉风沐雨攻坚路　肝胆相照山海情
## ——挂职干部隋俊昌感悟

　　2019年10月，怀揣着组织的重托，我奔赴甘肃省陇南市武都区挂职副区长，有幸投身到伟大的脱贫攻坚战中。那是一段丰富人生的磨砺，更是一次砥砺初心的洗礼。

　　武都区是甘肃省深度贫困县区。为了更好地掌握区情村情民情、尽快打开突破口，我深入基层一线，不到3个月时间，就跑遍了全区44个乡镇，到过200多个村，进过1000余户农户的家中了解座谈。最终在产业合作、人才交流、市场对接、项目推介、劳务协作5方面找准了帮扶协作的结合点和共赢点，助力脱贫攻坚取得圆满成功。

### 当好"服务员"，开创劳务协作双赢模式

　　为解决疫情期间青岛企业用工荒和陇南群众外出务工难等短板问题，我创建"青岛用工企业＋挂职干部＋乡镇党委＋第一书记"组合式招聘模式，组织海信集团等企业送岗到村，协调接待党政考察团50余批次，邀请30余批次客商到武都考察对接；组织举办各类培训班70期，共培训党政干部、教师、医务人员和创业致富带头人3795人次。协调向青岛地区输转劳动力135名、从青岛向外地输转劳动力113名，援建扶贫车间22家，实现就业776人、培训贫困劳动力590人，实现了帮扶两地的共赢。

### 当好"推销员"，建立陇货入青全新渠道

　　为解决当地产品销路难的问题，我积极推动消费扶贫"三专一平台"建设，在新区设立东西部协作服务中心，建立500平方米的农特产品展示馆，

成为陇南产品在新区展示销售的重要窗口；参与组织青陇年货大集、武都区美食文化旅游节、陇南青岛啤酒节、特色产品消费扶贫展销会等节庆促销活动，提升武都农特产品的知名度；协调引进新区晓宁公益社等机构在武都设立集中采购点，助力武都区消费扶贫。2020年农特产品销售额达1.13亿元，同比增长24%。

### 当好"联络员"，实现结对帮扶全面开花

众人拾柴火焰高。我积极发挥政协委员、民主党派人士的作用，组织开展"百企帮百村"行动，动员民营企业、行业协会、爱心人士等参与消费扶贫、旅游扶贫、金融扶贫。协调新区和武都区40个乡镇街道全部结对，结对关系达到154对，落实结对资金948.9万元；积极贯彻上级关于社会力量参与挂牌作战的要求，协调联系新区10家企业、机构分别和武都区9个挂牌作战村签订帮扶协议，累计捐款50万元、捐物8.3万元。

### 当好"招商员"，助推产业合作走深走实

发展产业是实现脱贫的根本之策，却也是当地脱贫攻坚最难啃的硬骨头。我积极引进总投资5000万元的康大肉兔养殖项目，实现一、二、三产业相互贯通，填补了甘肃空白；引进鑫晶品饰品加工项目，解决了坪垭藏族乡不能外出务工的家庭妇女、残疾人、老年人等特殊人群居家就业问题；协调引进陇南军地后勤综合服务保障有限公司、甘肃青陇华建生物医药产业园发展股份有限公司、甘肃华建国康农业开发有限公司、甘肃广济农业港等项目，对中药材、花椒、核桃、木耳等特色农产品

2019年10月14日，隋俊昌（左四）走村入户组织农户座谈，实地摸清贫困底数，寻找致富路子

进行深加工,延长产业链,提高产品附加值;挂职期间,先后引进 13 个项目,实际到位资金达 1.14 亿元,直接带动 104 名贫困劳动力实现就业、贫困户 7045 人实现增收。

### 当好"战斗员",促进协作情谊不断巩固

2020 年 8 月,陇南发生暴洪泥石流自然灾害,我一边向新区汇报武都灾情,一边奋不顾身投入抢险救灾中。和武都干部群众连续奋战两个昼夜,转移受灾群众 2000 余人,帮助灾区群众战胜洪灾、渡过难关。并通过多种途径联系公益组织和青岛相关企业,争取 300 万元救灾资金和一批急需救灾物资,为武都区捐赠 300 顶救灾帐篷、300 个救灾保障工箱、50 部对讲机和 50 台多功能照明灯及 2 万元善款,解决了灾区群众燃眉之急。

挂职期间,我被甘肃省委、省政府表彰为"脱贫攻坚帮扶工作先进个人",相关工作获甘肃省领导批示和《人民政协报》等媒体平台刊发报道,青岛挂职干部工作组被中共中央、国务院表彰为"全国脱贫攻坚先进集体"。这些成绩将继续鞭策和激励我不忘初心,勤奋学习,踏实工作,在自己的本职岗位上再做新贡献!

# 山海相依显真情　东西部协作结硕果

## ——挂职干部王新峰感悟

作为青岛协作定西的首批 18 名挂职干部之一，我于 2021 年 4 月至 2023 年 4 月挂职甘肃省定西市岷县县委常委、副县长。两年来，协调协作财政帮扶资金 14390 万元，社会捐赠款（物）1400 余万元，解决劳动力就业近 7000 人，帮助消费农特产品 3.2 亿元。

### 当好"绘图员"，科学谋划开新局

为使"西部所需"与"东部所能"相匹配，先后协调完成两地党政主要领导、分管领导 11 次互访对接，召开 10 次联席会议。先后协调召开 4 次县委常委会议、4 次县政府常务会议、7 次县委农村工作领导小组（县实施乡村振兴战略工作领导小组）、17 次东西部协作项目建设和招商引资调度会议，研究解决资金安排、项目推进、示范村建设等重点难点工作。

在到达岷县不到 3 个月的时间里，我遍访 18 个乡镇、30 余家企业（合作社），准确掌握岷县的产业状况和经济基础。

2021 年 9 月 26 日，王新峰（左四）到岷县西江镇唐家川村督导乡村振兴示范村项目建设

多次采取"四不两直"的方式督导项目建设情况，推动工作措施落到实处。

### 当好"导航员"，聚焦产业促发展

紧盯岷县传统的中药材产业，着力进行产业扶持。围绕"一县一园"创建目标，投资建设岷县现代农业产业园（中药材）。在甘肃（岷州）国际陆港工业园区，规划建设青定产业园中医药产业孵化基地、岷县工业园区，东西部协作总投资约 3.2 亿元，主要用于当归萃取、中药饮片、配方颗粒、中成药大品种等中药产品的生产加工及中药质量、基因研究等研发工作。从山东省引进青西清润中医药科技、新盛客隆商贸、水发晟启（山东）控股岷县分公司、中鲁药业、恒诚众安机电、寿光瑞景农业岷县分公司 6 家企业，协调引进华润三九岷县分公司、赫源堂药业、甘肃现代南部物流 3 家企业，累计到位资金 9566 万元。2022 年引进的山东商都药业项目，计划用地 130 亩，投资 5.2 亿元，建设中医药产业园。在梅川镇投入协作资金 1165 万元，建设现代农业产业孵化基地。

### 当好"施工员"，示范建设抓亮点

加强乡村振兴示范村建设，促进乡村振兴。先后投入东西部协作资金 3370 余万元，打造西江镇唐家川村、梅川镇永星村、维新镇马莲滩村、中寨镇红崖村、麻子川镇岭峰村、寺沟镇八步川村 6 个乡村振兴示范村，从抓好基础设施建设、改善居住条件入手，农村的硬化、亮化、绿化、文化、美化工作不断提升。

加强示范项目建设，促进脱贫户增收。在西江镇浦洞村投入协作资金 250 万元，建设浦洞湖垂钓园景区；在秦许乡扎那村投入协作资金 120 万元，建成占地 30 亩的钢架塑料大棚标准化种植基地，年产各类速生叶菜 300~350 吨；在梅川镇永星村投入协作资金 100 万元，建成了一座崭新的中药材加工车间，促进村集体经济增收。另外，在西江镇唐家川村投入 344 万元建设产业道路，在维新镇马莲滩村投入 128 万元硬化产业巷道、修建产业基地排水渠，在梅川镇、麻子川镇分别投入 120 万元、60 万元修建万亩中药材标准化种植基地产业道路，产业基础设施建设越来越完善。

加大红色旅游村文化宣传，促进文旅助农。投入协作资金 1500 万元建设红色旅游环线，进一步发掘麻子川镇的红色资源，建设红军广场、长征故事长廊等"红色打卡地"，对毛泽东旧居等革命旧址进行保护修缮，加强自行车、健步行等基础设施建设，发展红色农家乐和农特产品销售，持续打造红色生态旅游基地，促进群众增收。同时，注重岷县花儿非物质文化遗产传承与保护，2021年7月，组织岷县演艺人员参加了首届青岛国际啤酒节·岷县之夜文艺汇演活动。

### 当好"联络员"，健康帮扶创样板

通过沟通对接，最终确定以岷县人民医院口腔科为"健康帮扶"切入点，将口腔科建设分为"青岛—定西东西部协作口腔医疗中心"和"岷县口腔医院"两个阶段实施。青岛西海岸新区选派区中心医院口腔科主任邵丹教授带队，兼任岷县人民医院口腔科主任，挂牌成立"邵丹名医工作室"、"青岛·定西东西部协作口腔卫生保健教育基地"，成为定西市医药卫生重点学科、甘肃省级临床重点专科；引进甘肃省首台口腔智慧种植机器人，完成全省首例机器人种牙手术。该中心门诊量由每月200人次上升到1200人次以上，开展各类口腔手术300余例，服务范围辐射甘肃南部周边县域，覆盖人口100余万人，达到了"强化一个学科、辐射一片区域、造福一方百姓"的目的。

### 当好"服务员"，技术支持显实效

积极协调青岛西海岸新区乡村振兴局、教体局、卫健局等单位，青岛西海岸新区致远中学4名教师支援岷县二中，其他援岷教师、医生均由3~4人组成"小团队"，定向支援1个学校、医院。

支医专家在进行日常问诊的同时，通过开展专题讲座、现场教学等方式，加强对当地专技人员的业务培训，提升医护诊疗水平。积极协调岷县自然资源、旅游、农业、科协等援岷专家的挂职单位，在安全生产管理、农业工程施工、旅游品牌开发、疫情后时代心理状态调整等方面的培训取得了较好的社会效果。两年来，青岛西海岸新区赴岷县交流的专技人才75人，利用东部资源培训各类人才4927人、培训党政干部804人，为乡村振兴提供了有力的人才智力支持。

## 当好"销售员"，消费协作结硕果

协调两地供销社签订《东西部帮扶消费协作框架协议》，积极为岷县农特产品进入青岛西海岸新区乃至青岛、山东市场提供全方位支持。2021年7月，两地供销社在兰洽会期间签了价值1120万元的购销合同。在青岛西海岸新区供销集团物流园建设供销系统岷县农特产品展览馆，5大类、60多种岷县农特产品上柜，为岷县优质农产品开辟"绿色窗口"。"青岛西海岸新区·定西市岷县东西部协作服务中心"揭牌成立，新盛客隆商贸、福得好生态农业、海滨众合贸易、铭瞬泽生态农业等10余家商贸企业全面开展特产购销业务。组织岷县部分企业赴青岛西海岸新区参加第31届国际啤酒节·岷县之夜农特产品展销活动，组织人物专访，设置岷县展区，搭建介绍岷县的窗口。2022年6月，岷县举办"山海情深、当归岷州"青岛啤酒节，推动两地消费协作工作进一步提升。

## 当好"宣传员"，劳务协作助增收

积极协调两地人社部门加强对接沟通，及时签订《劳务协作协议》。组织有关企业到青岛西海岸新区实地考察，深入了解青岛就业政策和用工需求。两地人力资源部门在梧桐树人才生态产业（青岛）有限公司成立了岷县驻青岛西海岸新区劳务工作站，两地总工会在岷县十里镇共建"促进就业工作站"，依托青岛及青岛西海岸新区企业用工资源优势，分类精准施策，推动岷县当地农村劳动力就业。

充分发挥县乡两级公共就业服务机构和劳务中介机构的作用，对赴青岛务工人员采取"组织一批、欢送一批，确定专人、全程跟送"的方式，全力解决好务工群众行程规划、车票购买和用工单位衔接等方面的问题，使务工人员外出就业"出发有人送、到站有人接、进厂有人跟、服务有保障"，连续两年组织务工人员统一乘坐免费高铁专列"点对点、一站式"直达青岛就业。

两年来，共向青岛市企业组织输送务工人员386人（次）〔其中脱贫劳动力249人（次）〕，在省内就近就业3570人（次），在其他地区就业2960人（次），累计解决就业劳动力6916人（次）。

## 当好"协调员"，群策群力见真情

在完成底线帮扶任务的基础上，想方设法调动各方面资源，提升帮扶质量。2021年7月，协调青岛西海岸新区红十字会联系青岛微尘基金会，在岷县建立第一所博爱小学。2021年10月、2022年8月，协调青岛西海岸新区向岷县捐赠价值80万元的防疫专款和物资。2022年6月，协调青岛西海岸新区文达通科技、建通工程、中达工程、正阳工程4家企业向经济比较薄弱的申都乡初级中学捐赠资金8万元，用于改善办学条件。两年来，青岛西海岸新区向岷县捐赠社会帮扶资金1125万元，帮扶物资价值277.54万元，合计1402.54万元，传递了爱的能量，增进了两地人民的感情，深化了东西部协作的内容和领域。先后有23对（街）镇、71对社区（村）、28对企业村、23对社会组织村、43对学校、20对医院开展结对帮扶，其中，镇街帮扶实现了西部乡镇全覆盖，为定西市7个区县中的唯一。

# 真抓实干　助推东西部协作工作取得实效
## ——挂职干部王华胜感悟

根据组织安排，我于2021年4月到岷县乡村振兴局挂职。在省、市两级挂职干部管理组和青岛西海岸新区、岷县两地党委、政府的正确领导下，我牢记组织使命，强化责任担当，深入了解岷县县情，边学边干，迅速进入工作状态，有效推进各项工作。2023年，被甘肃省人力资源和社会保障厅、甘肃省农业农村厅、甘肃省乡村振兴局等单位联合评为甘肃省乡村振兴先进个人。

### 充分发挥桥梁纽带作用

2021年7月12日，王华胜（右二）陪同西海岸新区、岷县相关领导在金沙滩啤酒城现场调研啤酒节期间岷县特产展销准备工作

为顺利推进东西部协作工作，推动西岷两地相互交流，主动与青岛西海岸新区乡村振兴局、人社局、商务局等部门沟通衔接，准确掌握相关工作进程，协调做好两地考察互访日程安排、住宿出行、联席会议组织等工作。两年来，先后

协调服务了两地党政主要领导、分管领导11次工作对接、10次联席会议，参与协调了80余个观摩考察现场，保障了相关考察对接工作顺利进行。两年来，先后有23对（街）镇、71对社区（村）、28对企业村、23对社会组织村、43对学校、20对医院开展结对帮扶，近13400万元财政协作资金、1400余万元社会捐赠款物按上级要求拨付、使用，人才交流、劳务协作、消费协作等各项指标完成情况保持全市领先。

积极联系两地组织、人社、教育、卫健、商务等协作任务较重的部门、医疗团队实施"组团式"帮扶，全力打造"青岛·定西东西部协作口腔医疗中心"，工作成效明显，相关做法已形成典型案例。安全施工、农业产业发展等领域的技术培训取得了丰硕成果，技术引进和人才培训分别完成了既定目标的287.5%、273.3%。积极联系岷县宣传部、融媒体中心等单位，联系做好青岛西海岸新区宣传部、记者团队赴岷县开展东西部协作宣传片素材录制工作。

### 扎实做好项目招引服务

积极对接青岛西海岸新区乡村振兴局、商务局等单位，充分调动各方面资源，联系有投资意向和适合岷县发展的企业单位，宣传介绍岷县基本情况和产业发展优势，吸引企业到岷县投资创业或开展产业合作。先后组织考察青岛康大集团、青岛聚大洋藻业集团、山东省供销社莱西基地、水发晟启控股集团、青岛盛客隆集团、青岛伊迩思生物科技、九三学社青岛市委员会、青岛佳一生物科技等20余家企业、单位，实地查看企业生产经营情况，了解产品种类、生产运营情况和主要投资合作意向等，邀请投资方赴岷县实地考察，推动双方合作尽快取得实质性进展，进一步促进西岷两地企业交流，深化了两地企业合作。积极做好项目服务，两年来，先后引进新盛客隆商贸、中鲁药业、寿光瑞景农业岷县分公司、赫源堂药业等9家企业，累计到位资金9566万元。

积极做好项目调度和督导工作。先后组织参加17次东西部协作项目建设调度会，加强调度县直相关部门。深入施工现场查看项目建设进展情况，了解工作措施落实情况和取得的成效，翔实掌握项目推进具体情况和下一步工作打算，最大限度督促工程施工快速推进。先后深入梅川镇、甘肃（岷州）国际陆港、茶埠镇、麻子川镇、秦许乡等地实地督导现代农业产业孵化园、中医药产业孵化基地、赫源堂药业、红色旅游环线、钢架大棚多茬快菜等项目进展情况；深入西江镇唐家川村、梅川镇永星村、维新镇马莲滩村、中寨镇红崖村、麻子川镇岭峰村、寺沟镇八步川村等地督导乡村振兴示范村建设情况，会同县乡村振兴局每月形成情况汇报定西市乡村振兴局，推动项目资金及时拨付、项目建设按计划有效推进。

## 全力推动消费协作提升

加强与青岛西海岸新区黄发集团、岷县商务局、融媒体中心等单位的沟通协调，组织单位参加青岛国际啤酒节岷县农特产品展销和"岷县之夜"非遗文艺演出。啤酒节期间，联系山东电视台开展人物专访，拍摄岷县黄芪宣传片，并赴济南参加山东电视台"鲁甘同心·玉成'芪'事"中药产业发展样板活动启动仪式，进一步拓宽岷县特产进入山东市场通道。在啤酒城内设置岷县特产展区，展示了中药材、特色食品、蜂蜜、牧草、当归化妆品、文旅产品6大系列190多款特色产品，吸引了大量游客。"岷县之夜"展销活动，搭建了一个介绍岷县的窗口，让青岛市民以及来自四面八方的游客能够直接品尝体验到来自岷县的特色产品，让更多的人认识岷县、了解岷县。

积极协调岷县商务局、供销社等单位，协助做好岷县特产供应商与嘉美源生态农业、福得好生态农业、海滨众合贸易、铭瞬泽生态农业等青岛西海岸新区商贸企业的联系，并协助提供岷县特产相关信息，确保相关工作顺利开展，助推岷县特产顺利进入青岛市场。两年来，累计消费岷县农特产品价值达3.2亿元，超额完成了既定目标。

两年来，形成新闻媒体宣传材料，及时宣传典型做法。"大男孩"幼师、专业技术培训、口腔医疗帮扶、西江镇唐家川村乡村振兴示范村建设等特色做法先后被《光明日报》《中国教育报》《新华网》《新甘肃》等国家、省级媒体宣传报道。起草各类宣传总结材料50余篇近14万字，较好地完成了工作任务。

# 不忘来时路　真情献武都

## ——挂职干部潘江文感悟

根据工委组织部安排，我于 2021 年 11 月至 2024 年 7 月在陇南市武都区挂职，担任区乡村振兴局副局长。挂职期间，我在两地区委、区政府领导下，牢固树立"勇担国家战略，扎根武都奉献"理念，紧紧围绕两地制定的东西部协作任务目标，扑下身子积极工作，尽全力巩固提升两区东西部协作成果。荣获 2023 年度"甘肃省乡村振兴先进个人"称号。

到武都挂职以来，充分发挥自身纽带和平台作用，积极引导产业项目落地，参与引进投资 10 亿元的中焜集团种养殖循环项目，服务推进青岛琅琊台高质化产业园项目，协调推进融入马安工业园区和青陇现代农业产业园建设，助力武都肉兔产业做大做强，深化"示范基地＋养殖合作社＋农户"模式，发展壮大武都肉兔养殖产业。先后策划和参与青岛啤酒节武都线上推介活动、武都花椒节、武都油橄榄节等节会活动，宣传推介和销售橄榄油、花椒、中药材、土蜂蜜等农产品。参与武都迎接国家巩固拓展脱贫攻坚成果同乡村振兴有效衔接专项考核，并取得优秀成绩，并在中组部调研武

2023 年 9 月，潘江文（左四）陪同《逐绿中国》栏目组采访西海岸新区帮扶武都区互联网＋医疗健康平台项目，并介绍相关工作做法成效

都时作为东西部协作挂职干部发言。

多次参与组织武都区党政考察团深入青岛西海岸新区学习考察、协调对接帮扶工作，在项目推介、劳务输转、人才培训等方面努力促成两地合作，先后参与组织23家企业赴武都区考察，为青岛和新区各界了解武都搭建桥梁，为开展合作奠定基础。

通过加大项目储备、加快项目落地、推进项目建设、彰显项目实效，产业帮扶效果已然显现。同时，我还加强新区援派武都教育、卫生、专技人才和"组团式帮扶"成员的服务工作，开展多形式主题教育活动，切实提高协作武都干部的凝聚力、向心力、战斗力，不断促进东西部干部观念互通、思路互动、经验互学、作风互鉴。在整个挂职期间，除了完成好东西部协作、乡村振兴的工作任务外，根据挂职干部工作组内部的分工，我还承担并高质量完成了工作组内部的综合协调、文字材料、内外宣传等工作，获得了领导和同事们的肯定。《光明日报》、《中国经济导报》、《大众日报》、甘肃电视台等媒体对两地协作亮点工作进行宣传报道。

回顾两年零八个月的挂职工作，我感到获益匪浅。感谢组织的信任和培养，选拔我参与到东西部扶贫协作国家战略一线中来，让我从宣传文化系统转入更加广阔实际的乡村振兴工作当中。在挂职工作中，我进一步加强了党性锻炼，强化了为民服务的意识，解放了思想、更新了观念、启迪了思维、拓展了视野、丰富了知识，干好工作的决心和信心以及理论结合实践的水平、解决复杂问题能力均得到提高。

如今，挂职工作已经结束，我也回归新区怀抱。在接下来的工作中，我将坚持践行"先行先试　善作善成　追求卓越"的新区精神，以饱满的工作热情、扎实的工作作风，投入新区建设发展浪潮，为新区建成"打造高质量发展引领区、改革开放新高地、城市建设新标杆、宜居幸福新典范"奉献青春、贡献力量。

# 赓续使命强担当　挂职挂"身"也挂"心"
## ——挂职干部韩爱波感悟

2021 年 12 月至 2024 年 7 月，我作为东西部协作第三批挂职干部到陇南市武都区挂职区委常委、副区长。在这里，我看到了风景的秀丽、群众的淳朴，也看到了大山的险峻、产业的匮乏，深刻领悟了东西部协作国家战略的深刻内涵。作为挂职干部，要有挂职挂"身"更要挂"心"的心境，要有敢担当、能担当、善担当的意识，要有"朝受命，夕饮冰；昼无为，夜难寐"的情怀，为组织和人民交出满意的答卷。

挂职以来，两地每年多次互派考察团进行东西部协作考察，东西部协作早已化作山与海相连、青陇一家亲的兄弟情谊。授人以鱼，不如授人以渔。武都区山大沟深，交通不便，导致产业结构不合理、产业链条不完善，所以在东西部产业协作中，我们提出"三个注重"：一是协作资金注重产业投入比例，产业资金投入占比达到 50% 以上，投入青陇现代农业示范园、马安工业园、康大肉兔养殖基地等项目协作资金达 7000 余万元，提供产业持续发展动力。二是项目引进注重优化产业结构，针对

2023 年 5 月 20 日，韩爱波（右一）在武都区磨坝乡调研种养循环项目

油橄榄产业，引进油橄榄生物提取项目，主要利用油橄榄叶和橄榄果渣生产油橄榄叶提取物和果渣精炼油，废料还可制成生物肥或生物质燃料，不仅增加了农户收入、提升了产业链价值，也填补了武都区油橄榄生物提取高新技术领域空白。针对肉兔养殖产业，重点扩大养殖规模，带动脱贫户进行肉兔养殖，并发展屠宰加工、饲料生产和肉兔产品开发，逐步推动肉兔养殖产业链发展。三是协作机制注重联农带农工作实效，在青陇现代农业示范园引入花卉产业，年销售收入新增 200 余万元，吸纳当地 56 人在花卉园区务工，人均年增收 2 万余元，联农带农成效明显。

脚下的泥土，化作付出的真情。挂职期间，我已走访调研武都区全部 40 个乡镇、街道，深入基层与当地干部群众交流学习，摸清东西部协作工作需求，梳理工作思路，为扎实开展东西部协作工作打下基础。结合甘肃省"结对帮扶爱心甘肃"行动，我结对帮扶一名孤儿、一户残疾家庭、一名困难学生，加入爱心扶孤助残济困活动中。"众人拾柴火焰高"，"应武都之需、尽新区所能"，新区不断加大社会帮扶力度，区乡村振兴局会同慈善总会、红十字会及青岛海信医疗、山东清北文化教育、青岛微尘基金等企业和社会组织，在疫情防控、抗险救灾、民生救助等各个方面捐款捐物，充分体现了"东西部协作"的政治担当和"山海一家亲"的新区温度。

挂职既是组织赋予的政治责任，也是自身历练的难得机会，更是一份情怀和挑战。在今后的工作中，我将不断开阔视野、积累经验、干出实效，踏实做好每一件工作，不留遗憾，更不负期望！

# 情系日喀则

## ——挂职干部杨为林感悟

2022 年，作为青岛市第十批援藏干部，我有幸来到西藏工作。我是青岛西海岸新区实验高级中学教师，现在担任日喀则市齐鲁高级中学副校长。这是一所由山东第九批援藏工作组基于日喀则市普通高中学位严重不足的现实情况精准帮扶设计建设的学校。前一批建设，这一批使用。

来到高原工作确实不易，面对高寒荒漠、强紫外线、干旱沙尘、缺氧的恶劣天气，失忆头疼、恶心眩晕、眼涩肤痒、鼻干流血是日常的感受，

2024 年 4 月 26 日，杨为林（左四）和南木林县潍坊小学的孩子们在一起

贾敬茂　摄

在平敞广阔、亟待开发的经开区更是如此。援藏干部人才有句开玩笑的话，说有"三个不知道"：不知道睡没睡着，不知道吃没吃饱，不知道饿不饿了。所以援藏干部人才来到这里，首先都必须摆正心态，坚定信念。靠精神站立，时刻牢记和发扬"特别能吃苦，特别能战斗，特别能忍耐，特别能团结，特别能奉献"的老西藏精神；靠意志行走，"缺氧不缺精神、艰苦不怕吃苦、海拔高境界更高"；靠毅力致远，"远征西涯整三年，苦乐桑梓在高原。只为万家能团圆，九天云外有青山"。我想这就是党性。只有勇毅前行，没有踌躇选择。

我们在前辈援藏干部辛勤耕耘、善作善成的基础上，战天斗地，略有成绩，"青岛援藏"的牌子在日喀则、桑珠孜"越来越硬"，巍然屹立、熠熠生辉。我们生活在一起，工作在自己的受援单位。日子一天天过去，如同狂风吹舞的经幡，每一天都忙碌而充实、艰难而执着。深刻在脑海里的是很多令人难忘的工作、生活上的点滴与瞬间。

来高原之后的第三天是山东援藏第九批与第十批工作交接的日子，地点在齐鲁高中的新建风雨教室。展示方方面面的工作，民生、教育、医疗、交通项目等，很丰厚，就像脖子上当地群众献上的厚如白云的哈达，但至今深刻脑海的是工作交接之后的一个节目表演。第九批援藏干部在王金栋同志的带领指挥下，合唱起了王清源区长作词的老歌《情系日喀则》，"海拔三千八，日喀则我的家，美丽的日喀则，我把你牵挂……"随着动人的旋律，唱着唱着，大家都带了哭腔，不停地抹眼泪，唱到最后，竟成了哭声一片。我站在台下，深深地被感染，也止不住地掉眼泪。我一直忘不了这个感动的瞬间、这个感伤的时刻，那飘动着的洁白的哈达，诉说着他们即将离开这片眷恋的土地的深情与不舍。我刚来，他们要走。那个时候我在想：我来为什么，我要干什么，我走留什么？可能在场的每一位高原新人都会有这样的感动和灵魂拷问。

我日常的工作是在学校，上课下课，送课下乡，协助校长做教育教学管理，时时刻刻与老师和藏族农牧民的孩子们在一起。常常感受到更多的是师生共同成长的快乐，常常被一次次鞠躬和"老师，您好"的问候所感动，被一次次节庆日上的锅庄、堆谐、扎木念琴声、嘹亮的藏戏非遗唱腔所陶醉。

载歌载舞是天生的品质，朴实与羞涩也是与生俱来的。生活在高原上的这些孩子们真幸福啊！但这背后，是在藏的和援藏的老师们艰辛的付出，几乎每一位进藏的干部教师都有一本辛酸的家庭生活史。我们学校任职高三毕业班的何老师，曾经因为一件工作上的小事到我办公室里大声哭诉：我受不了了，我要辞职！我小心翼翼地安慰，问清缘由。原来她闺女在安徽内地西藏班就读，上高三了，近期情绪很差，出现逆反、自闭甚至自残的倾向，随班的生活老师和班主任电话不断，自己的工作开展又不顺利，她感觉自己就要疯了！是啊，这些进藏干部教师往往没有固定的"家"，甚至一家四口住在四个城市，每次年假都是竞相奔走，看看两边的老人，象征性地和孩子搞一下"团建"，假期就结束了。和我结对搭档的陆校长，二胎刚出生7个月，就扔在了老家，父母在甘肃，她在日喀则，丈夫在阿里边防，家里的老大在重庆西藏中学随班就读。我常听见她默默地自言自语："这次回家，小二宝儿会不会还认得我？"

再过半年，我也即将结束援藏使命归去。两年多来，我常被身边的人和事感动着、激励着，我也越来越清晰地感悟到，为什么即将离去的他们眼里饱含着眼泪？为什么一直都在的她们抛家舍业坚持着要留下来？我想，是因为他们对这片土地爱得深沉，是因为这里每一寸土地都属于我们的祖国，是因为大家都知道：没有国，哪有家。

# 西岷协作共筑梦　砥砺前行谱新篇
## ——挂职干部刘洪成感悟

西岷有义同甘苦，明月何曾是两乡？这一年半的挂职生活，是我人生中最难忘、最宝贵、最值得珍藏的一段时光。定西的山山水水、点点滴滴，已经熔铸在我的血脉里，必将成为我生命旅程中难以割舍的美好记忆。

## 一、高位推进协作交流，工作机制不断健全

先后召开县委农村工作领导小组（县实施乡村振兴战略工作领导小组）会议 15 次、工作调度会议 23 次，精心组织周密部署。加强与西海岸新区区委、区政府的对接交流，岷县县委、县政府主要负责同志赴西海岸新区考察调研对接 15 次，协作双方召开了联席会议 10 次，先后有 23 对（街）镇、71 对社区（村）、28 对企业村、23 对社会组织村、43 对学校、20 对医院开展结对帮扶，其中，在定西市 7 个区县中率先完成镇街帮扶全覆盖。双方在招商引资、消费帮扶、劳务协作、资金支持、人才交流等方面进行了深入交流，为全年工作打下了坚实基础。

## 二、深入推进区域合作，全面推进乡村振兴

采取"走出去、请进来"的方式，紧盯东部名人，引"名"入岷，对接青岛西海岸新区发挥人才智力优势，选派党政干部和教育、卫生、农业、科技等领域专业技术人才来岷开展帮扶，发挥引领示范和传帮带作用。西海岸新区共选派 136 名专业技术人员来岷开展支农支教支医活动，岷县选派 91 名专技人才交流学习，为全县乡村振兴提供了有力的人才智力支持。利用东部资源培训各类人才 6864 人、培训党政干部 1153 人。特别是由东

部医疗专家指导，在岷县人民医院打造的口腔医疗中心，极大地方便了县内及周边县区群众就医。围绕"百村振兴计划"，借鉴东部的经验与做法，累计投入东西部协作资金5749.6万元，分别对麻子川镇岭峰村、西江镇唐家川村、梅川镇永星村、中寨镇红崖村、维新镇马莲滩村、寺沟镇巴仁村、八步川村、西寨镇田家堡村8个示范村进行提升打造，全力打造鲁甘协作示范村。

### 三、引进培育龙头企业，特色产业有效提升

深入研究分析岷县产业发展基本情况，充分调动各方面资源，拜访有投资意向和适合岷县发展的企业单位，宣传介绍岷县基本情况和产业发展优势，吸引企业到岷县投资创业或开展产业合作。积极组织参加"青岛·定西东西部协作"中医药产业链供需对接暨招商推介会、"鲁企走进甘肃·定西投资洽谈会"等，开展品牌宣传、项目洽谈和产销对接，引进企业21家，其中岷县国电电力新能源开发有限公司、甘肃一脉相承农业发展有限公司、甘肃西岷农业科技有限公司、甘肃青岷合农业发展有限公司、岷县新奥资源环境有限公司、岷县中都普惠农牧业发展有限公司、甘肃荣昇新材料科技有限公司等10家企业投资超千万元。特别是岷县新奥资源环境有限公司，通过对废弃物进行加工治理、对废旧农膜进行回收，对环境保护和资源利用有重要意义；甘肃众力新能源科技有限公司，小火车生产制造从矿产采挖到运输，实现了山东黄金等大产业的延链补链，为西部陆海新通道建设注入强大动力；高原蓝莓、冷水养鱼等新业态项目的落地，体现了农业新

2024年8月28日，刘洪成（右三）到东西部协作高原蓝莓产业园调研

质生产力发展的新突破，填补了岷县种养殖业空白，为岷县经济发展增添了新赛道。同时，青岛市动员社会企业力量捐款捐物共计2500万元，为乡村振兴提供了产业项目基础。

### 四、深入推动消费协作，营销渠道不断拓宽

依托西海岸新区东西部协作服务中心和青岛市各大消费市场，积极组织企业参加"青岛国际啤酒节"、鲁企陇上行、兰洽会线上营销等系列活动，依托军民融合，积极打造"水兵厨房"，岷县野草莓、点心、中药材、猫尾草、羊肉、大豆等农特产品，走进了军营、东部市场，全方位、立体式推介岷县农特产品。在"832"平台、"公益中国"平台、"6·18"电商节等活动，累计消费岷县农特产品价值7.74亿元，全面拓展了岷县农产品消费渠道，青岷协作铺就了一条消费帮扶的"康庄大道"，进一步促进了消费帮扶成效。

### 五、持续强化劳务协作，稳岗就业有效促进

组织开展东西部劳务协作专场招聘会20余场次，完善用工信息对接平台，开展"人找岗位"和"岗位找人"服务。依托东部企业用工资金优势，加强与东部地区人社、劳务部门对接联系，向企业组织输送务工人员，向青岛市用工企业输转劳动力797人（其中脱贫人口526人）。利用青岛培训资源，开展订单式、定向式、定岗式培训，举办劳务协作培训班12期，培训农村脱贫劳动力1280人次。让农村劳动力广泛就业，有效增加了农民家庭收入，为巩固拓展脱贫攻坚成果起到了关键作用。

### 六、积极推进互融互通，"组团式"帮扶成效显著

岷县二中积极引进东部先进管理经验，进一步建立完善学校管理机制，健全各项管理制度，修订完善《岷县二中教师教学评估办法》《岷县二中教职工评优选先管理办法》《岷县二中教师考核管理办法》等学校管理制度6项。结合岷县二中硬件建设落后的实际，积极协调项目，大力推进学校智慧校园建设。配备希沃电子白板50台、教师使用计算机15台，为学校深化课堂教学改革奠定了基础；新建了1个计算机教室，配备计算机55台；

协调县科技局争取科技计划项目经费 10 万元，建成科技馆 1 个；利用东西部协作资金 577 万元为岷县二中建设共享教室 1 个、理化生实验室 1 个、录播教室 1 个、云计算机教室 1 个；对 1#、2# 教学楼及宿舍楼供暖设施进行零散维修；对未供暖的报告厅、食堂、艺术楼进行供暖改造；对校园内换热站外供热管网改造。对 66 间室内卫生间进行给排水改造和装修改造，改造面积约 3.5 万平方米。针对岷县口腔疾病常见多发、当地诊疗水平落后、群众就医需求高的现状，把县人民医院口腔科建设作为"组团式"医疗帮扶的切入点，建设"青岛·定西东西部协作口腔医疗中心"，挂牌成立"邵丹名医工作室""青岛·定西东西部协作口腔卫生保健教育基地"，引进甘肃省首台口腔智慧种植机器人，完成全省首例机器人种牙手术。建成辐射甘肃南部地区的口腔医疗基地，打造鲁甘东西部协作健康帮扶最亮"名片"。全县依托东西部协作项目累计为 18 个基层医疗机构建成了集中供氧系统，极大地改善了基层医疗卫生条件，使偏远地区群众在家门口就能享受到市县医院的氧疗诊治水平，获得了广大群众的高度赞誉。"组团式"帮扶成效显著。

梦虽遥，追则能达；愿虽艰，持则可圆。我将持续深入学习贯彻落实习近平总书记关于东西部协作工作的重要指示精神和中央和省委、市委决策部署，继续保持"行稳致远"的工作作风，牢固树立"项目为王"发展理念，深入推进"引大引强引头部"行动，持续加大招商引资力度，为青岛西海岸新区和定西岷县东西部协作工作再续新篇。

# 此去西行三千里　东西携手共深情
## ——挂职干部李燊感悟

　　自东西行，从青岛西海岸到甘肃岷县，1780 余公里的直线距离，飞机需要 3 小时航程到兰州，再转乘汽车 4 小时才能到达岷县。2023 年 7 月，我作为新区协作岷县第二批挂职干部，正式接过"接力棒"，来到了平均海拔 2751.5 米的岷县挂职交流。

　　对我来说，这不仅是一次职业的历练，更是一次人生的挑战；不仅是三千里的西行之路，更是东西部的协作之情；不仅是地理上的跨越，更是我们心灵上的跨越。

　　我将面临新的环境、新的挑战、新的文化。但正是这些"新"，将使我的生活更加丰富多彩，人生更加有意义。为此我将快速融入角色，主动对接工作，力争在未来两年中把工作干出特色、干出精彩。

　　一是要提高政治站位，以高度的政治自觉、思想自觉和行动自觉，高标准、高质量推动东西部协作工作取得新突破。开展东西部协作是着眼推动区域协调发展、促进共同富裕作出的重大决策，借助东部地区的发展优势弥补西部地区的发展短板，带动西部地区

2024 年 11 月 4 日，李燊（左一）在岷县闾井镇调研黄芪种植项目情况

快速发展承接东部地区的产业转移，增强西部地区的"造血能力"。当前，岷县正从决战决胜脱贫攻坚转向全面推动乡村振兴，从全面建成小康社会转向实现共同富裕，作为挂职协作干部，要深入贯彻落实习近平总书记重要讲话和指示批示精神，在市工作组的领导下，全身心投入东西部协作工作，不负重托、不辱使命，勇于担当、展现作为，全力完成新区工委、区委交付的光荣政治任务；要虚心向当地干部群众学习，带着感情、带着责任去帮扶，在艰苦的环境中磨砺自己，增长才干，以过硬作风和本领，展示新区干部的风采。

二是要加强项目招引，在推动项目落地上取得新突破。

首先是强化沟通联系。积极发挥好挂职干部的穿针引线作用，加强东西部协作工作研究部署，主动对接发展改革、教育、科技、工业和信息化、民政、财政等部门，邀请主要负责同志或分管负责同志赴协作地对接交流工作，推动具体事项落地落实。其次是结合协作双方资源禀赋和产业发展需求，聚焦农业、物流、文旅等重点领域，持续开展"鲁（青）企走进协作地·甘肃行"活动，组织国有企业、民营企业赴协作地考察调研，年内确保在定西市岷县新签约项目 2 个，引导企业赴协作地实际到位投资额达到 1500 万元以上。

三是要持续做大做强，主动由"稳中求进"转变为"跑步前进"，在进一步提升发展质量上取得新突破。2021—2023 年来，第一批挂职干部已累计帮助岷县共建产业园区 1 个（岷县现代农业产业园）；引进 8 个项目，总投资 1.52 亿元，解决 149 人就业；拨付帮扶款和社会捐献资金累计 1.6702 亿元；新区采购和帮助销售农特产品 2.7 亿元。在东西部协作工作已取得的巨大成就下，作为第二轮挂职干部，要变"稳中求进"为"跑步前进"，结合对岷县重点经济指标的调查研判，不等不靠、主动出击，向上积极对接新区发改局、商务局、工信局等多个职能部门，寻帮助、解难题；向下联系全区近百家各类企业，积极走访宣传东西部协作政策，增加招引力。

一万年太久，只争朝夕。作为新区协作岷县第二批挂职干部，必须主动出击，以"严真细实快"的工作作风，持续在项目招引、服务保障、东西协调上出新招、亮实招，全力以赴打好未来两年的攻坚战，争创本年度协作工作"开门红"，奋力谱写东西部协作高质量发展新篇章。

# 融入陇上江南　服务武都人民

## ——挂职干部华洪波感悟

2024 年 7 月 4 日凌晨 0 时，我和 20 名挂职干部一起乘飞机、坐火车、转汽车后，来到目的地——甘肃省陇南市武都区，此时人生仿佛掀开了新的一页，作为青岛协作陇南第四批挂职干部，武都区委常委、副区长，我开启了东西部协作的两年任期。

在到任后的半年时光里，我走遍了全区 40 个乡镇，调研了东西部协作的重点项目，也融入了陇上江南的日常生活，一些琐事已经模糊，但总有一些片段让我铭记于心。

### 风雨之中见真情

陇南地处秦巴山区、青藏高原、黄土高原三大地形交汇区域，属秦岭褶皱系地质构造，山高坡陡谷狭，地质构造复杂，是地质灾害重点防治区。今年"7·22"特大暴洪灾害期间，24 小时降水量超过 320 毫米，超过历史极值，再加上前期连绵不

2024 年 10 月 14 日，华洪波（中）参观陇南市档案馆
档案陈列展　　　　　　　　　　　安殿堂　摄

断的降水，致使山上松软的千枚岩遇水后如混凝土般席卷而下。原本用于记录雨情的气象站已被泥石流冲毁而不知所终，沿江的许多路段已被江水掏空了地基，成为悬路，许多村庄已经因道路水电等基础设施损毁而通信中断。全区紧急转移5万多名群众，但仍有部分地区处于危险之中，一些房屋位移达50余米，其中受灾较重的三河镇姚沟村已失联24小时。市区两级在多次努力未获成功的情况下，为尽快打通生命救援通道，5名乡镇干部挺身而出，在当地向导的引领下，冒着山洪、滑坡、塌方落石的危险，爬过G75武罐高速公路西秦岭隧道的一个斜井通风道，翻过3座大山，历时5个小时终于赶到姚沟村，为困难群众送来了第一批物资。还有许许多多这种感人的故事，就是在这种急难险重的关键时刻，在一件件为民小事中，体现了党员干部的先锋模范作用，体现了党的强大组织力和凝聚力，让广大群众在此刻具象化地感受到党委、政府人民至上的执政理念，使我们的党群、干群关系更加紧密。

### 致富路上科技强

油橄榄是当地的特色产业，尤其是在武都区，种植面积超过65万亩，年产高品质特级初榨橄榄油7000余吨，是全国种植面积最大、产出规模最大、品质最高的区域，油橄榄果已成为当地群众增收致富的幸福果。但长期以来，也存在着品牌影响力弱、同质化高、产业链不完整等问题，制约着油橄榄产业的进一步做大做强。经由东西部协作引进的陇南奥利沃生物科技有限公司董事长黎伟是一名1995年出生的年轻创业者，他于山东农业大学毕业后，从事油橄榄榨油设备的生产销售。来到武都后他从设备售后维护开始，不仅开办了橄榄油生产企业，更是尽展所学，将原本作为残渣、只能掩埋的油橄榄果渣果叶变废为宝，提取出山楂酸、黄酮、羟基酪醇等有效成分，实现价值倍增、构建产业闭环，培育形成了科技与市场结合下的油橄榄产业新质生产力。举一反三，在东西部协作特色产业振兴和产业集群打造过程中，需更加注重龙头企业、科技人才的引入，以新质生产力理论为指导，不断提升产品科技含量，推动产业提质升级。

## 组团帮扶为民生

山大沟深、地域狭窄是武都区地形的真实写照，这成为阻碍当地经济快速发展的重要因素，也造成了当地人才的大量外流。医疗人才的短缺为当地病患带来严重不便，小病自己克服，大病就到兰州、成都、西安，不仅耗时耗力，也增加了患者的伤痛。为此，中组部部署开展了"组团式"帮扶，选派医疗教育专家到甘肃挂职工作。2019年和2021年，青岛市拔尖人才、青岛市立医院中医专家王亿鹏博士先后两次跟随帮扶队伍来到陇南市武都区中心医院进行帮扶，不断将东部先进医疗理念和成熟医疗技术在武都传递转化，为东西部协作医疗帮扶贡献了自己的一份力量。挂职结束后，面对当地缺医少药的困难情况，面对患者们的极力挽留，王亿鹏毅然决然地拒绝了青岛、深圳等大型医院的高薪邀请，于2022年留在了武都区中心医院。当问起他选择在武都干事创业的初衷，他说："我始终认为作为医务工作者应该怀揣一颗赤子之心，前两天还有一个朋友问我为什么放弃青岛那么好的条件来到一个陌生的城市？我认为在我们这个年龄，应该是有所积累、有所收获、有所回馈的时候了，我们需要将更多的时间和精力，把自己学到的专业知识运用在基层一线，治病救人，让中医药更好地惠及普通百姓。"

自东西部协作以来，数以千计的病患因为组团式帮扶而康复痊愈，留下了东西部协作的深情厚谊。曾经有一次我在乘坐出租车时，司机大姐满怀感恩地说到东西部协作医生对她孩子的救治之功，让我也为之深深感动。从王亿鹏为代表的东西部协作医疗专家群体身上，我们看到了赤子情怀和医者仁心，也感受到了东西部协作的意义所在，我们挂职干部也将努力发挥所长、链接东西，让更多的群众共享协作成果。

东西部协作，既是党中央着眼于区域协调发展出台的重大战略，也是青岛西海岸新区与武都区山海守望、兄弟相扶的温暖真情，更是我们这批挂职干部扎根武都、服务群众的广阔舞台，我们将把武都所需、新区所能与群众所盼紧密结合起来，聚焦特色产业提升、产业集群打造、劳务协作提质、消费帮扶增收四项重点工作，真情协作、精准协作、互利协作、全面协作，努力跑好我们这一棒！

# 跨越山海　共赴未来

## ——挂职干部韩鹏感悟

根据组织安排，2024 年 7 月 2 日出发，我作为青岛协作陇南第四批挂职干部挂职武都区农业农村局。挂职期间，进行自我加压，主动作为，密切沟通协调，创新战法打法，强势推进东西部协作各项重点工作，助力武都区巩固拓展脱贫攻坚成果同乡村振兴有效衔接。

抵达武都区挂职后，我迅速适应新角色，熟知新业务，快速提升业务水平和综合素质，第一时间对 2024 年东西部协作资金涉及的 30 个联农带农帮扶项目进行逐个现场调研、推进，以项目调研同步了解武都区经济社会发展情况及风土人情，为两年的挂职打好基础。

深挖西海岸所能、武都所需，以产业协作为链接，增强区域发展内生动力。在特色产业提升、产业集群打造上做足文章。针对武都区油橄榄特色产业，引入青岛企业发展油橄榄产业项目，发展陇乡源油橄榄鲜果榨油、奥利沃油橄榄叶及果渣提取、华夏丹谷油橄榄粕饲料生产等项目，进一步延伸了武都区油橄榄产业链条，增加了油橄榄附加

2024 年 10 月 15 日，韩鹏（右二）在石门镇草坝子村调研和美乡村建设情况
　　　　　　　　　　　　　　　　安殿堂　摄

253

值。依托康大肉兔养殖，积极推动武都区肉兔产业，累计建设肉兔养殖场37个，存栏肉兔44.7万只，出栏肉兔252.43万只，综合产值1.26亿元。依托青陇现代农业产业园，引入蓝莓、茭白等新产业，园区累计带动农户733户，吸纳当地175人在产业园务工，增加农户劳务收入184万元，切实增加了群众的工资性收入。

把消费帮扶和稳岗就业作为持续增加群众收入巩固帮扶成果的重要举措，以会展节庆为契机，促消费稳就业服务民生。坚持市场化运作，持续完善"三专一平台"建设，紧抓新春、中秋、啤酒节等重点节日，通过电商推销、节会推销、窗口推销，主动出击开拓青岛等域外市场，持续扩大武都橄榄油、花椒、崖蜜等特产在青美誉度和销售量。其中，仅在第三十四届青岛国际啤酒节期间，东西部协作新产品——武都崖蜜柠檬水就在西海岸会场陇南市主题展馆销售2000余箱，预计全年销售突破30万瓶，解决了11.2吨武都崖蜜滞销的问题。

借鉴学习青岛西海岸新区铁山街道黄泥巷、后石沟村先进经验，以理念更新为引领，切实打造特色鲜明新农村。将产业发展与区域自然基础条件相结合，人居环境治理与生态振兴、美丽乡村建设相结合，社会治理与文化振兴、人才振兴、组织振兴相结合，实施城关石家庄村、石门草坝子村、佛崖贾店村、马街杨湾村等示范村建设项目，探索打造具有鲜明武都特色的和美乡村。

附 录

# 青岛西海岸新区东西部协作挂职干部表

（区委组织部提供）

| 序号 | 姓名 | 性别 | 出生年月 | 派出单位及职务 | 挂职单位及职务 | 挂职时间 |
|------|------|------|----------|----------------|----------------|----------|
| 1 | 许　峰 | 男 | 1974.02 | 青岛西海岸新区发展和改革局正处级领导干部 | 西藏自治区日喀则市桑珠孜区发改委副主任 | 2016.06-2019.06 |
| 2 | 薛　雷 | 男 | 1973.01 | 青岛西海岸新区综合行政执法局执法二大队大队长 | 甘肃省陇南市武都区副区长 | 2017.08-2019.08 |
| 3 | 逄培成 | 男 | 1988.03 | 青岛西海岸新区六汪镇乡村规划建设监督管理办公室主任 | 甘肃省陇南市武都区扶贫办副主任、党组成员 | 2018.12-2020.12 |
| 4 | 高　嵘 | 男 | 1969.01 | 青岛经济技术开发区工委委员、管委副主任 | 贵州省安顺经济技术开发区扶贫协作第五批干部领队 | 2019.06-2021.06 |
| 5 | 车增兴 | 男 | 1979.02 | 青岛西海岸新区珠海街道党工委委员 | 贵州省安顺经济技术开发区工委委员、管委副主任 | 2019.06-2021.06 |
| 6 | 隋俊昌 | 男 | 1975.11 | 青岛西海岸新区工业和信息化局（科学技术局、大数据发展管理局）正处实职干部 | 甘肃省陇南市武都区副区长 | 2019.10-2021.12 |
| 7 | 王新峰 | 男 | 1975.07 | 青岛西海岸新区公共资源交易服务中心主任 | 甘肃省定西市岷县县委常委、副县长 | 2021.04-2023.04 |
| 8 | 王华胜 | 男 | 1979.08 | 青岛西海岸新区督查考核中心综合业务科科长 | 甘肃省定西市岷县乡村振兴局副局长 | 2021.04-2023.04 |
| 9 | 潘江文 | 男 | 1984.02 | 青岛西海岸新区工委（黄岛区委）对外宣传中心文明创建工作科科长 | 甘肃省陇南市武都区乡村振兴局副局长 | 2021.11-2024.07 |
| 10 | 韩爱波 | 男 | 1980.09 | 青岛西海岸新区薛家岛街道党工委委员、办事处副主任 | 甘肃省陇南市武都区区委常委、副区长 | 2021.12-2024.07 |

| 序号 | 姓名 | 性别 | 出生年月 | 派出单位及职务 | 挂职单位及职务 | 挂职时间 |
|---|---|---|---|---|---|---|
| 11 | 杨为林 | 男 | 1975.11 | 青岛西海岸实验高级中学总务处主任 | 西藏自治区日喀则市齐鲁高级中学副校长 | 2022.07-2025.07 |
| 12 | 刘洪成 | 男 | 1974.07 | 青岛西海岸新区农业农村局（畜牧兽医局）党组成员，青岛西海岸新区农业综合行政执法大队大队长 | 甘肃省定西市岷县县委常委、副县长 | 2023.06-2025.06 |
| 13 | 李燊 | 男 | 1988.01 | 青岛西海岸新区综合行政执法大队（文化市场行政执法大队）直属三中队指导员 | 甘肃省定西市岷县乡村振兴局副局长、党组成员 | 2023.06-2025.06 |
| 14 | 华洪波 | 男 | 1982.02 | 青岛西海岸新区工委（黄岛区委）办公室副主任，青岛西海岸新区工委（黄岛区委）国安办专职副主任 | 甘肃省陇南市武都区区委委员、常委、副区长 | 2024.07-2026.07 |
| 15 | 韩鹏 | 男 | 1984.07 | 青岛西海岸新区农业农村局（畜牧兽医局、乡村振兴局）农村社会事业促进科科长 | 甘肃省陇南市武都区农业农村局党组成员 | 2024.07-2026.07 |

# 青岛西海岸新区东西部协作受奖一览表

## （省部级以上）

| 序号 | 年份 | 颁奖单位 | 文件名称 | 获奖对象 |
|---|---|---|---|---|
| 1 | 2019 年 | 甘肃省脱贫攻坚领导小组 | 关于表彰 2018 年度脱贫攻坚先进集体和先进个人的决定 | 薛雷 |
| 2 | 2020 年 | 甘肃省脱贫攻坚领导小组 | 关于表彰 2019 年度脱贫攻坚先进集体和先进个人、全省脱贫攻坚帮扶先进集体和先进个人的决定 | 逄培成 |
| 3 | 2020 年 | 甘肃省脱贫攻坚领导小组 | 关于表彰 2019 年度脱贫攻坚先进集体和先进个人、全省脱贫攻坚帮扶先进集体和先进个人的决定 | 西海岸新区工委、管委 |
| 4 | 2021 年 | 中共甘肃省委、省人民政府 | 关于表彰全省脱贫攻坚先进个人和先进集体的决定 | 隋俊昌 |
| 5 | 2021 年 | 中共贵州省委、省人民政府 | 贵州省脱贫攻坚先进个人 | 董汉胜 |
| 6 | 2023 年 | 中共甘肃省委农村工作领导小组办公室、甘肃省人力资源和社会保障厅、甘肃省农业农村厅、甘肃省乡村振兴局 | 关于表彰甘肃省乡村振兴先进集体和先进个人的决定 | 邵丹、王华胜、刘相林、潘江文 |
| 7 | 2025 年 | 青岛市农业农村局 | 关于青岛西海岸新区接受国家东西协作考核评估有关情况的说明 [新区作为山东省唯一区（县）代表迎接国家考核，获得国家 2023 年度东西部协作"好"的等次] | 西海岸新区工委、管委 |

## 金沙滩啤酒城"武都之夜"

# 唱响东西部协作友谊篇章

7月30日讯 2017年，响应国家号召，青岛西海岸新区与甘肃省陇南市武都区签订了《西海岸新区对口帮扶武都区开展东西扶贫协作工作协议》，开启了东西之城的友谊篇章。

资金帮扶、产业带动、劳务输转、人才交流，3年里，青岛西海岸新区这座滨海之城为武都这座秦巴山地之城打开了东部发展的通道，为其发展注入了强大动力。今年盛夏，借助第29届青岛国际啤酒节这场国际盛宴，武都再次来到这里，开启了不一样的东西文化交流之旅。

### 举杯共饮，唱响东西友谊

陇蜀之城、橄榄之城、中国花椒之乡、千年药乡，7月29日当晚，伴随着陇南武都宣传片的播放，"山海情深·携手共赢——武都之夜"在第29届青岛国际啤酒节金沙滩啤酒城西文化广场拉开帷幕。陇南市武都区和青岛西海岸新区相关领导出席并参与启动仪式。

活动现场，武都工作人员通过大屏幕向大家介绍了武都的风土人情和特色产品，"橄榄哥""花椒姐""蜜蜂妹""红芪弟"武都"四宝"IP形象玩偶也现身现场，与市民、游客进行互动。据了解，陇南市武都区位于甘肃省东南部，地处长江流域嘉陵江水系白龙江中游，是甘肃陇南政治、经济、文化、交通中心和军事重镇，也是甘肃、陕西、四川三省交通要道，素有"巴蜀咽喉、秦陇锁钥"之称。因其独特的地理环境，盛产油橄榄、花椒、崖蜜、红芪等特色产品，荣获多项国际国内大奖，被誉为"中国油橄榄之乡""中国花椒之乡""千年药乡"，崖蜜、红芪、花椒、油橄榄也成为武都享誉中外的"四宝"。

为让大家切身体验陇南风情，武都文艺工作者现场为大家演绎了原创歌曲《问君陇南》《甘肃老家》《橄榄梦》，来自武都2个藏族乡的20多位当地民众为现场游客献上哈达，表达了祝愿，并伴随着音乐跳起了藏族特色舞蹈锅庄舞，瞬间点燃了现场气氛。市民游客纷纷参与其中，和武都来客一起载歌载舞，共同唱响东西友谊，欢乐气氛久久萦绕在啤酒节上空。

欢歌笑语中，武都工作人员向市民游客现场分发了"武都崖蜜"、橄榄油等特色产品让市民游客免费品尝，纯正的口感、独特的味道受到大家追捧，让市民游客深切感受到了陇南武都的魅力。

### "四宝"齐聚，彰显西部风情

作为武都"四宝"，崖蜜、红芪、花椒、油橄榄相关产品的生产成为武都重要产业项目。据了解，武都于1975年开始引种栽培油橄榄，目前，油橄榄在武都区种植面积达到50万亩，年橄榄油产量4000多吨，占全国橄榄油产量的93%，花椒基地面积100万亩，占国内花椒市场份额的15%，成为名副其实的中国橄榄之城和花椒之乡。

为让市民游客深入了解武都的特色产品，此次啤酒节特在东11号木屋设立"武都农特产品展"，现场展出武都崖蜜、武都橄榄油、橄榄菜、花椒、红芪、黄芪等特色产品，并供市民游客现场品尝。

据现场工作人员介绍，"武都崖蜜"拥有几千年历史，由中华蜂采集山崖百花而成，涵盖中药材花种，遂具有治咳嗽、感冒等疗效，曾在《芈月传》中被芈月献于皇后。其蜜味浓郁的纯正口感更是自古就深受追捧，明代李时珍在《本草纲目》中赞誉，"蜜出氐、羌（今甘肃陇南）中最胜，甘美耐久，全胜江南。"凭借独特工艺和功效，2018年2月12日，原中华人民共和国农业部正式批准对"武都崖蜜"实施农产品地理标志登记保护。而作为"中国油橄榄之乡"，武都橄榄油则被誉为"液体黄金"，纯手工摘采、物理冷榨碾压、全自动罐装，品质纯正，深受国际认可。2017年，武都特级初榨橄榄油在国际橄榄油大赛上摘得金奖，成为中国引种油橄榄50多年来，首次获得国际大奖的橄榄油产品。

相较于崖蜜的甜和橄榄油的香，武都的"麻"也是盛名已久。得天独厚的地理条件和地域优势，造就了武都花椒色红油重、粒大饱满、香味浓郁、麻味醇厚、药效成分多、精油含量高的独有特点，少量提香，多则麻爽，独特品质让武都花椒成为国家地理标志产品，斩获首届全国林业名特优产品博览会金奖、中国杨凌农高会"后稷奖"。产于海拔 1700~2000 米之间红土地带的米仓红芪，则因身长条直、质地密实、粉性足、甜度高等特点，成为当地传统特产和中国的独特品种。

展出现场，市民游客朋友可尽情品鉴武都特色，可爱的武都"四宝"卡通 IP 形象也将精彩亮相，与游客、市民近距离互动。除此之外，武都羊肚菌、陇南绿茶、苦荞茶等产品也纷纷展出，供大家选购。据了解，此次活动将持续至 8 月 2 日。

### 续写情谊，深化东西部协作

志合者不以山海为远。自 2017 年牵手以来，青岛西海岸新区累计捐助武都区帮扶资金 1.15 亿元，用于武都区最贫困、最偏僻村社基础条件改善、村级集体经济发展、贫困户脱贫增收及产业培育等领域，并通过东西劳务协作现场招聘等活动，实现劳务输出。

今年 2 月，通过"2019 年春风行动暨东西劳务协作现场招聘会"，武都区 267 人进入海信集团、澳柯玛集团等 13 家青岛企业就业，其中包括 67 位贫困户，增加了贫困户务工收入。与此同时，通过新区牵线搭桥，武都区与山东湘鲁食品公司、青岛西海岸新区供销集团、山东东阿阿胶公司等企业签订合作协议，提供辣椒种植、深加工，散养鸡和驴产品等订单服务，带动当地产业发展和外销。

"青岛西海岸新区与武都的东西部协作为我们的发展提供了极大机遇，给我们带来了很大帮助。此次参加青岛国际啤酒节给我们提供了更大的展示平台。"参加此次啤酒节展销的陇南武都花荄蜂业有限责任公司董事长李树花表示。据了解，通过东西部协作项目，李树花企业生产的内销于省内的"武都崖蜜"打开了山东市场，销量同比增长了 20%。

今年，新区持续捐助武都区财政帮扶资金 5300 万元，按照计划，武都区将拿出 3571.375 万元用于全区贫困村基础设施建设，惠及 15 个乡镇

44 个贫困村；投资 1140.2 万元财政帮扶资金用于科技扶贫，同时将剩余的 588.425 万元用于扶贫车间奖补、建档立卡孤残户补助以及为全区建档立卡贫困户购买农业保险。

随着产业合作、人才交流深入合作，两地人民情感愈发深厚，精准扶贫桩桩件件举措让武都摆脱贫困、自我造血，一条政府主导、社会帮扶、人才支撑的脱贫攻坚之路越走越宽阔。千里有缘来相会，山水相连一家亲。此次陇南武都的青岛国际啤酒节之行让彼此在啤酒狂欢的盛夏激情中打开了一扇东西部协作文化交流的新窗口，东西部协作将进一步深化，续写追求美好生活的深厚友谊。

来源：中国山东网

2019 年 7 月 30 日

# 青陇现代农业产业园建成

## ——占地总面积 900 亩　投资 1300 万元

在武都白龙江畔，新建成了一座现代化农业产业园，放眼望去，智能温室、双层覆盖的连栋大棚、育苗日光温室排列得整整齐齐，这就是青岛西海岸新区对口帮扶武都的扶贫项目青陇（青岛—陇南）现代产业园。

据了解，产业园规划占地总面积 900 亩，核心区 100 亩，投资 1300 万元，全部为东西部协作资金。具体分集中展示区 3 亩；育苗、生产区 62 亩；菌类种植区 10 亩；示范区 300 亩，主要开展新品种的试验、示范及推广；辐射区 500 亩，主要规划蔬果育苗区 349 亩、家庭农场蔬菜种植区 65 亩、食用菌（羊肚菌）种植区 35 亩、稻田养虾区 25 亩、无刺花椒繁育基地 26 亩。

产业园按照"政府主导、企业运营"的机制，探索"公司＋合作社＋基地＋农户（贫困户）"的产业发展模式，重点带贫 300 户贫困户，无偿向贫困户提供果蔬、中药材等优质种苗，持续支持贫困户产业发展。

目前，入驻产业园的企业和合作社 8 家，已成功流转土地 460 亩，年土地流转资金 92 万元，土地流转租金惠利建档立卡贫困户 67 户 291 人，可户均增收 1800 元；产业园建设中 176 人次（涉及 171 户）务工，平均每人月务工收入达 3000 元以上；产业园运营可吸纳当地贫困户在产业园务工 80 人，实现稳定工资收入。

来源：人民网转载《陇南日报》

2020 年 1 月 6 日

## 甘肃省陇南市武都区
# 东西部扶贫协作产业项目焕发勃勃生机

**国际在线生态中国频道消息** 甘肃省陇南市武都区大地春意盎然，在武都区石门镇青岛—陇南现代农业产业示范园区内，智能温室、双层覆盖的连栋大棚、育苗日光温室排列得整整齐齐。工人们正在温室大棚里忙得热火朝天，全自动机械育苗播种设备将一粒粒辣椒种子播撒到育苗盒内，这不仅为工人节省了大量时间，也让出苗率大幅度提高。

2019年10月，在青岛西海岸新区的帮扶下，甘肃省陇南市武都区采取"公司＋合作社＋基地＋农户"的发展模式，建成了集智能日光育苗、菌类繁育、果蔬种植等综合性农业示范基地，有效带动了周边300多名贫困户创业增收。这个总面积达900亩的示范项目不仅成为东西部扶贫协作的样板工程和助推当地农业产业化发展的新引擎，也让农村闲置劳动力在家门口就能实现稳定就业。

去年以来，来自黄海之滨的青岛小辣椒，成为继武都花椒、油橄榄、中药材之后的一个新兴扶贫产业，当地贫困群众通过种植辣椒尝到了甜头，都希望在今年能继续种植。

疫情防控期间，农业产业园春耕生产是否恢复？农业生产物资是否储备到位？辣椒育苗还有没有什么困难？这些问题成为甘肃省陇南市武都区委、区政府主要领导最关心的民生问题。2月16日，陇南市委常委、武都区委书记田广慈，武都区委副书记、政府区长肖庆康先后走进青陇现代农业产业园做了专题调研，并就疫情防控、春耕生产、产业扶贫等工作进行了安排部署。田广慈说："要在持之以恒抓好新冠疫情防控的同时，统筹抓

265

好"三农"各项重点工作,有序引导农民抢抓春季有利时机,认真做好花椒、油橄榄、辣椒等优势扶贫产业的田间管理,尤其要围绕辣椒产业,加快青陇现代农业产业园辣椒育苗工作,切实保障辣椒种植面积和品质。"

今年开春后,农业产业园在全力做好新冠疫情防控的同时,积极引导农户抢抓农时,迅速开工完善园区的生产设施,及时开展土地平整、施肥浇水、覆膜育苗等果蔬田间管理,为春耕生产和产业扶贫打下了坚实的基础。

"因为今年特殊情况新冠疫情的影响,我们在复工复产的过程中也遇到了些困难,但是为了确保今年的春耕生产顺利进行,我们积极与青岛企业协调相关农资供应,及时召集农户复工上班,现在两台自动化育苗机器连续运转,育苗作业也在如火如荼地进行中。"园区负责人贾增贤说,"为了落实疫情防控措施,育苗中心的工人们通过分期、分批进行农事操作,工作期间全程佩戴口罩,极大地减少了人员聚集。"

来源:中央广电总台国际在线

2020 年 2 月 17 日

# "青陇兄弟"手牵手
# 青岛陇南东西部协作结硕果

4月8日，记者在甘肃陇南市武都区吉石坝物流园青陇兄弟啤酒厂的生产车间看到，工人们正在有条不紊地工作着。青陇兄弟啤酒厂是2019年8月甘肃陇南市从青岛引进的项目，于2019年11月投产运营。项目占地面积20余亩，总建筑面积9000平方米，总投资3000万元。公司设计年酿造精酿啤酒2万吨，是陇南市第一家大型现代化开放式精酿啤酒生产企业。

借助东西部协作平台"引企入武"，公司取名"青陇兄弟"，寓意着山东青岛和甘肃陇南两个城市"优势互补、互惠互利、长期合作、共同发展"，像兄弟一样携手共进。

青岛啤酒有着悠久的酿造历史和深厚的酿造工艺，青陇兄弟啤酒厂的啤酒凭借青岛啤酒的酿造工艺与陇南得天独厚的地理条件和气候条件，坚持纯粮酿造，酿出的啤酒不仅口感丰富，而且鲜香爽厚。

一次偶然的机会，"青岛小哥"吴衍利了解到家乡青岛正对口帮扶甘肃省陇南市，急需"引企入武"，吴衍利便和两位志趣相同的朋友来到陇南考察。根据陇南独特的资源气候，三人决定在这里投资建一家啤酒厂，并为啤酒厂取名"青陇兄弟"啤酒厂。啤酒厂于2019年12月28日正式开业，生产的啤酒也迅速进入陇南市场，受到了当地消费者的一致好评。

"下一步，我们将会以武都区为依托，辐射陇南周边市场，为消费者提供最优质的精酿啤酒。同时，公司将以武都区吉石坝生产基地为核心，在陇南建立啤酒文化广场、啤酒工业文化展览馆，进而将青陇兄弟啤酒有限公司发展成为集生产酿造、啤酒销售、文化展示等行业于一体的集团公司，为陇南的经济发展贡献力量。"吴衍利说。

据了解，公司目前主要生产黑啤、白啤、黄啤三种啤酒，下一步，他们还将根据当地人的口味，结合陇南农特产品，研发新的适合当地消费者口味的啤酒，如花椒啤酒、樱桃啤酒、枇杷啤酒等。

"今年受疫情的影响，不能外出打工，通过政府介绍，我来到啤酒厂上班，下班后还能回家照看上学的孩子，挣到了钱，两个孩子读书的费用就不愁了。"在厂里务工的郭小燕告诉记者。对于吴衍利他们来说，到远在千里之外的武都建厂，不仅仅是为了传播啤酒文化、发展啤酒产业，他们更是把"扶贫"当作一项使命，牵手武都老百姓实现小康梦。

"我们主要做的扶贫工作体现在两个方面，一方面实物扶贫，另一方面从用工制度上扶贫。实物扶贫就是将我们产品的下脚料，免费提供给贫困户做饲料。用工上，我们为建档立卡的贫困户提供优惠的政策，另外在工资待遇上也有区别，对他们有比较优厚的工资待遇，一方面增加他们的收入，另一方面也促使他们学到一定的技能。以后无论他在这儿干还是到其他地方干，都会有相应的技能来保证收入。"吴衍利说。据了解，目前有20多户建档立卡户在厂里务工，他们在家门口就业并实现了稳定增收。

陇南、青岛，一个在秦巴山区，一个在黄海之滨。一座是山水与人文浸润的橄榄之城，一座是开放、现代、活力、时尚的国家级新区，两座城，一条心。青岛西海岸新区与陇南市武都区对口帮扶三年多，在资金扶持、产业带动、人才交流、劳动就业等多个领域展开扶贫协作，两地人民也结下了深厚的情谊。

（记者　李琛奇　通讯员　张卓宁）

来源:《经济日报》

2020 年 4 月 10 日

# 第31届青岛国际啤酒节陇南专列
# 抵达青岛西站

**信网7月20日讯** 7月16日至8月8日，第31届青岛国际啤酒节在青岛西海岸新区金沙滩啤酒城举办。7月18日，应青岛西海岸新区邀请，甘肃陇南市武都区各界代表乘坐陇南武都专列赴新区参加青岛国际啤酒节，专列于晚上到达青岛西站。

为进一步做好东西部协作工作，提高东西部协作的广度和深度，青岛西海岸新区借助第31届青岛国际啤酒节平台，邀请协作地陇南市武都区、定西市岷县部分企业前来参展，共设室外展位20个、特展展位2个，产品展将持续整个啤酒节。主要展示销售花椒、黄芪、蜂蜜等特色农产品，还有党参、当归、黄芪养生茶、养生汤材料等中药材系列产品。全面展示推介两地的特色产业，进一步开拓"陇货""岷货"入青的渠道。让市民游客感受啤酒节氛围的同时，更能购买到协作地的特色产品。

此外，2021青岛国际啤酒节暨"武都之夜""岷县之夜"活动也将在第31届青岛国际啤酒节期间举办。

（记者 赵宝辉 通讯员 李凤仪）

来源：信网

2021年7月20日

# 苦练内功　巧借外力

## ——甘肃陇南武都区创新推动现代农业高质量发展

康大肉兔养殖场内，一只只可爱的小兔子正在准备装车出栏；青陇产业园的大棚内，农艺师正在查看蔬果生长情况……这是甘肃省陇南市武都区普通的一天，也是武都区上下全方位推进东西部扶贫协作的一个生动截面。

2017年1月，一个美丽的约定——对口帮扶，将相距1800多公里的青岛西海岸新区和武都区紧紧地联系在一起，不同的山水、相融的情感、共同的使命，成就了相距千里的协作情缘。"山盟海誓"共合作，青岛西海岸新区和武都区充分发挥各自优势，把"武都所需"与"西海岸所能"有机结合，用真情、出真招、下真功，为武都现代农业产业的高质量发展注入强大动力。

### 苦练内功　夯实自身发展之基

"打铁还需自身硬。"近年来，武都区高度重视特色农业产业发展，充分发挥政府、市场"两只手"的作用，积极搭建交流交易、信息发布、市场监管平台，坚持科学规划，强化技术培训，培育龙头企业，不断激发全区产业发展活力。同时为抢抓东西部扶贫协作历史机遇，武都区出台一系列加快东西部扶贫协作的意见和方案，"引进来"与"走出去"并行，不断加强与青岛西海岸新区的交流互访，形成产业合作、资源互补、劳务对接、人才交流、全员参与的良好局面。

赵小平是武都区农业农村局的一名工作人员，59岁的他已把41个春秋贡献给了田野，可谓是真正的"土专家"，他的心里一直有个"用农业技术帮乡亲致富的梦"。他说:"以前我种过西洋参、栽过猴头菇,还办过中药材厂,但受交通、土地、资金、技术的约束,最终都没有成功。当时听说青岛和武都要共同建设一个现代化的农业产业园,我第一感觉就是我的梦想要实现了。"

2018 年,青岛和武都共同投资建设青陇现代产业园,赵小平被安排负责产业园的建设、生产等工作。他二话没说就开始撸起袖子加油干,青陇产业园成了赵小平实现梦想的舞台。

从种苗培育技术到电动卷棚设备,来自青岛的技术支持让赵小平有了底气。如今的青陇现代产业园内,香菇、西红柿、葡萄、木瓜……早熟、中熟、晚熟的各类作物一应俱全。通过智能化管理系统,赵小平现在可以通过智能手机管控温室内的各项指标。

青岛带来的不仅仅是技术。赵小平说,青陇现代产业园采用以市场为导向的经营策略,先找准市场,再进行种植。在这种策略影响下,周边的农户都跟着产业园选择作物,同时产业园无偿提供技术指导,带动农户脱贫致富。

现在,赵小平每天都要查看产业园里作物的生长状况。阴棚里,菌棒上的香菇在慢慢长大;隔壁的智能温室里,无土栽培的西红柿在水肥一体化的培养基质里苗壮生长……看着这些,赵小平心里满是喜悦。

如今在白龙江畔,放眼望去,青陇现代农业产业园建成的一排排温室、大棚整整齐齐。园区按照"政府主导、企业运营"的机制,探索"公司 + 合作社 + 基地 + 农户"的产业发展模式,无偿向农户提供果蔬、中药材等优质种苗,持续支持群众发展产业。在园区内,工人们正在搬运苗木,为产品的培育做准备。"我目前在产业园上班,一个月工资是 3000 块钱。上班近不说,还可以照顾家庭,我觉得挺满意的,生活现在也是越来越好了。"石门镇下白杨村村民赵爱萍说。

青陇现代农业产业园的建成,为武都区的经济社会发展插上了腾飞的翅膀。目前,产业园累计带动农户 695 户。其中,流转土地 600 亩,创收 120 万元,吸纳当地 170 人在产业园务工,增加农户劳务收入 122 万元,切实提高了劳动技能,增加了群众的工资性收入。

如今，青陇现代农业产业园已成为引领全区产业发展、乡村振兴和农业农村现代化的重要载体，在增收就业、引领示范、集成要素、驱动产业融合等方面发挥了重要的示范作用。

### 巧借外力　架起东西部协作之桥

拓宽产业发展是实施乡村振兴战略的工作重点，更是乡村振兴的基础和保障。2020 年 2 月，武都区、青岛西海岸新区和青岛康大肉兔集团联合兴建的康大肉兔养殖项目开始建设，半年多的时间，在两地干部群众的努力下，一个现代化、规模化、标准化的肉兔养殖产业绽放在武都区坪垭藏乡的大地上，打造出了富有地方特色的特产"名片"，走出了一条乡村特色产业振兴之路，也得到了远近客商的认可。

四川省遂宁市兔肉客商李强对武都康大肉兔赞不绝口："我们选择武都康大肉兔，首先是因为距离近，交通便利，运输成本低，还有就是四川的消费者认可这个兔产品，康大公司注重品牌、注重信誉，完全按照我们的品质要求来生产，我们比较放心。"

"授人以鱼不如授人以渔"，康大肉兔养殖场在助力地方经济发展的同时，也为当地的村民提供了强有力的技术支持。

"我以前也是搞养殖的，一直感觉兔子养不起来，养不多，主要原因是缺乏技术。自从康大肉兔厂建成之后，我就来这儿学习他们的养殖技术和管理方式，来到这儿发现他们养殖方法的确和我们有天壤之别，也就努力在这儿学好技术，为今后能大力发展规模化的养殖做好准备。"康大肉兔养殖场工作人员王代红说。

带动一方经济，带富一方百姓，在"山盟海誓"的合作中，青岛与武都充分发挥各自优势，深化交流合作，拓宽协作领域，在武都大地上书写了跨越千里、合力战贫的新故事。

"甘肃康大兔业科技有限公司选择在陇南成立，主要考虑这个地方有四大优势：第一这里冬暖夏凉，适合兔子的生长；第二这里是山区，牧草资源丰富；第三这里工厂少，劳动力丰富；第四就是有明显的区位优势，它离主消费区域重庆、四川比较近，下一步我们将采取'公司＋合作社＋农户'

的发展模式,带动更多的农户发展养兔。"康大肉兔养殖场负责人冯广帅说。

### 创新思路　激发产业发展活力

消费扶贫作为一项重要的脱贫攻坚创新举措,一头连着扶贫产业,一头连着消费市场,是缓解扶贫产品滞销卖难、促进扶贫产业持续发展的有效举措,只有畅通了渠道,才能让更多的农产品走向市场,走上消费者的餐桌。

在刚刚结束的第31届青岛国际啤酒节上,作为青岛西海岸新区对口帮扶的武都区,带着丰富的农特产品,第四次走进金沙滩啤酒城,赢得不少游客青睐。

"这些菌类我们这边都没有,这次我要多买点儿。"在青岛西海岸新区金沙滩啤酒城武都特色农产品展区,几位游客正在购买武都竹荪、牛肝菌等农产品。

"东呼西应",陇南与青岛,因扶贫而结缘。但脱贫攻坚有期限,东西部协作无止境。青岛西海岸新区与武都区本着"优势互补、互惠共赢"的原则,出台政策助力"陇货入青""青货入陇"。位于青岛西海岸新区胶南茶马古道的东西部协作服务中心,是青岛西海岸新区与武都区的产业协作和消费协作的重要纽带和窗口。借助这个平台,让武都的"山珍"与青岛的"海味"实现了"双向奔赴",武都已然成为青岛西海岸新区的"菜篮子"直供基地,受到了广大青岛市民的一致好评。

据了解,从2017年起,武都区与青岛西海岸新区不断创新和完善扶贫协作机制,从单纯的政府援助到多层次、宽领域、全方位合作跨越式发展。2021年5月27日,青岛西海岸新区与陇南市武都区签订了《"十四五"东西部协作携手乡村振兴工作帮扶协议》《产业链扩大发展协议》《产业合作发展协议》。截至2021年6月底,已采购、销售受援市(州)农畜牧产品和特色手工艺产品金额3031.3万元。

(记者　牛新建　通讯员　黄骊珠　王肖晶)

来源:《中国县域经济报》

2021年8月12日

东西部协作　山海情深

# "西"行三千里　携手共锦绣

## 开栏的话

今年是"十四五"开局之年，也是巩固拓展脱贫攻坚成果同乡村振兴有效衔接的起步之年。在推动区域协调发展、促进共同富裕的过程中，东西部协作发挥了重要作用。

志合者，不以山海为远。2016年起，青岛西海岸新区与陇南市武都区开展东西部协作，在产业合作、人才交流等方面深入对接，走出了一条产业协作、企业合作、项目带动的"造血"式路子；深化结对帮扶、培训技术人才……自今年与定西市岷县开展协作以来，新区又迅速行动，制定、深化一系列帮扶措施。

从黄海之滨到西北陇原,两地携手谱写了东西部协作的动人篇章。近日,本报记者远赴甘肃省陇南市武都区、定西市岷县，深入探访、记录东西部协作一线的典型故事。即日起,青岛西海岸报开设"东西部协作　山海情深"栏目，聚焦东西部协作的生动实践，展示东西部协作的累累战果。

自东西行，从青岛西海岸到甘肃陇南，1400余公里的直线距离，只需不到3小时航程。

10月11日13时，飞机开始在陇南成县机场上空盘旋待降。正午艳阳高空"打光"，"陇上江南"风光尽收眼底——山岭高峻、刀劈斧削，层叠云雾之间宛若碧绿波浪；河谷深邃、曲折蜿蜒，重峦之中恰似湛蓝琼玉。

感叹之余，更是令人期许满怀：在与黄海之滨远隔山海的这里，在秦巴山区、青藏高原、黄土高原三大地形交汇处的这里，一批又一批来自青岛西海岸新区的"东西部协作人"，经历了怎样的5年，让致富活水得以汩汩东来。

## 产业"造血"百业兴

在陇南市武都区的青陇现代农业产业园里，赵小平走到即将运往种植区的橄榄苗旁，熟练地将花茎往下一拉，挂到鼻尖处，贴近了仔细观察。

"叶片很健康，长势不错。"作为青陇现代农业产业园的技术总监，作物长势良好是让赵小平最开心的事。

2019 年，赵小平见证了荒滩变身现代产业园的奇迹。"从规划到开荒再到建成投产，我是青陇现代农业产业园这一奇迹的见证者、亲历者。"从事农业工作近 40 年，赵小平直言在青陇现代农业产业园领略了"科技"之于农业的力量。

"6 个月，这里真正实现了从无到有。"赵小平赞叹，设施农业在甘肃省本不多见，更不用说有科技含量如此高的现代设施农业园区。产业园规划设计、项目选址、招标代理、设备采购、施工建设……赵小平眼见西海岸选派来的 6 名农业技术干部挂职产业园，仅用半年时间，50 座双膜钢架大棚、10 座双坡面日光温室、1 座 13 连栋温室、1 座智能温室拔地而起，现代农业物联网、水肥一体化等先进技术助力陇南农业发展实现"弯道加速"。

如今，青陇现代农业产业园培育的芥菜苗已辐射 12 个乡镇 1000 亩地，总计育苗 400 万株，规模化种植使得武都区芥菜种植与四川省的老坛酸菜生产商做起了订单生意；这里培育的高品质橄榄苗，更是为陇南这一"橄榄之城"进一步提高了市场占有率和产品品质，有了超越西方国家橄榄油品质的底气。

产业！在这片土地上，西海岸最先瞄准的便是这致富之源。

2019 年，武都区利用青岛西海岸新区财政帮扶资金，重点支持周期短、见效快、带贫效果明显的特色种养业。与山东湘鲁食品公司签订 2 万亩辣椒种植协议，带动全区 303 个村 2.26 万户群众种植订单辣椒，同步启动建设了满天红辣椒加工厂，引进四条现代化大型流水生产线，既保证了辣椒就近加工、延伸了产业链条，还增加了就业岗位，实现综合产值 3120 万元，短时间内带动了 5675 户贫困户实现增收，真正用西海岸行动把"小辣椒"做成了贫困群众持续增收稳定脱贫的"大产业"。

青陇兄弟啤酒等在武都区设立分公司,成为"引企入武"的重要窗口;共同推进总投资 300 万元的供销农产品配送中心项目,设立"青岛海鲜馆";协调武都区祥宇橄榄油公司、田园橄榄油公司等企业建立"陇货入青"长期购销合作,通过经贸、商超、电商、直购、推介五大消费扶贫平台,为武都农产品打造永不落幕的"展销会"……

武都区有丰富的农特产品,西海岸有广阔的市场空间,借西海岸之所能,帮武都之所需。5 年来,两地走出了一条产业协作、企业合作、项目带动的"造血"式路子。

### "赤子"演绎山海情

来自青岛西海岸新区农业农村局的徐玉祥,今年 8 月刚赴陇南,便开始走进山区访问脱贫户,探询当地人最根本的需求。

"虽远隔千里,但技术是相通的。这里的地块虽小,但实际耕地面积并不少,只要找准方向、匹配合适的农业技术,这里的农业也可以大有作为。"徐玉祥自称是一名"老扶贫人",2015 年起便赴贵州安顺开展定点扶贫工作,如今又来到甘肃陇南进行东西部协作。"我最想做的事就是给这里的人们留下技术和理念。"

"这里最需要建成完善的农产品外出通道,首先要实现快递进村。"来自区交通运输局的张兵在陇南做起了农产品市场需求调研,同时利用自己的专业优势,推进改性沥青混凝土工程,希望有效解决山体滑坡问题。

来自弘文学校的青年教师宋丽,则走进了武都区钟楼小学,开启了一年的支教工作。"这里的孩子既朴实又勤奋,我想在这里多出几节示范课,与这里的优秀教师交流沟通教学经验。"

类似的故事还有很多。5 年来,青岛西海岸新区和武都区紧紧抓住干部人才交流机遇,广泛开展干部人才挂职、交流、培训,促进观念互通、思路互动、经验互学、作风互鉴,有力推动了东西部协作干部人才交流工作落地落实。

"西海岸新区干部为企业和百姓服务的精神让我印象深刻,希望能把先进理念学好,为'山'区发展带来'海'的思路。"与西海岸众多"东西部协作人"的多年相处，他们"主动服务"的作风给武都区乡村振兴局副局长石社喜留下了深刻印象，"这几年，青岛西海岸新区帮助我们持续加大基层干部、贫困村致富带头人的培训力度，打造了一支留得住、能战斗、带不走，满怀赤诚的人才队伍。"石社喜对记者说。

截至目前，青岛西海岸新区已援派挂职干部4人，援派各部门的32名专业技术人才到武都区相对应部门进行帮扶；援派支医26人、支教22人，共为武都区培训教育医疗专业技术人才2000余人；新区镇街与武都区已完成了40对镇街、40多对村与村、30多对企业与村结对帮扶，为武都区乡镇培训1000多名基层党政干部；已拨付区财政专项帮扶资金3000多万元，社会帮扶捐款捐物达1800多万元，完成消费协作1.3亿元，带动3400多人脱贫。

### 三地携手共绘锦绣

走在陇南市武都区的街头，可以看见"青岛路""西海岸街"的显著标识，这是对两座城市东西部协作山海情深的最真实写照。

自2017年8月，新区与甘肃省陇南市武都区签订东西部扶贫协作战略框架协议以来，两座城市把协作帮扶工作作为最大的政治任务，用一段跨越山与海的协作佳话谱写发展新篇章。

紧盯协作项目落地，深化各类结对帮扶，尝试创新乡镇、村企间结对帮扶模式和举措，新区和陇南之间的来往更加密切、协作更加紧密，确保了各类协作方案有行动、有措施、有成果，携手奔小康取得显著成效。

陇南向西北180公里车程，定西市岷县正书写着同样的篇章。

来自青岛西海岸新区人社局、工信局、农业农村局、司法局、住建局、文旅局、交通运输局、自然资源局8个部门的9名专业技术人才已在岷县相对应部门展开协作；西海岸10家医院、16所学校与岷县医院、学校开展结对帮扶，援派支医8人、支教8人，已为岷县培训教育医疗专业技术人才382人；青岛西海岸新区镇街与岷县完成了18对镇街、19对村与村、11对企业与村结对帮扶，为岷县乡镇培训基层党政干部240名……

从陇南市武都区到定西市岷县，西海岸东西部协作的脚步从未停止，在巩固拓展脱贫攻坚成果同乡村振兴有效衔接的新征程上一路高歌。

**记者手记：跨越崇山峻岭，见证山海情深**

5 年时间里，作为跑口记者，报道的东西部协作相关新闻不在少数。

从陌生到熟悉，如今陇南之于西海岸早已是如同兄弟般的美好存在。得知可以亲赴陇南，心中便有了期待——这个不断活跃于我笔尖的美丽符号，这个众多西海岸人为之筹谋的希望之城，如今终得一见。

7 天里马不停蹄地奔走，从游上餐桌的黄花鱼到安家落户的"康大兔"；从花椒树下长出的红辣椒，到定株无土栽培的山野菜；从全方位"翻新"的示范村，到大规模建设的人民医院……无数印记，都见证了崇山峻岭也无法相隔的协作力量，更见证了两地人民血浓于水的山海深情。

呼吸着这座城市的空气，仿佛故土般熟悉；举目不断崛起的产业项目，带着希望的光芒。

这光芒不仅是陇南、定西的希望，也是西海岸人的向往。

（记者　王雪）

来源：《大众日报》

2021 年 10 月 27 日

# 从协作帮扶到携手发展

## 东西部协作续写新篇章

**中国青年网青岛1月24日电** "在过去的2021年,我们站在'协作帮扶'到'携手发展'的历史节点上……2021年12月,贵单位又积极协调,南京同仁堂药业与武都区长实中药材种植农民专业合作社达成中药材专项合作协议。目前,首批采购20吨优质黄芪已顺利完成交接……"近日,青岛西海岸新区乡村振兴局收到了这样一封感谢信,信件右下角,是甘肃省陇南市武都区乡村振兴局火红的印戳。

志合者,不以山海为远。2016年起,青岛西海岸新区与陇南市武都区开展东西部协作,在产业合作、人才交流等方面深入对接,走出了一条产业协作、企业合作、项目带动的"造血"式路子。

一笔笔资金陆续投入,一个个项目落地实施,一项项民生实事惠及百姓……东西部协作6年多,青岛西海岸新区与武都区精心制定帮扶措施,签订帮扶协议,在完善协作机制、开展产业合作、实施帮扶项目、拓宽协作领域等方面做了大量务实有效的工作,取得了丰硕成果,实现了互惠互利、共赢发展。

### 碧海情深:顶格推动深化协作

来自大海的深情,从刚刚圆满完成挂职任务的青岛西海岸新区工信局正处实职干部、时任陇南市武都区副区长(挂职)隋俊昌身上最能体现。

"2019年10月,我被选派到陇南市挂职,担任武都区副区长,在两地党委、政府的坚强领导和青岛挂职干部工作组的关心支持下,我紧紧围绕东西部扶贫协作重点任务，当好协调员、宣传员、推销员、招商员和服务员，狠抓项目引进、消费扶贫和劳务协作等薄弱环节，为武都区打赢脱贫摘帽攻坚战贡献了一份力量。"在武都区，隋俊昌迅速扎根一线、深入调研、对症下药，在他的不懈努力下，肉兔养殖产业在武都区扎根壮大，青陇兄弟啤酒、时光油橄榄、满天红食品和五色玉农业等诸多产业项目纷纷落地……山的那边，陇货也开始涌入青岛——东西部协作服务中心在西海岸设立，500平方米的农特产品展示馆搭建了起来，陇南产品在新区展示销售有了重要窗口；青陇年货大集、武都区美食文化旅游节、陇南青岛啤酒节、特色产品消费扶贫展销会等节庆促销活动，不断提升着武都农特产品的知名度……

"两年时间，对我个人这是非常宝贵的一笔财富，我已经把自己当成陇南的一分子，陇南的发展，有西海岸的一份力量。"隋俊昌感慨。

隋俊昌的身后，是无数"娘家人"的支持。

"2021年是推动实现巩固拓展脱贫攻坚成果同乡村振兴有效衔接的第一年，也是东西部协作进入新阶段的开局之年，我们努力发挥优势、强化担当，打造东西部协作示范样板。"青岛西海岸新区乡村振兴局局长王鹏介绍，2021年，青岛西海岸新区进一步提高政治站位，创新战法打法，强势推进东西部协作重点工作事项落地，助力陇南市武都区乡村振兴。

2021年5月，青岛市委常委，青岛西海岸新区工委书记、区委书记孙永红带队赴陇南市武都区开展东西部协作考察工作，深入项目现场调研，召开党政联席会议，共同推动东西部协作工作向纵深开展；

2021年7月，时任武都区委副书记、政府区长的肖庆康带队来新区开展东西部协作考察工作，并召开东西部协作党政联席会议；

……

在东西部协作地区高层的对接下，在多次对东西部协作工作的研究部署中，2021年5月，青岛西海岸新区管委与陇南市武都区签署"十四五"东西部协作行动方案，明确两地协作目标及任务，与陇南市武都区进一步完善了工作机制，为各项工作的开展做好制度保障。

与武都区新签约项目 3 个，引导企业实际投资 6876.77 万元；与武都区共建 1 个产业园区；通过协作帮扶资金援建武都区帮扶车间 35 个，吸纳当地脱贫人口 962 人就业；推动消费协作，青岛西海岸新区采购和帮助销售武都区农产品 1.058 亿元……

根据部署，青岛西海岸新区与武都区全面深化协作模式，在产业协作、文化旅游、产业招商、生态协作等方面持续发力，创新合作模式，形成宽领域、多层次、全方位、多元化的战略合作格局。同时，两地还全面推进携手奔小康行动，目前青岛西海岸新区与陇南市武都区镇街结对 40 对、村村结对 38 对、村企结对 21 对、社会组织与村结对 11 对，在人员培训、资金支持等方面给予了帮扶支持。

### 青山回应：全面配合加强对接

在陇南武都，与青岛西海岸新区的东西部协作成果被大篇幅写进 2021 年重点工作报告。

"东西部协作，离不开青岛西海岸新区的鼎力支持，更需要我们的全力配合。"陇南市武都区乡村振兴局局长杨进宝表示，2021 年，武都区与青岛西海岸新区签订产业合作、劳务就业等 7 个框架协议，成立陇南电商平台青岛西海岸新区配送中心，全面加强与青岛西海岸新区的联系对接。

从无到有，肉兔养殖产业因符合武都区发展实际，成为两地开展东西部协作以来的一大亮点，也是实现由点到面全面发展的项目之一。

如何检验一个好项目？要看它是否能激活一个地区发展的内生动力，如"鲇鱼效应"般加速经济社会实现更快发展。对于武都区来说，由青岛西海岸新区康大集团援建的康大肉兔养殖产业项目便是一条拥有强劲生命力的"鲇鱼"。

在陇南市武都区坪垭藏族乡，一个规范化的肉兔养殖示范基地建于海拔 1100 米的山坳里，立足陇南市区位优势，背靠中国最大的肉兔消费市场——四川省，肉兔养殖产业初入武都区便得到迅猛发展。"西海岸新区帮助我们找准了肉兔养殖产业发展的路子，我们便以康大肉兔养殖基地为中心，向全区辐射带动五大区域，每个区域布设示范点 1~3 个，以点带面带动周边农户分散养殖，逐步建成专业化养殖村、养殖镇，形成一个龙头企业带动、全区布点联动发展的格局。"

武都区成立肉兔养殖工作专班，青岛西海岸新区选派技术员蹲点协助指导，各乡镇整合资源高效率建场布点，与康大建立合作关系凝聚强大合力……肉兔养殖产业现已发展成为两地东西部协作的典范。

2021 年，肉兔产业被列入鲁甘东西部协作"十四五"规划和西海岸帮扶的重点项目。目前，武都区拟建设 9 个示范养殖点，新建标准化养殖点 2 个、改扩建 7 个已全面开工建设。建成后，将新增兔舍 2400 平方米，改扩建 6500 平方米，引进种兔 8900 只，预计年出栏肉兔 40 万只，实现年产值 3400 万元。

全面努力下，2021 年，武都区安排整合资金 39035.65 万元用于农业产业发展项目，并在年初制定了《陇南市武都区劳务经济工作安排意见》《贯彻"六稳"措施开展劳务奖补的通知》，做实做细了服务保障、市场对接、劳务奖补等各项工作，全区 48 家扶贫就业企业吸纳务工人员 1241 人，其中脱贫户和边缘户劳动力 669 人。完成 2021 年"雨露计划"两后生职业技能学历教育培训 6454 人，发放补助资金 838.2 万元。加强消费平台建设和电子商务合作，通过电商推销，节会推销，窗口推销，主动出击开拓青岛等域外市场，全年农特产品实现销售额共计 1.058 亿元，超额完成目标任务。

### 山海相连：双向奔赴共续美好

之于西海岸新区和武都区，过去的协作成绩斐然，未来的协作序章仍在继续。

2021 年 12 月，青岛海发集团积极履行社会责任、践行企业担当，动员百年湾字号企业——南京同仁堂药业与武都区长实中药材种植农民专业合作社达成中药材专项合作协议。目前，首批采购 20 吨优质黄芪已顺利完成交接。

"这为武都区优质中药材走进更广阔的市场搭建了平台，又为东西部协作帮扶年度收官写上浓墨重彩的一笔。"青岛西海岸新区挂职干部、陇南市武都区乡村振兴局副局长潘江文表示，这种处处"应武都所需、尽新区所能"的帮扶担当，生动诠释了"山海万里路，青陇一家亲"的深厚情谊，也为接下来两地东西部协作奠定了基础。

"新的一年，我们要继续将东西部协作作为一项政治任务，根据2022年国家、省市关于东西部协作工作目标，与陇南市武都区认真分析、制订计划，发挥区域优势助力协作地乡村振兴。"王鹏表示，西海岸与武都，新的东西部协作规划已跃然纸上。

（记者　王雪）

来源：中国青年网

2022 年 1 月 24 日

### 陇南武都

# 东西部协作产业兴　山海携手情谊长

寒冬时节，万物萧条，走进青陇现代农业产业园温室大棚，却是一派生机勃勃的景象，粉紫的蝴蝶兰、红色的小番茄、翠绿的藤蔓映入眼帘，为这个冬天增添了"春意"。

蝴蝶兰生长于南方，花期长，易打理，又因其具有很高的观赏价值，深受群众喜爱。2021年，趁着东西部协作的东风，武都区统筹布局，对青陇现代农业产业园进行科学定位，使其充分发挥自身现代科技优势，从青岛西海岸新区农业高新技术示范区引进各类蝴蝶兰，结合现有完善的蝴蝶兰等花卉种植设施设备，进行花卉种植。目前，园区内蝴蝶兰已陆续上市。

"趁着东西部协作的东风，我们从山东引进了优质的蝴蝶兰苗木6万株左右，2.5寸的3万株、3.5寸的3万株，有大辣椒、锦绣山河、藏宝图等20余个品种。青陇产业园的智能温室给蝴蝶兰们提供了优质的生长环境，提供了足够的温湿度，使它们能够在这里健康茁壮成长。"青陇现代农业产业园工作人员张钰力说。

据了解，青陇现代农业产业园是2019年陇南市武都区抢抓东西部协作历史机遇，实现产业优势互补，引领全区农业产业快速发展，在借鉴绿色硅谷成功经验和先进技术的基础上，按照"高起点谋划、高标准建设、高质量发展，助力乡村振兴"的要求，在石门镇创建的规模化、标准化、专业化、集约化的现代农业产业园。按照"政府主导、企业运营"的机制，青陇产业园采用"公司＋合作社＋基地＋农户"的产业发展模式，累计带动农户695户，增加农户劳务收入122万元，切实提高了劳动技能，增加了群众的工资性收入。

"我以前没啥干的，就在家里待着。现在家门口有了产业园，我来这里干活，挣些工资补贴家用。日子越来越好，我们都很高兴。"青陇现代农业产业园工作人员赵张女说。

农业产业发展是实现乡村振兴的关键所在。自 2016 年东西部扶贫协作和对口支援施行以来，武都区与青岛西海岸新区密切协作，2017 年 8 月，两地签订东西部扶贫协作战略框架协议，携手促进市场互通，谱写优势互补、互惠共赢新篇章。如今的青陇现代农业产业园，已成为引领全区产业发展、助力乡村振兴、实现农业产业现代化的重要载体，在增收就业、引领示范、集成要素、驱动产业融合等方面发挥着重要的示范作用。

"园区物联网控制系统和水肥一体化系统全覆盖，目前培育了芥菜、油橄榄苗、蝴蝶兰、樱桃番茄、香菇等作物，带动周边群众入园务工 200 余人。下一步，我们将按照规划部署，对园区进行整体提档升级，助力更好地完成三大园区建设。"青陇现代农业产业园办公室主任杜金霞说。

（记者　程健　通讯员　石晨　赵振）

来源：中国甘肃网

2022 年 2 月 8 日

# 跨越千里的青岛支教"大男孩"

4月的岷山生机盎然。在甘肃省定西市岷县东城区幼儿园内，一个高大、阳光、帅气的身影在教室和操场间不停穿梭忙碌，格外显眼。孩子们围绕在他身旁，用欢声笑语表达着对这个远道而来"大男孩"的喜爱和依赖。

于新晓，青岛西海岸新区文化路幼儿园的一名教师。2021年，响应组织号召，怀揣支教梦的于新晓义无反顾报名参加东西部协作支教活动，跨越1770公里，成为甘肃岷县东城区幼儿园的一名教师，也成为该园第一位男老师。自此，他与这座西北小城和东城区幼儿园结下了不解之缘。

"一直有一个支教梦，如今梦想成真。"于新晓满足地说。来到陌生城市，于新晓并未感到寂寞。巍峨的山川、独特的风光和当地人浓浓的关怀，让这座西北小城很快成为他心中的第二故乡。

作为支教老师，于新晓自知肩负的责任，认真思考东部城市幼儿教育新路子嫁接到岷县的可行路径。尊重孩子，平等相处；给予孩子自主选择权利，调动孩子积极性，增强其自身满足感；信任孩子，提升其自信……日常教学中，于新晓用真情、真心、真诚逐渐与孩子们拉近了距离，慢慢了解了每一个孩子的性格特点和兴趣爱好，让许许多多良好的行为习惯在孩子们幼小的心灵深处牢牢扎下了根。于新晓把每一天和孩子们相处的感受、对教学工作的总结以日记的形式记录下来，作为自我成长和工作交流的重要借鉴，支教生涯"有声有色"。

"小于老师会的可多了，他和我们一起做游戏，给我们讲故事，我们都喜欢小于老师。"说起小于老师，岷县东城区幼儿园的孩子们争先恐后地夸。

"感谢青岷两地教育主管部门给我提供了一个这么好的平台，我将潜心研究融合课程理念，高质量完成支教任务，和东幼的老师、孩子们共同度过一段难忘的时光。"于新晓信心满满地说道。

志合者，不以山海为远。近年来，以东西部协作为契机，越来越多像于新晓一样的年轻人积极响应国家号召，奔赴岷县等偏远地区，他们进学校、进医院、进农村、进社区，用年轻一代的责任与担当，为当地的经济社会贡献着自己的一份力量。

（记者　刘艳杰　朱楠）

来源:《光明日报》客户端

2022 年 4 月 21 日

## 山海协作科技兴！

# 岷县完成机器人种牙手术

"手术很成功，创伤也小，邵主任带来的机器人种牙的技术，给我们患者带来了实实在在的实惠。"患者王少禹激动地告诉记者。

日前，在岷县人民医院口腔医疗中心，来自青岛的首席专家邵丹团队完成了一例口腔智慧种植机器人种植牙手术，成功为一名牙齿缺失的患者实施了种植体植入术。

这标志着人工智能技术正式进入岷县医疗领域，为全县实现智慧医疗服务迈出了坚实的一步。

岷县人民医院口腔医疗中心，是青岛—定西东西部协作示范项目。2021年，青岛西海岸新区援助岷县人民医院升级改造口腔医疗中心，派出以青岛西海岸新区中心医院口腔科主任、山东省级临床重点专科及青岛市B类重点学科的学科带头人邵丹为首的医疗团队到岷县开展医疗帮扶。

一年来，岷县人民医院口腔医疗中心开展了多项国内外前沿技术，如口腔颌面外科手术、计算机辅助的数字化导板种植技术、无牙颌种植即刻修复技术等，全面提升了岷县口腔医疗服务水平。

为进一步推动当地智慧医疗服务发展，日前，中心引进自主式口腔智慧种植牙机器人。据了解，自主式口腔智慧种植牙机器人是我国具有完全自主知识产权的高端智慧口腔医疗设备，该系统将手术设计软件、光学跟踪定位仪和机械臂操作平台三者统一，最大限度地提高了手术精准度。

为了顺利完成此次手术，邵丹带领团队进行了一个星期的术前准备，对种植体的大小、植入角度反复进行修改校对，并制作了带有定位功能的种植附件，最终确定治疗方案。

手术过程中，自主式口腔智慧种植牙机器人在医生设定的指令下伸出机械臂，充分了解患者牙槽骨和整体的口腔环境，并通过导航系统和光学跟踪定位仪构建三维空间，精准植入种植体，手术仅需十几分钟时间。手术将医生丰富的临床经验与机器人的精准定位充分结合起来，最大程度实现了微创精准种植，降低了手术风险，缩短了手术时间，提升了患者就医体验。

"下一步我们要通过培训，让更多医生掌握这项技术，让群众在家门口就能享受到目前最先进的口腔医疗服务。"邵丹说。

（记者　杨唯伟　通讯员　曲婷婷）

来源：新甘肃·甘肃日报

2022 年 6 月 7 日

### 青岛西海岸新区

# 建立更加高效便捷合作机制
# 推动对口帮扶协作落地落实

6月20日上午，青岛西海岸新区—陇南市武都区东西部协作工作联席会议召开。青岛西海岸新区工委副书记、区委副书记、区长王清源，武都区委副书记、区长张立平出席会议。

王清源对武都区考察团的到来表示欢迎，并介绍了青岛西海岸新区发展情况。他说，当前，新区正紧紧围绕市第十三次党代会赋予的"全面展现国家级新区特色风采，塑造综合实力展示区"的使命任务，精准聚焦实体经济，突出打造"5+5+7"重点产业体系，持续擦亮影视之都、音乐之岛、啤酒之城、会展之滨四张"国际名片"，推动更高质量发展，加快建设新时代社会主义现代化示范引领区。

王清源指出，武都区历史文化悠久，是"中国花椒之乡""中国油橄榄之乡"，也是中国最美生态宜居旅游名区，去年在甘肃省75个脱贫县党委和政府中获得综合评价"好"等次，在县级党政领导班子和领导干部推进乡村振兴战略实绩考核中获得"优秀"等次，干部群众抓发展干劲足、作风实，值得青岛西海岸新区学习和借鉴。近年来，武都区和青岛西海岸新区紧密携手，推动项目建设、用工务工、人文交流等各领域务实合作，取得了积极成效。2022年是党的二十大召开之年，也是两地协作发展的新起点，下一步，希望青岛西海岸新区和武都区在党中央及两地省委、市委的坚强领导下，进一步落实党政联席会议制度，对双方协作中的重要事项保持充分对接协商，建立更加高效、便捷的合作机制，进一步加大产业协作、劳务协作、消费协作、民间协作、干部交流的工作力度，推动对口帮扶协作落地落实。

张立平感谢青岛西海岸新区对武都区的支持和帮助。他说，自2016年底青岛西海岸新区与武都区建立协作关系以来，青岛西海岸新区坚决贯彻落实习近平总书记关于东西部扶贫协作重要指示精神，从协作扶贫、携手小康，再到乡村振兴，用实际行动诠释了青岛西海岸新区和武都区"山海万里路，青陇一家亲"的深厚情谊。武都区愿与青岛西海岸新区一道巩固脱贫攻坚成果，聚焦对接重点，拓展协作领域，携手乡村振兴，共同开启两地发展的新篇章。

会上，两地组织、商务部门还签订了人才交流、消费帮扶协议。

来源:《中国发展改革》

2022 年 6 月 22 日

## 甘肃武都

# 发展特色肉兔产业　助力乡村振兴

近年来，武都区部分乡镇根据乡村实际，积极培育发展肉兔养殖产业，把发展特色养殖产业作为引导群众增收致富的着力点，推动特色养殖向标准化、科学化、产业化发展，助力乡村振兴。

近日，甘肃省陇南市武都区枫相乡肉兔养殖示范基地喜迎第一批肉兔出栏，实现肉兔销售的"开门红"。

据了解，在巩固拓展脱贫攻坚成果同乡村振兴有效衔接的过程中，武都区部分乡镇根据乡村实际，积极培育发展肉兔产业，把发展特色养殖产业作为引导群众增收致富的着力点，持续深化政策引导，积极构建现代化养殖体系，推动特色养殖向标准化、科学化、产业化发展，助力乡村振兴。

合作社相关负责人尹江平表示，该示范点拥有种兔620只，第一批出栏肉兔2300只，肉兔毛重每斤10元左右，一只肉兔50元左右，预计收入12万元左右。按现在养殖情况看，到年底，还会有3批肉兔出栏，肉兔养殖收入可观。此外，武都肉兔得到了四川、重庆等地客商的认可，肉兔产业发展态势持续向好。

武都区相关负责人表示，武都区将助力适宜发展肉兔产业的乡镇打造肉兔优势产业、特色产业和支柱产业，因地制宜结合实际地向"产业兴旺"发展，由此可助推其他产业共同发展、城乡经济均衡发展，促进乡村振兴战略全面实施和高质量城乡融合发展。

此外，相关业内人士表示，武都区相关部门应通过组建专门机构，规范肉兔生产、加工、销售、品牌管理等职责。同时可加强对兔产品的宣传和推广，丰富兔产品的销售方式和渠道，挖掘更多消费群体。充分借助互联网营销的力量，立足特色优势农业创新农产品产销模式，不断更新强化宣传推广策略，打造与兔直接或间接相关的网红商品，不断扩大产品知名度，持续加强武都肉兔品牌优势，增大其市场份额。

武都区乡村振兴局相关负责人表示，下一步，武都将持续推进乡村振兴战略，鼓励农户大力发展生态养殖产业，降低养殖成本，改善整体养殖环境，提高动物养殖肉质，推进乡村振兴又好又快发展，让更多的群众增收致富，过上更幸福的生活。

（记者　曾喆）

来源：《新华财经》

2022 年 7 月 28 日

# "千年药乡"来了青岛医生

青岛定西东西部协作工作开展以来，青岛市西海岸新区充分发挥自身优势，对岷县医疗卫生工作在人才、资金、技术等方面都给予了大力帮助和支持，先后派出 6 名医疗卫生专家开展医疗帮扶。安无可就是其中一员。

安无可毕业于哈尔滨医科大学临床医学专业，是青岛西海岸新区区立医院骨科副主任医师。从事骨科专业工作 17 年的他，曾获得青岛市级科技进步奖两次，擅长关节镜下膝踝肩关节运动损伤的诊断与修复，对骨科常见疾病、创伤的诊治颇有心得……

扎实的理论功底、丰富的临床经验，让安无可对于医疗帮扶工作信心十足。

2021 年 8 月，安无可到达岷县后，迅速下沉到岷县中医院急诊创伤中心。在短期内克服了水土不服和语言差异等障碍后，迅速进入工作状态。

他坚持每天按时查房，每周门诊坐诊 2 次，至少进行一次教学查房，其精湛的医术和严谨的作风，深受当地医护人员好评。

一年来，安无可主刀及指导各类手术 120 余台次，协助完成会诊及疑难病例讨论 5 人次，开展新技术手术 2 项，其中锤状指畸形弹性克氏针固定技术为定西市首例，填补了定西市在这一领域的空白。

授人以鱼不如授人以渔。在有限的时间内，从"输血"变成"造血"，打造一支"带不走的医疗队"是医疗帮扶工作的关键。

对此，安无可坚持每月进行临床教学授课一次，累计带教人数已经超过 90 人次，在全院及支援科室内开展公开课形式的培训，共计培训 300 余人次。

"你们一定要多学多看国内外先进文献，及时更新知识储备。作为一名外科医生，千万不能故步自封，要对所做的每一台手术进行分析，找到优缺点，快速提高自己的技术水平。"在查房和带教时，他经常对年轻医生传授经验。

在临床工作中，安无可特别注重对患者及家属进行宣教，在增强医患交流、沟通感情的同时，提高群众防病、治病意识。

此外，安无可与其他支援同事在全县 18 个乡镇开展新冠疫情防控与院感管理培训，共培训医务人员 400 余人次，助力提升全县医疗机构院感防控工作水平和医务人员个人防护能力，受到了大家的一致好评。

山海情，一家亲。一年的医疗帮扶工作即将到期，安无可学会了岷县方言，喜欢上了岷县美食，着迷于岷县的各种传统文化。这位千里之外来的青岛医生，把坚实的足迹深深地印在"千年药乡"，也印在了岷县人民心里。

（记者　杨唯伟）

来源：新甘肃·甘肃日报

2022 年 8 月 10 日

# 青岛西海岸新区医疗帮扶定西岷县

# 山海情深两相知

**中新网甘肃新闻 8 月 15 日电** 东西部协作对口帮扶工作开展以来，青岛市西海岸新区对岷县医疗卫生工作在人才、资金、技术等方面都给予了大力帮助和支持，同时，还先后派出 6 名医疗卫生专家来到"千年药乡"岷县开展医疗卫生领域对口帮扶。

2021 年 8 月 20 日，根据国家、省市对口支援和东西部协作工作部署，对口协作单位青岛市西海岸新区区立医院专家团队 3 人来到岷县中医院，落实东西部协作医疗帮扶工作，骨科专家、副主任医师安无可就是他们当中的一员。

安无可毕业于哈尔滨医科大学临床医学专业，现为青岛西海岸新区区立医院骨科副主任医师。转眼间，安无可支援岷县医疗工作已经快一年了。在这期间，他牢记职责、不辱使命，把岷县当作第二故乡，用心用情帮扶，全心全意服务，把坚实的足迹深深地印在这片红色沃土上，也印在了岷县人民的心里。

到达岷县后，安无可主动请缨，迅速下沉到岷县中医院急诊创伤中心。在短期内克服了高原反应、水土不服和语言差异等不利因素，迅速进入工作状态。他坚持每周门诊坐诊 2 次，坚持每天按时查房，每周至少进行一次教学查房。他的精湛医术和一丝不苟的严谨作风，深深影响了身边的医护人员，大家建立了深厚的友谊，岷县中医院骨科也有了长足发展。

一年来，安无可亲自主刀及指导各类手术 120 余台次，协助完成会诊及疑难病例讨论 5 人次，开展新技术手术 2 项，其中锤状指畸形弹性克氏针固定技术为定西市首例，填补了定西市在这一领域的空白。

安无可十分注重人才培养，总想着让医疗帮扶从输血变成造血，提升岷县整体骨外科医疗能力和水平。他查房和带教时经常对年轻医生说，"你们一定要多学多看国内外先进文献，及时更新知识储备。作为一名外科医生，千万不能故步自封，墨守成规，要对所做的每一台手术进行分析，找到优缺点，快速提高自己的技术水平。"

他还坚持每月进行临床教学授课一次，累计带教人数已经超过 90 人次，在全院及支援科室内开展公开课形式的培训，共计培训 300 余人次。

安无可宣教的对象不仅有医务人员，还包括患者和家属。他在临床工作中特别注重随时对患者及家属进行宣教，一方面增强医患交流、沟通感情，另一方面增强群众的健康知识及防病、治病意识。

来源：中新网甘肃发布
2022 年 8 月 15 日

# 鲁甘科技合作为甘肃岷县群众健康护航

在甘肃省岷县人民医院大楼的墙面上，"青岛定西东西部协作项目——口腔医疗中心" 17 个大字格外醒目。楼内，原本陈旧的口腔科焕然一新。

近日，记者从该县科技局了解到，邵丹是山东省省级临床重点专科学科带头人、硕士研究生导师、青岛西海岸新区中心医院口腔科主任。2022年 5 月，在多方协调努力下，"邵丹名医工作室" 在岷县人民医院揭牌成立，工作室有口腔科专业医护人员 7 名，能够开展种植牙、牙体牙髓治疗、儿童牙病治疗、各类缺失牙修复、口腔正畸、口腔颌面外科等多项业务，月接诊患者可达 600 余人次。

工作室成立之后，邵丹团队完成了甘肃省首例口腔智慧种植机器人种植牙手术，成功为一名牙齿缺失的患者实施了种植体植入术，标志着人工智能医疗技术正式进入岷县医疗领域，同时也为全县实现智慧医疗服务迈出了坚实的一步。手术过程中，自主式口腔智慧种植牙机器人首先充分了解患者牙槽骨和整体的口腔环境，然后在医生设定的指令下伸出机械臂，通过导航系统和光学跟踪定位仪构建三维空间，精准植入术前设计位点，整个手术仅用时十几分钟。

据了解，自主式口腔智慧种植牙机器人是我国高端智慧口腔医疗设备，该系统将手术设计软件、光学跟踪定位仪和机械臂操作平台三者统一，大大提高了手术精准度。

"没想到这么快！我这个手术非常成功，而且创伤非常小，自我感觉也是非常不错的。"接受治疗的患者王先生说。

"我们既然来帮扶，不能简单地给老百姓看看病、做做手术就走了。"邵丹说，他想开拓一条新的思路，把单纯的技术帮扶扩大到学科帮扶上，提高岷县及甘肃南部地区口腔医学学科的整体发展水平。

　　一年多来,邵丹团队开展了多项国内外前沿技术,如口腔颌面外科手术、计算机辅助的数字化导板种植技术，无牙颌种植即刻修复技术，上颌窦内、外提升技术，前牙自体骨移植、CGF植骨技术等。

　　此外，青岛方面还将定期选派专业医护人员来岷开展颌面外科、口腔种植、热牙胶根管充填、显微根管治疗技术、自锁托槽矫正、隐形矫治、儿童舒适化诊疗、儿童口腔疾病预防等多种项目培训，力争在三年内建成岷县人民医院口腔医院，全面提升岷县口腔医疗科技服务水平。

（记者　颉满斌　通讯员　尹万才）

来源:《科技日报》

2023年2月6日

部署早　措施实　保障优

# 不断做实做细东西部劳务协作工作（摘抄）

今年以来,全省各级各部门深入学习贯彻党的二十大精神,按照党中央、国务院关于就业工作决策部署和省委、省政府工作要求,坚决扛牢政治责任,以需求为导向,以脱贫人口就业增收为重点,以精准服务和精准施策为抓手,不断探索新路径、新渠道,持续深化鲁渝、鲁甘劳务协作,扎实开展"春暖返岗"服务行动,高质量做好劳务输转工作。

技能增收型模式。引进龙头企业运用现代经营理念、先进技术设备赋能农业生产,加强农民种养殖技能培训,实现科技和农业相结合、企业与农户相结合,既有效推动农业生产规模化、集约化发展,又吸纳农民就业,增加工资性收入。青岛西海岸新区引进山东寿光蔬菜产业集团,在定西市岷县维新镇建设鲁甘黄河经济带智慧农业产业园,双方签订生产运营合同,使当地群众得到培训掌握种植管理相关技术,并承担外围运输装卸等工作。新的栽培技术充分填补岷县冬季蔬菜供应短板和种苗繁育空白,保障民生的"菜篮子",辐射带动附近镇村蔬菜发展和技术培训。产业园建成后,预计每日用工量 50 人左右,每人每月稳定收入约 3000 元。

来源:《山东省对口帮扶工作简报》2023 年第 7 期

2023 年 2 月 10 日

## 牙医邵丹

# 千里赴岷真帮扶　山海情深保健康

**新华社客户端甘肃频道2月12日电**　春节刚过，青岛市黄岛区中心医院口腔科主任医师邵丹一行来到甘肃省定西市岷县人民医院。春节期间，邵丹一直牵挂着岷县的病人，一年多的对口帮扶工作，使他与岷县人民结下了不解之缘。

初到岷县，他在接诊患者的同时，对岷县口腔医疗服务能力、需求、医疗资源与技术水平、人才队伍等方面进行了深入调研。通过调研，他建议将岷县人民医院口腔科进行升级改造，在他的直接参与和相关部门的大力支持下，岷县人民医院口腔科已成功改造为岷县人民医院口腔医疗中心。2022年5月，定西市首家口腔科名医工作室——"邵丹名医工作室"在岷县人民医院挂牌成立。

科室使用面积由原来的50平方米扩建为600平方米，从以前的"四个人两把椅子"发展到现在的12台牙椅、门诊标准口腔手术室、放射、麻醉等配套设施设备一应俱全，能开展种植牙、牙体牙髓治疗、牙周病治疗、口腔黏膜病治疗、儿童牙病治疗、各类缺失牙修复、口腔正畸和口腔颌面外科等多种业务。

一年多来，在邵丹主任的精心指导下，口腔医疗中心引进了多项国内外前沿技术。如甘肃省首例机器人种植牙手术、口腔颌面外科手术、数字化导板种植技术，无牙颌种植即刻修复技术，上颌窦内、外提升技术，前牙自体骨移植、CGF植骨技术。

除了在业务技术方面传帮带以外，邵丹还将西海岸新区中心医院口腔科"以德待患、以技取长、以质为本、以信服人"的服务理念，"微创无痛"的服务特色，通过言传身教带到了岷县人民医院口腔医疗中心。邵丹说，通过建立"数字化、精细化、精准化、舒适化、微创化"的口腔医疗体系和医疗服务体系，他们力争在最短时间内，打造出全县口腔医疗技术、设备最为先进的口腔诊疗中心，培养一支专业化的口腔医疗团队，更好地为群众口腔健康服务。

这样的变化已是前所未有，但对于邵丹来说，他还有更高的目标。他计划在 2023 年建成岷县第一家口腔专科医院，成为岷县乃至甘肃南部地区的口腔医疗中心，让岷县人民口腔疾病治疗不再异地求医。

来源：新华社

2023 年 2 月 12 日

# 鲁渝、鲁甘实施"东产西移"工程助力协作地产业提档升级

　　山东省积极实施"东产西移"工程，助力重庆、甘肃产业发展，变"资金输血"为"产业造血"。培育发展特色农业，实施优质品种"西移"，为协作地引进优良果蔬品种和特色畜禽品种 60 多个。发挥园区集聚效应，实施优势企业"西移"，与协作地携手共建产业园区 50 个，引导 314 家企业落地，实际投资额 84 亿多元。提升产业科技含量，实施人才技术"西移"，每年选派 300 多名科技人员开展"组团式"帮扶，实施"百名科技特派员走进协作地"等系列活动，有力促进协作地产业发展。

　　山东省深入学习贯彻习近平总书记关于东西部协作工作的重要指示精神，坚定扛起东西部协作重大政治责任，把产业协作作为工作重点，以强化组织领导为牵引，坚持上下联动、部门协同、前后合力，扎实开展"鲁企业走进协作地"等系列活动，大力实施"东产西移"工程，变"资金输血"为"产业造血"，极大地促进了协作地产业发展。截至目前，共引导 458 家山东企业到重庆、甘肃协作地投资兴业，实际落地投资金额 105.16 亿多元。

## 一、培育发展特色农业，大力实施优质品种"西移"

　　山东是农业大省，农业品种资源丰富，品系数量众多。借助这一优势，山东坚持把帮助引进优质种养殖品种，发展协作地特色农业作为切入点，助力协作地富民强县，持续促进农民增收。成功向重庆、甘肃协作县（区）引进农林畜禽水产种类 24 大类 120 多个品种。比如，针对重庆当地马铃薯品种个头小、外观差、产量低的实际，从"中国马铃薯之乡"枣庄滕州选

择优质适宜品种，在丰都建设 1.85 万亩马铃薯基地，引进 10 多个脱毒马铃薯新品种，亩产是当地品种的 2.6 倍，亩均增收约 5000 元，惠及 5.8 万农户，演绎了一部"小土豆催生大产业"的"西游记"。酉阳是贡米之乡，传统种植模式链条短、附加值低，东营市帮助引进黄河口大闸蟹，推广"蟹稻混养"技术，在黑水、小河、涂市等 9 个乡镇建设稻田综合种养示范基地 2600 余亩，每亩增收 1.2 万元，惠及农户 1054 户 5268 人，其中脱贫户 227 户 908 人。济南在临夏市利用齐鲁工业大学先进技术，引进蟠桃、羊肚菌等高端农产品，直接带动 300 多名群众就近就业，实现人均增收 3000 余元。青岛在陇南武都区建设自动化肉兔养殖基地，投产后年出栏量 50 万只，年产值可达 3000 万元，弥补西北地区肉兔养殖业短板，填补了陇南肉兔市场空白。青岛在定西建设标准化奶牛养殖项目，投产后，奶牛饲养规模为 6000 头，年产鲜奶 28000 吨，年产值可达 6000 万元，该项目为定西市最大的奶牛养殖项目。截至目前，山东结合当地资源优势，先后为协作地引进烟台大樱桃、莱阳秋月梨、"烟薯 25 号"等优良果蔬品种和汶上芦花鸡、微山湖"四鼻鲤鱼"、莱芜黑猪等特色畜禽品种达 56 个，有力壮大了协作地特色农业产业，促进了农户增产增收。

### 二、发挥园区集聚效应，大力实施优势企业"西移"

产业园区是集聚当地产业发展的重要载体。近年来，山东按照"筑巢引凤"的思路，通过在协作地建设产业园区，积极搭建东部产业梯度转移平台，引导东部企业入驻，提升协作地产业造血功能。比如，青岛在贵州安顺投资 10 亿元，建设占地 400 亩的青安产业园，吸引宏达塑胶、青岛食品、熊猫精酿、绿野芳田等 10 余家山东企业入驻。在陇南市建设青陇工业产业园，引进利和萃取、青岛佳一、鑫源环保等 5 家企业入园。济南在临夏永靖县投资 4000 余万元建设农业产业园，建成 240 多座高效节能日光温室，年收益可达 5086 万元。枣庄在丰都县建设优质高山蔬菜（水果）产业园，拥有高山蔬菜育苗工厂 2 座、商品化处理及集散中心 2 万平方米、标准化种植基地 17 个，年产优质高山蔬菜 8000 万斤，产值近 1 亿元。2022 年新招引 144 家山东企业落地重庆、甘肃，实际完成投资 21.16 亿元。目前，仅在甘肃定西落地的亿元以上项目就达 13 个。基本实现产业园区或农业、文旅产业园区（基地）在协作区县实现全覆盖。

### 三、提升产业科技含量，大力实施人才技术"西移"

科技、人才是促进产业发展的增长极，山东坚持把科技赋能、人才赋能作为产业协作的重要支撑。每年选派近 300 名各类专业技术（科技）人才，到协作地开展"组团式"帮扶。比如，实施"百名科技特派员重庆行"，组织农技人员到重庆 22 个农业科技园区开展科技合作。利用山东高校、科研院所技术和人才优势，在重庆设立现代农业博士工作站，引进 6 个博士创新团队、34 名专家，开展水果深加工、野生食用菌驯化栽培等工作，研发新产品，拉长产业链；开发的巫山脆李酒，量产后每亩增收 350 元左右，全县果农可增收 3700 余万元。累计向协作地转移实用技术 336 项。比如，帮助重庆攻克了号称十字花科蔬菜"癌症"的高山蔬菜"根肿病"；引入山东中蜂养殖实用技术，使重庆当地中蜂蜂蜜产量提高 10% 以上。打造"鲁渝协作·工业互联网矩阵"，援建智慧园区公共服务平台 7 个，累计吸引 350 家企业"上云"共享产业资源，拓展企业销售渠道。帮助陇南引进青岛卡奥斯工业互联网平台智慧农业项目，推动大数据、云计算、物联网与油橄榄特色产业深度融合，培育形成智慧农业产业，为陇南产业兴旺和乡村振兴注入新动能。

### 四、打造乡村振兴示范，大力实施齐鲁样板"西移"

打造乡村振兴齐鲁样板，是习近平总书记对山东的殷殷嘱托，山东不断探索创新，帮助协作地打造乡村振兴和文旅示范基地。比如，在重庆市石柱县华溪村、丰都县莲花洞村植入淄博"中郝峪模式"，整合当地旅游资源，注资成立旅游开发有限公司，对运营人员进行统一培训，对农家乐经营实行统一管理，提升了接待能力和运营水平。目前，华溪村节假日平均每天接待游客 3000 余人次。借鉴烟台"村党支部领办合作社"经验，在巫山县金坪乡等 5 个乡镇 16 个村，推广"村党支部引领、合作社负责、村民入股、集体经济和村民共收益"发展模式，农户、村集体和合作社按 631

的比例入股，实现村集体、合作社、农户共赢，提升了乡村振兴产业发展活力。济南在协作地推广三涧溪村"抓党建、抓产业、抓环境、抓人才、抓文化"经验，大力实施人才培养、环境改造提升、产业融合发展、基础设施建设工程，先后在重庆武隆、甘肃临夏打造了一批乡村旅游示范点和文旅基地；农村整体面貌焕然一新。截至目前，在重庆、甘肃累计投资近30亿元，建设乡村振兴示范村（点）近百个，有力助推了协作地乡村建设提档升级。

来源：国家乡村振兴局微信公众号

2023 年 3 月 3 日

# 小肉兔"蹦"出大产业
# 拓宽群众致富路

记者在武都区康大肉兔养殖场看到，兔舍里一排排兔笼排列整齐，一只只肥壮的肉兔正在悠闲地吃喝、打盹儿，兔笼下的履带正不断转动将粪便传送出去。与以往传统养殖场不同的是，这里干净明亮，丝毫闻不到臭味儿。

工作人员穿梭在兔笼间，一边检查兔子的生长情况，一边认真做好记录。据了解，这里的兔舍配套有自动供料和饮水系统、自动消毒防疫系统、温控系统、自动清粪系统等，可自动检测舍内温度、湿度、氨气浓度，为实现肉兔养殖规模化、标准化、工厂化提供了有力保障。

2019年由区委、区政府引进山东青岛康大兔业有限公司联合兴建的养殖示范项目，目前是陇南乃至甘肃最大的自动化肉兔养殖场。目前，存栏种兔10820只、商品兔75300只，肉兔发展速度快，带动群众增收致富成效明显。

乡村振兴产业是关键。武都区各乡镇大力支持、鼓励农户自主发展产业，肉兔养殖投资少、风险低、见效快。不少群众开办了家庭农场，并带动了周边农户养殖的积极性，凝聚了闲散劳动力就近就业。

2020年，在外务工的孙金强在网上及村干部的宣传中得知返乡创业有政策支持，考虑到打工不是长久之计，为尽早实现自己的创业梦，孙金强选择返乡，通过参加区、镇组织的肉兔养殖培训学技术，随后又前往四川、山东实地考察后，用自己打工和家里多年种植花椒攒下的钱在安化镇曾街村开辟出一块场地修建大棚，开始摸索着养殖肉兔。

创业之初，孙金强在肉兔的品种、资金、管理、喂养等方面都面临过许多困难，但是他始终坚信方法总比困难多，秉着谦虚、谨慎、向上的态度，他也多次求救过好多亲朋好友，多次邀请肉兔养殖专家亲临自己的基地现场传授经验。经过一年多的时间，吃苦耐劳的他很快就掌握了养殖肉兔的技术。

孙金强说，种兔繁殖能力强，一年可产 7 次，每窝 7~10 只，兔子生长周期短，从出生到出栏仅需 3 个月时间。目前，养殖场有 1500 只种兔，可实现不间断出栏的循环模式，孙金强的肉兔养殖规模也从最初的 1000 余只发展到现在年出栏量 6 万只左右，销售方式主要以线下为主，大多肉兔出栏后发往四川，部分是在当地市场、餐馆以及个人购买，肉价零售是 12 元每斤，每季度能销售 1 万余只，盈利 25 万元左右。

目前，全区各养殖点全面投产运营后，年出栏量达 100 万只，年推广优质有机肥 2000 吨，预计年产值达 11600 万元，年分红 600 万元用于群众发展后续产业。

（通讯员　赵振）

来源：中国甘肃网

2023 年 5 月 10 日

## 陇南市武都区

# 东西部协作产业兴

初夏时节，武都区石门镇青陇现代农业产业园内，一排排智能温室、连栋大棚、育苗日光温室排列得整整齐齐，在阳光下熠熠生辉。大棚内，农户们施肥、除草、育苗、浇水，忙得不亦乐乎；位于白水江畔的文县即墨现代农业产业示范园里，红彤彤的圣女果、翠绿的黄瓜等新鲜蔬菜，吸引众多游客前来体验采摘乐趣；成县红川镇的甘肃暖山农业科技有限公司叶黄素提取车间和青岛利和萃取陇南生物萃取车间里，工人们开足马力进行生产……这些都是青岛与陇南深化东西部协作结出的累累硕果。

自2016年中央确定青岛市结对帮扶陇南市以来，两市充分发挥各自优势，始终把产业合作作为东西部协作的根本之策。青岛市积极开展"引企入陇"行动，共引导72家企业到陇南投资兴业，累计投入资金13.3亿元。陇南市各县区结合实际，积极推进"一县一园"，打造文旅、农业、物流、工业等类型的产业园，大力引导东部资金、技术、人才、市场向共建园区集中，目前已建产业园区13个（其中农业产业园区10个），引导入园企业17家，解决了大量当地群众就近就业，辐射带动周边群众持续增收。自东西部协作工作开展以来，青岛市拿出"真金白银"倾力帮扶，援助资金连年增长，2017年至今，累计援助陇南协作资金33亿多元。

跨越千里，山海情深。如今，来自青岛的资金、技术、人才、理念，正在源源不断地向陇南输入，东西部协作的种子已在陇南大地落地生根、开花结果。

（记者　冉创昌　李旭春）

来源：每日甘肃网

2023年5月18日

甘肃岷县

# "三强化"促教育人才、"组团式"帮扶

**本网讯** 近年来，甘肃岷县抢抓教育人才"组团式"帮扶机遇，用活用好帮扶教育人才资源，推动受扶学校管理、教学水平有效提升。

强化组织引领。本着"立足当地，主动出击"的原则，积极争取地方组织部门、教育行政部门的全方位支持。自2022年9月以来，岷县县委、县政府将"组团式"帮扶工作放在全县大局中谋划推进，成立了由县委主要负责同志为组长的"组团式"帮扶工作议事协调领导小组，并由党政主要领导带头联系帮扶校长，其他县级领导结合分工联系帮扶队员，通过看望慰问、谈心谈话、召开座谈会等方式，加强同帮扶人员的沟通联系，协调解决其生活、工作中存在的困难问题。先后开展联系活动10余场次，统筹安排帮扶人员住宿、办公场所，落实差旅费报销、探亲、休假等制度，并参照岷县同级同类人员为教育帮扶团成员落实艰苦边远地区津贴4.936万元。

强化头雁引领。帮扶团队在岷县县委、县政府的大力支持下，依托青岛西海岸新区致远中学、兰州一中等优质资源，充分发挥"组团式"帮扶人才"领头雁"示范榜样作用，11名帮扶团队成员充分运用自身专业、管理等优势，积极主动参与到帮扶学校管理、教育教学实践及改革之中，在课堂教学、教育科研、高考备考、学科建设、年级管理、文化重塑等方面发挥引领、带动作用，实现"输血"与"造血"的有机统一。到目前为止，帮扶团队先后5次与教育部组团式帮扶专家委员会确定的指导学校进行线上教研活动，结对帮带培养青年教师12名，分批次选派41名骨干教师赴

青岛市西海岸新区致远中学等帮扶学校学习交流。

强化目标引领。紧盯教育教学质量提升要求，研究制定《岷县教育人才"组团式"帮扶岷县第二中学工作方案》，细化完善各阶段实现的目标任务和推进措施，为后续工作开展打下了坚实基础。开展公开课示范教学、学生指导讲座等70余次，举办教育培训专题报告17场次，修订完善学校管理制度6项，推动学校先进教育理念、管理经验和教学模式的转变和发展。积极争取帮扶资金，衔接青岛西海岸新区教育局向岷县第二中学捐赠资金25万元，建成校园广播电视台1个，资助贫困学生100名，在高一新生中组建"致远班""为明班"等特色帮扶班级2个。同时，争取东西部协作资金177万元，用于岷县第二中学智慧校园建设。

（通讯员　冯小强）

来源：中国组织人事报新闻网

2023年6月15日

# 青山一道同明月，晓窗共与读书灯！
## ——青岛西海岸新区民营企业向甘肃捐赠 30 万元图书

6 月 21 日，装在写有"青山一道同明月，晓窗共与读书灯"的纸箱里的 12000 余册图书，在青岛西海岸新区装车入仓，将在数天后运抵甘肃岷县、武都两地。

一边是波澜壮阔的大海，一边是连绵不绝的群山，相距近 2000 公里的甘肃陇南、定西与青岛西海岸新区，因东西部协作而结缘。

近日，由青岛西海岸新区工商联（民发局）发起，民营企业家参与的"情暖西部·青书筑梦"公益捐书活动，三周内捐献图书超万册，这一活动充分体现了民企力量和民企担当。

### 一个念头，扇起了一阵风

乡村振兴，既要塑形，也要铸魂，文化振兴便是乡村振兴的"魂"，教育帮扶是乡村振兴工作的大计，是阻断贫困代际传递的根本之策，如何将"输血"变为"造血"，充分发挥教育的先导性作用？

"东西部协作并非简单资金及物资帮扶，要注重教育、精神引导，用图书来代替物资，持续为甘肃岷县、武都两地群众丰富精神文化生活，传递书香爱心。"青岛西海岸新区工委统战部副部长、工商联党组书记毕雷鸣在会议上向大家提出倡议，以书为媒，用行动来践行最有效、最直接、最长远的精准帮扶。

捐书念头萌芽后，大家积极响应，一本本图书汇聚成一座座小山，涵盖经典名著、现代文学、儿童文学、自然科学、社会科学等类别，内容丰富，能够满足不同年龄段居民的阅读需求，使图书循环流转，实现共享阅读，让书香飘进每一个地方，将文化服务的触角延伸到每一个角落，进而带动更多社会资源向西部地区流动。

据了解，早在今年 3 月，"捐书风"已在青岛西海岸新区工商联萌芽。

为进一步振兴乡村教育文化事业，青岛西海岸新区工商联（民发局）组织全体机关干部开展图书捐赠仪式，为对口帮扶村宝山镇高城村捐赠图书近 1000 册，捐一缕书香，献一片真情，进一步丰富村民阅读体验，满足村民精神文化需求，营造更广阔的阅读空间。

翻书越岭，共沐书香，从高城村到甘肃定西、陇南，青岛西海岸新区工商联把东西部协作和对口支援工作作为重点任务之一，充分发挥桥梁纽带作用，不断适应形势变化，深化协作帮扶，从教育入手，以图书为抓手，实打实地推进协作开发、惠及贫困群众，帮扶力量跨越上千公里，实现对口帮扶由"输血"到"造血"的有效转变。

### 一封倡议书，带动了一群人

"我们坚信，在广大商会会员和总商会执委的积极参与下，我区东西部协作与对口支援工作必将掀起新一轮热潮，我们衷心感谢您的热心贡献！"今年 5 月，在青岛西海岸新区工商联商会改革发展交流会上，区非公有制经济组织综合党委副书记刁璐璐向新区 56 家商会及广大新区民营企业家发出"情暖西部·青书筑梦"倡议书的最强音。

"女企业家商会捐赠 1541 册图书。""高级工商管理商会捐赠 1376 册图书。"……

立足"联"的特点，彰显"联"的优势，发挥"联"的作用，在东西部协作的大棋局下，青岛西海岸新区工商联汇聚多方力量，自上而下，从落实方案、发出倡议到组织捐赠、图书打包、快递运输等全流程环节，大家积极协调配合，充分发挥"民企力量"，历时 3 个周天，参与近 300 家民营企业和个人，捐赠图书 12000 余册，总价值近 30 万元。

其中，青岛三信包装科技有限公司作为工商联的执委企业，在得知这一消息后，积极行动主动送上 400 余个纸箱用于捐赠图书打包装箱。"事虽小，但意义重大，能够为东西部协作送上绵薄之力，给予一些关心和帮助，是件高兴的事。"总经理丁文信表示。

包装好后，便是运输。青岛西海岸新区物流商会以"真情实意"推动东西部协作对口支援"再升级"，利用自身优势，积极协调物流运输，为东西部协作做好收官助力。

全方位、多层次、宽领域，这是新区工商联推动东西部协作对接的一个缩影，依托新区的资源禀赋，加强与甘肃陇南、定西对口支援，为其送去图书、教育，送去东风、好风，送去更多帮扶力量，以更大决心、更大力度，推动东西部扶贫协作向着更精准、更深入、更务实的方向迈进，集中力量、集中资源，办好一件件暖心事。

### 一个口号，联动了两地情

在共同富裕赶考路上，两地如何共谱山海情，优势互补助推高质量发展？

"青山一道同明月，晓窗共与读书灯。"由青岛市民营企业协会会长、瑞源控股集团有限公司党委书记、董事长于瑞升书写的寄语联动两地之情，附在了厚重的图书之上。

山海情深，合作共赢。如今的陇南、定西已成为青岛西海岸新区产业发展的重要战略支撑地。自开展东西部协作以来，青岛西海岸新区和陇南、定西强化发展定位，精准对接双方资源禀赋、产业结构、资源优势和市场需求，不断加大两地经贸往来、人才交流、产业合作、社会帮扶等力度。

献力"东西部协作"，一批来自新区的民营企业正在一线持续探索与奋斗着。

据统计，从 2022 年开始，截至目前，新区工商联共组织民营企业赴甘肃陇南、定西对口地区开展考察活动 7 次，考察企业近 20 家，落地 1 个帮扶项目，3 个项目正在推进中，投资金额超 1000 万元。

不仅如此，新区工商联还积极鼓励广大民营企业把自身需求与陇南、定西多元需求有机结合起来，为其解决最急需、最紧迫的问题。譬如，新区工商联引导执委企业水发晟启（山东）控股有限公司通过与甘肃岷县建设投资项目的方式，进行点对点产业和乡村建设帮扶，实施和推进分布式光伏项目；再如，省百强民企康大集团与武都区畜牧局就武都区肉兔区 17 个乡镇 23 个肉兔示范养殖场的标准化、养殖技术服务进行对接和帮扶指导，扶到点上、扶到根上，为当地群众带去了实实在在的实惠，着力增强其自我发展能力，完善基础设施、优化产业布局，让先进技术、产业、资本、人才等在陇南、定西"生根发芽""开花结果"。

（记者 牛京帅 葛彦君）

来源：大众网

2023 年 6 月 21 日

## 甘肃岷县

# 甘鲁"协作之花"多彩绽放

青岛市西海岸新区和岷县，相距 1770 公里，因东西部协作情谊相识相知，紧密携手，成为共同奋斗的"一家人"。

从产业扶持到教育提升，从消费帮扶到劳务输转，青岛市西海岸新区全方位、多角度、用真情、出实招支持帮扶岷县。

乡村振兴关键在产业振兴。岷县坚持把产业发展作为东西部协作工作的最大结合点，以农牧业振兴发展、文旅融合发展、现代服务业集聚发展为主要支撑，紧盯中药材、猫尾草、黑裘皮羊、高原夏菜等特色产业，不断发展壮大特色优势产业。今年先后实施了十里镇高原蓝莓产业示范园项目、西岷食品产业园项目、猫尾草草宠饲料研发项目、岷县维新镇马莲滩村蔬菜产业冷库建设项目、中药材绿色标准化种植信息化项目、岷县十里镇预制菜加工厂建设项目（二期）等 21 个产业项目。此外，建设中医药产业孵化基地和现代农业产业孵化园。

这些项目的实施，为推动岷县县域经济发展，促进农业生产向规模化、集约化发展注入了新动能。其中高原蓝莓产业示范园项目，成为东部蓝莓在高原地区成功种植的案例。

岷县与西海岸新区秉承"岷县所需，组团所能"的帮扶原则，通过"东部企业＋岷州资源""东部市场＋岷州产品"的模式，打出山海协作"组合拳"，让岷县的农特产品走向更广阔的市场。

2024 年，组织企业参加鲁企陇上行、兰洽会线上营销等系列活动，全方位、立体式推介岷县农特产品。打造"水兵厨房"，岷县野草莓、点心、中药材、猫尾草、羊肉、大豆等农特产品走进军营。截至目前，累计消费岷县农特产品价值 3.3 亿元。

为帮助岷县提升教育水平，青岛市西海岸新区选派教育人才前来驻点帮扶，同时承接岷县选派的教育工作者赴西海岸交流学习，有力助推岷县教育事业高质量发展。

在"组团式"帮扶的引领下，岷县二中积极引进东部先进管理经验，修订完善学校管理制度，全面推行扁平化管理，推动学校教育理念、管理经验转变。开齐各类必修、选修课程，满足学生选课走班的需求。

结合岷县二中硬件建设落后的实际，加快推进岷县"组团式"帮扶智慧化校园建设项目，利用东西部协作资金建设共享教室、理化生实验室、录播教室、云计算机教室，学校智慧化水平明显提升。

就业是最大的民生。岷县积极与西海岸新区对接座谈，深入了解了青岛市相关优惠政策和企业的用工需求、就业岗位信息等，为精准输转劳动力打好坚实基础。2024 年，岷县向青岛市用工企业输转劳动力 206 人；在省内就近就业的农村劳动力数 1801 人；在其他地区就业的农村劳动力数 1486 人。

以培训促就业，以就业保民生。2024 年 8 月，引进岷县百姓瑶职业技能培训学校有限公司成立培训机构，利用青岛培训资源，开展订单式、定向式、定岗式培训，举办劳务协作培训班 8 期，培训农村脱贫劳动力 280 人次。

来源：人民日报客户端

2024 年 11 月 7 日

# 海风吹进岷州

## ——青岛西海岸新区与岷县奏响东西部协作新乐章

一东一西，一山一海。从青岛市西海岸新区到定西市岷县，相距1770公里。东西部协作中，海风吹进岷州，从相识相知到携手发展，山海已融为"一家人"。

青岛西海岸新区从产业扶持到教育提升，从资金投入消费帮扶、劳务输转，全方位、多角度、用真情、出实招，给岷县带来了实实在在的收益。

### 做优农业帮扶

立冬前，记者来到岷县，所到之处，东西部协作之"花"处处盛开。走进甘肃西岷农业科技有限公司新建的高原蓝莓产业园，一座座大棚内蓝莓枝繁叶茂、长势喜人。

"十里镇高原蓝莓产业示范园项目，是今年实施的东西部协作重点项目之一。"岷县十里镇人大副主席孙鸿强说，项目建成后，资产归村集体所有，通过出租方式运营。这一创新合作，是东部蓝莓在高原地区成功种植的先例。

2024年，东西部协作资金中安排700万元资金，在岷县十里镇建设占地44亩的蓝莓大棚13座，推广水肥一体化设施农业发展。

甘肃西岷农业科技有限公司经理刘金宝告诉记者，蓝莓大棚内引进了4个品种，每棚盆栽种苗约880株、土培约360株，每棚产量约2000斤，预计春节期间上市兰州、成都、北京、青岛等地，每棚收益可达15万元。

刘金宝介绍，该项目计划总投资1.5亿元，规划占地400余亩，年产量 260 余吨，年产值达 1600 万元。项目分三期建设：一期计划投资 2260 万元，新建高标准蓝莓冬暖大棚 11 个、拱棚 1 个、连栋大棚 1 个。项目建成后，资产归村集体所有，以出租方式运营。按照总投入资金的 5% 支付租金，带动十里村等 6 个村集体发展，年收益可达 43 万元。

据介绍，岷县以农牧业振兴发展、文旅融合发展、现代服务业集聚发展为主要支撑，紧盯中药材、猫尾草、黑裘皮羊、高原夏菜等特色产业，实施农特产业项目 21 个，建设中医药产业孵化基地、现代农业产业孵化园和鲁甘黄河经济带智慧农业产业园，不断拓宽产业发展新途径。

### 做宽消费帮扶

消费帮扶，一头连着产品，一头连着市场。今年以来，岷县与青岛西海岸新区组团，秉承"岷县所需、组团所能"的帮扶原则，通过"东部企业 + 岷州资源""东部市场 + 岷州产品"模式，打出山海协作"组合拳"，实现了"岷货出山"。

今年，岷县积极组织企业参加鲁企陇上行、兰洽会线上营销等系列活动，全方位、立体式推介岷县农特产品，不仅提高了农特产品的销售量，也让更多的鲁企有了投资意向。

依托军民融合，积极打造"水兵厨房"。借着东西部协作的机遇，岷县野草莓、点心、中药材、猫尾草、羊肉等农特产品，走进了军营和东部市场。据了解，累计消费帮扶岷县农特产品价值 3.3 亿元。青岷协作，铺就了一条消费帮扶的"康庄大道"。

在消费帮扶的同时，岷县积极赴青岛西海岸新区对接劳务协作，参观考察用工企业，深入了解青岛市相关优惠政策和企业用工需求、就业岗位信息等。

以培训促就业，以就业保民生。今年 8 月，岷县引进百姓琚职业技能培训学校有限公司成立培训机构，利用青岛培训资源，开展订单式、定向式、定岗式培训，举办劳务协作培训班 8 期，培训农村脱贫劳动力 280 人次，保健按摩师项目培训合格学员 150 余人，完成创业就业 50 余人次。同时，今年岷县向青岛市用工企业输转劳动力 206 人。

## 做强组团帮扶

帮扶先帮智。2022年8月，在"组团式"帮扶引领下，刘相林从青岛来到岷县二中任职副校长。帮扶之光照亮未来。"帮扶从2022年持续到2035年，帮扶教师每三年轮换一次。"刘相林说，"今年，为了提高岷县二中教育水平，还先后组织7批151人去青岛参加为期一周的培训。"

"组团式"帮扶，不但使学生综合素质获得提高，学校硬件设施也大幅改善。11月5日，记者在岷县二中看到，帮扶中新建的岷县校园广播电视台、云计算教室、共享教室高端、大气、上档次。

刘相林介绍，为推进岷县二中"组团式"帮扶智慧化校园建设项目，利用东西部协作资金177万元，对1#、2#教学楼及宿舍楼供暖设施进行了维修。对未供暖的报告厅、食堂、艺术楼进行了供暖改造，破解了该校艺术生多年来因冬天天气寒冷而难以好好学习的困境。

"捧着一颗心来，不带半根草去。"在"组团式"帮扶引领下，岷县二中积极引进东部先进管理经验，进一步建立完善学校管理机制，健全各项管理制度，开齐各类必修、选修课程，满足了学生选课走班的要求。同时，推动学校教育理念、管理理念转变，有效提高了学校管理效能。

岷县县委常委、副县长刘洪成告诉记者，今年以来，青岛西海岸新区和岷县持续完善东西部结对帮扶机制，加强产业合作、劳务对接、人才交流、消费协作、"组团式"帮扶等工作，在推动东西部协作工作高质量发展道路上不断探索、不懈努力，成效显著。

（记者　俞树红）

来源：《甘肃经济日报》

2024年11月12日

## 江河奔流·青陇协作谱新篇

# 青陇协作结硕果　玉兔带出幸福来

**中国甘肃网 11 月 28 日讯**　陇南市武都区坪垭藏族乡，海拔 1100 米的山坳里，有一座现代化的养殖场打开了武都区肉兔产业的大门。这家养殖场就是青岛东西部协作资金携手青岛康大集团设在陇南的甘肃康大兔业养殖基地。3 年来，通过这家龙头企业带动，武都区肉兔养殖从无到有，成为当地重要的富民产业。

11 月 28 日，"江河奔流·青陇协作谱新篇"网络主题采访活动首站走进甘肃康大兔业养殖基地，采访了解在青岛产业帮扶下，陇南肉兔产业发展从无到有的生动实践。

"我们以前都是散养兔子，形不成规模，更别说产业了。"陇南市武都区畜牧兽医站站长何仲全在谈及青岛帮扶武都区乃至陇南市发展肉兔产业时如是说。

何仲全表示，陇南地理位置紧靠兔肉消费旺盛的川渝大市场，但是以前陇南的肉兔养殖形不成规模，守着大市场并未分得一杯羹。

青岛康大集团是一家以食品加工为主的企业，肉兔养殖是其涉及的重要行业之一，集团在全国多地设有肉兔养殖基地。

武都区坪垭藏族乡是陇南的一个易地搬迁乡镇，将世代生活在大山深处的群众搬到山下，开启全新的生活。

肉兔养殖简单易学，兔子繁殖快、病害少，恰好适宜群众养殖。为此，3 年前，青岛东西部协作资金投入 2000 万元，青岛康大集团投资 3000 万元，在坪垭藏族乡投资肉兔养殖基地，招聘坪垭藏族乡群众进场养兔子、学技术，以期通过示范带动陇南发展肉兔产业。

甘肃康大兔业场长冯广帅说，从建养殖场的那一刻，他们就没想着一家独大，从开始，他们就奔着带动当地产业发展而来。

甘肃康大兔业提供技术、种兔、收购、拓展市场服务，相关联的企业和农户则通过各种利益机制加入肉兔养殖的链条中来，实现产业开花的愿景。

何仲全说，通过3年来的努力，目前武都区已有23个乡镇37个养殖合作社养殖肉兔，带动200户农户散养肉兔实现增收。同时，通过武都区的辐射，肉兔养殖已在陇南其他县区展开，更稳定的货源将带来更大的市场。肉兔养殖不再是农家散户，而是形成了富民产业。对此，他们非常感谢青岛无私的帮扶，通过龙头企业带动一个产业发展，成为武都乡村振兴的生动实践。

目前，甘肃康大兔业存栏种兔1.2万只、商品兔8.5万只，先后为武都区养殖户引进肉兔良种3.6万只，累计免费培训3000人次，帮助养殖户销售肉兔50余万只。随着养殖规模的扩大，带动陇南各县区及周边农户种植苜蓿草5000亩，带动3000余户农户增收。建设年产6000吨的饲料加工厂，可解决100余人就业。

"青陇协作结硕果，玉兔带出幸福来。"这是甘肃康大兔业养殖基地的醒目标语，从授人以鱼到授人以渔，青岛将持续帮扶陇南发展肉兔产业，让玉兔带出幸福来。

（记者　宋芳科）

来源：中国甘肃网

2023年11月28日

# 搭协作平台　助两地共赢
## ——青岛西海岸新区推进东西部劳务协作见实效

2021 年以来，山东省青岛市西海岸新区人社局紧紧围绕甘肃省陇南市武都区、定西市岷县对口协作目标，强化责任担当，创新思路措施，全力做好东西部劳务协作工作，取得了扎实成效。累计吸纳两地来青就业 1342 人，帮助农村劳动力就近就地就业 7436 人。

多渠道搭建劳务对接平台。在多次互访、充分交流的基础上，新区与武都区、岷县共建劳务工作站，签订《劳务协作协议》。依托劳务工作站，建立常态化跨区域岗位信息共享和发布机制，促进供需信息精准对接、脱贫人口精准输出、用工企业精准招人。积极举办专项招聘活动，组织 130 余家优质企业和人力资源服务机构赴协作地开展"鲁甘携手聚英才　春风送岗展宏图""秋收行动"等招聘活动 12 场，累计提供岗位 5000 余个。

深层次开展政校企三方合作。为提升协作地技能人才素质，新区人社局与武都区人社局签订《建立工匠联盟合作协议》，加强两地技工及职业院校结对帮扶共建，提高武都区办学质量和教学水平。积极促成岷县人民政府与青岛睿智博海实业有限公司签订《人才培训基地建设投资合作框架协议》，在岷县注册成立人才培训公司，精准培训城乡劳动者和高技能人才。新区与兰州理工大学、兰州职业技术学院签署《校城合作发展战略合作协议》，与岷县职业中等专业学校、兰州理工大学和兰州职业技术学院建立政校企合作实践基地，进一步推动校城合作。另外，在协作地高校开展"兰州理工大学双选会""强青富岷山海情"等引才推介活动，采用"线上招聘 + 线下宣讲"联动模式，提供研发、机电等优质岗位 600 余个，线上线下参与人员达 3500 余人次。

全方位提供来青留区服务。区人社局依托"定西—青岛"专列，统一接送务工人员，确保其安全抵达用人单位，2021 年以来，专列共搭载甘肃籍来新区务工人员 443 名。引导企业建立人员安置档案，加强饮食、住宿、业余生活等方面的人文关怀，定期召开座谈会了解务工人员思想状况，尽量满足其合理需求。精准化开展就业技能培训，根据协作地区脱贫人口实际需求，结合协作地产业特点，公开遴选师资力量强、教学质量高的培训机构承担培训任务，科学合理设置养老护理、钢筋工、架子工等培训专业，制订培训计划，分班次开展技能培训，切实提升脱贫人口就业技能水平。创新采取"技能培训＋就业岗位"模式，累计为参训学员提供 400 余家新区优质企业的近 8000 个相关岗位供其选择。2021 年以来，共培训协作地区脱贫人口 1507 人。

下一步，区人社局将进一步完善东西部劳务协作机制，加强两地部门沟通交流，持续推进劳务协作走深走细走实。充分发挥劳务工作站和人力资源服务机构等平台作用，促进新区企业招工信息和协作地人员求职信息精准匹配。不断强化政校企合作，推动产教深度融合，同时提升技能培训的有效性，切实增强协作地劳动力和高校毕业生的就业创业能力，着力促进其在当地或新区实现充分就业，助推协作地和新区经济社会更高质量发展。

（作者　包永静　曾杰）

来源：《中国劳动保障报》

2023 年 12 月 27 日

# 黄河流域人才协同创新中心
# 在青岛西海岸新区揭牌
## ——吸引和集聚人才平台区域合作联盟同步成立

怀揣区域合作之意，共建协同创新中心。12月27日，黄河流域人才协同创新中心揭牌暨吸引和集聚人才平台区域合作联盟成立仪式在青岛西海岸新区举办，青岛西海岸新区人才大数据平台同步揭牌。

仪式上，全国首个以服务黄河重大国家战略的人才工作区域合作联盟——吸引和集聚人才区域合作联盟正式成立，甘肃陇南武都区、内蒙古乌审旗及诸城市、泰安市高新区、邹平市等10个地区正式加入联盟。长裕控股集团股份有限公司、山东一唯自动化有限公司等的11个项目正式签约入驻黄河流域人才协同创新中心。

为抢抓黄河流域生态保护和高质量发展这一国家战略机遇，更好发挥青岛西海岸新区人才工作在全省的示范引领及辐射带动作用，持续放大青岛西海岸新区产业基础、科技创新、高校集聚等资源和人才发展综合优势，推动沿黄流域节点城市和省内城市在人才工作上协同合作，青岛西海岸新区打造黄河流域人才协同创新中心并成立吸引和集聚人才平台区域合作联盟这一新型高能级人才集聚示范平台，将着力吸引一批重点产业领域的企业在新区设立研发中心，为建设人才飞地提供支持，推动城市间人才、科技、教育等创新要素顺畅流动。

据介绍，黄河流域人才协同创新中心位于清华大学青岛艺术与科学创新研究院，现已建成1.2万平方米拎包入住式研发中心集聚地，同时还为项目入驻提供人才公寓、科研项目申报咨询、人力资源服务等多项支持，重点引聚新能源新材料、智能制造、高端化工、人工智能等领域上市企业、拟上市企业、高新技术企业及省级以上"专精特新"企业等在青岛西海岸新区设立高端人才研发中心，打造国内一流的科技创新基地、高端人才汇聚基地。计划到 2026 年，引进 80 家左右企业人才创新（研发）中心，集聚创新型人才 1000 人左右。

为实现基于大数据和人工智能领域的人才决策和精准服务，青岛西海岸新区人才集团联合北京万方软件开发打造青岛西海岸人才大数据平台，聚焦企业需求，对人才进行精准分析和画像，实现按图索骥一键查询，为重点产业在人才发现、评价等方面提供科技有力支撑。

创新中心及合作联盟的成立，将有利于推动省内人才、技术、创新等要素共引共建共享，批量引进海外高端人才、科技领军型人才、青年科技创新人才等战略人才，让更多海内外优秀人才选择山东、留在山东、服务山东，为黄河流域生态保护和高质量发展贡献青岛西海岸新区力量。

（记者　张佳晖　通讯员　田文婧　李英明）

来源：大众网

2023 年 12 月 28 日

*武都*

# 东西部协作帮扶成果丰硕

自 2016 年青岛西海岸新区与武都区建立东西部协作关系，8 年来，两地围绕项目建设、用工务工、人文交流等重点领域，展开了全领域、全方位、全覆盖的交流合作，绽放友谊之花，结出累累硕果，武都和西海岸已连续 4 年获得国家东西部协作考核"好"的等次，东西部协作工作取得显著成绩。

2023 年两地围绕巩固脱贫攻坚成果、推进乡村振兴、加强区域协作等方面进行深入交流合作。

加强互访交流。2023 年 6 月、7 月，两地党政领导开展互访交流，考察相关企业，召开东西部协作暨携手乡村振兴工作联席会议，研究年度协作帮扶目标、商定推进举措，签订了劳务、教育、医疗和特色农产品高值化深加工等协议。同时，部门上门对接，镇街高频交流，为年度目标任务完成奠定了坚实的基础。

加强产业协作。新引进陇南奥利沃生物科技有限公司等 9 家企业，新增投资 8000 万元，新增就业 372 人，其中脱贫人口 67 人。完成青陇农业示范园改造提升，经济效益明显提升。马安新区工业园区建设一期工程已全面建成。

加强消费帮扶。加强消费平台建设和电子商务合作，通过电商推销、节会推销、窗口推销等方式，主动出击开拓青岛等域外市场，农特产品实现销售额达 1.12 亿元，超额完成目标任务。

加强资金帮扶。青岛西海岸新区投入帮扶资金 8490 万元，实施帮扶项目 33 个。投入资金 1800 万元实施了城关石家庄村、石门草坝子村、两水土木垭村 3 个示范村建设项目，目前已全面完成建设任务。

加强劳务对接。稳定向青岛输送劳动力 427 人，就业工厂（车间）吸纳就业 1266 人，其中脱贫人口 669 人。新区协助培训劳动力 442 人，培训创业致富带头人 1000 人。

加强人才交流。青岛西海岸新区选派党政干部挂职 2 名、专业技术人才 77 人，培训武都党政干部 2 期 382 人；武都区选派挂职干部 1 名。

（通讯员　胡本平）

来源：中国甘肃网

2024 年 1 月 16 日

# 青陇产业园引领地方农业提质增效

**甘肃经济日报武都讯** 数九寒天，走进陇南市武都区青陇现代农业产业园智能温室大棚，一株株蝴蝶兰亭亭玉立、争奇斗艳、香气扑鼻。

近年来，武都区抢抓东西部协作帮扶机遇，以高档水果、蔬菜、花卉培育为核心，建成了集农业生产、加工、销售和科研于一体的青陇现代农业产业园。园区有国内先进的智能玻璃温室、双层覆盖连栋大棚、双坡面日光温室和水肥一体化灌溉系统、物联网控制系统等配套设施。目前，培育油橄榄苗5亩120万株、高档花卉10亩16万株，西红柿10亩，2023年实现年产值1303万元。

青陇现代农业示范园深入推进农旅融合，大力培育发展果蔬采摘园、农事体验园、特色农家乐，通过"田园变公园、产品变商品"，就近吸纳劳动力175人，增加农户劳务收入184万元。通过产业园带动创建了脱贫人口参与程度高的特色产业基地，培育了一批助推贫困户发展产业的龙头企业和合作社，带动群众通过产业实现稳定增收，提高"名、特、优、新"农产品的开发利用水平，助力设施蔬菜、中药材、养殖等优良品种的推广，实现了育苗产业、绿色农业、设施蔬菜等一、二、三产业的深度融合发展。

（通讯员　胡本平）

来源：《新甘肃·甘肃经济日报》

2024年1月19日

# 青陇协作结硕果　肉兔助农稳增收

日前，走进陇南市武都区甘肃康大兔业养殖基地，一排排兔笼整齐地排列，一只只纯白的肉兔安静地吃着食物，兔舍整洁而明亮。

甘肃康大兔业是武都区委、区政府借助东西部扶贫协作机遇，2019年引进山东青岛康大兔业联合兴建的养殖示范项目，项目总投资5000万元，占地60多亩，建成连体兔舍8栋及实验室、仓库、办公生活区、污水处理和生物肥发酵罐等设施。2020年底开始投产运营，目前存栏种兔12000只、存栏肉兔85000只，年出栏50多万只肉兔，年产值2500余万元。

甘肃康大兔业养殖基地场长冯广帅说："肉兔养殖是一个短、平、快的项目，肉兔长到70天左右，达到5斤就可以出售，一只肉兔毛利润有10元，一年毛利润达到400万元至500万元。同时，带动周边农户发展肉兔养殖，为他们提供技术、种兔、销售等服务，帮助养殖户销售肉兔50余万只。"

为了发展壮大肉兔养殖产业，武都区委、区政府按照"一中心、多点位、三步走"目标，以点带面，采取"企业＋合作社＋农户"模式带动农户散养肉兔。截至2023年底，武都区投资3000万元，建成肉兔养殖示范点37处，发展规模养殖户21户，涉及26个乡镇，种兔存栏达6.58万只，出栏252万只。年推广优质有机肥1000吨，每年由两个合作社为群众提供有机农家肥，促进农业产业增收，实现"经济收益"和"生态效益"双赢目标。

武都区坪垭藏族乡人大主席魏丽君告诉记者，康大肉兔养殖基地位于武都区坪垭易地扶贫搬迁后续产业示范园，通过资产确权，每年为易地扶贫搬迁安置区增加集体经济收入180万元。养殖基地可解决200人次以上临时就业、22人永久就业，人均增收3万元。

肉兔养殖规模的扩大，也带动了饲料加工、生物肥料、屠宰加工、兔肉餐饮、观光旅游、兔绒兔皮制品加工等上下游产业链的发展。目前，武都区已培育了以兔肉为主的餐饮企业 25 家，研制出系列菜品 20 多种，综合产值达到 5300 万元，受益农户 3.5 万人。

（记者　房惠玲）

来源:《甘肃经济日报》

2024 年 4 月 1 日

青岛西海岸新区·陇南武都区
## 深化产业协作助推乡村振兴

近年来，山东省青岛西海岸新区坚持系统思维，立足"武都所需、新区所能"，把推进产业合作作为东西部协作的主抓手和突破口，坚持资源互补、优势对接，强化以产业"引链、强链、延链、补链"为载体的帮扶协作，先后引进种植养殖、生物提取、农产品精深加工、产业园区建设等产业企业落地，有力带动了陇南武都产业加速升级、发展壮大，促进农民增收，有效推动武都经济高质量发展。

### 开展"引链"工作，在产业引进上开新局

因地制宜，对点施策。武都区背靠中国最大的肉兔消费市场——川渝地区，每年肉兔消费量达 3 亿只以上，在此引进肉兔养殖产业，气候条件、运输成本、人工成本等都有着极大的优势，市场前景广阔。

谋定方向，龙头带动。西海岸新区与武都区积极探索，谋定方向，引入肉兔养殖头部企业青岛康大集团建设肉兔养殖示范基地，按照政府引导、示范带动、规模养殖、联农带农、融合发展的工作思路，实行"龙头企业＋示范基地＋养殖合作社＋农户"的发展模式，带动全区 23 个乡镇、37 个养殖合作社发展肉兔养殖产业，2023 年投放种兔 2 万只，种兔存栏 6.58 万只，肉兔存栏 43.8 万只。截至目前，出栏量达 240 万只，2021 年、2022 年、2023 年肉兔销售收入分别达 2000 万元、5000 万元和 1.25 亿元。

完善链条，联农富农。通过引入肉兔养殖产业，带动就业 584 人次以上，人均增加劳务收入 3 万余元，并形成饲料生产，肉兔养殖、加工、销售，休闲一条龙全产业链，真正实现引进一个产业，造福一方百姓。

## 落实"强链"措施，在园区建设上下功夫

立足武都区"3+6"农业特色产业体系，统筹整合资源，不断提高产业规模化、集约化水平。按照"高起点规划、高标准建设、高质量发展"的总体要求，建设青陇现代农业产业园，累计投入东西部协作资金4300万元，项目占地300亩，实现"一园九带"，即带动创建一批贫困人口参与度高的特色产业基地；带动培育一批助推贫困户发展产业的合作社；带动贫困户通过产业实现稳定脱贫；带动"名、特、优、新"农产品的开发利用；带动设施蔬菜、中药材、养殖优良品种的推广；带动育苗产业的发展；带动设施蔬菜的发展；带动一、二、三产深度融合发展；带动绿色农业的发展。产业园累计带动733户2487人受益，其中脱贫户124户477人，通过引导农民、种植大户、合作组织、龙头企业参与现代农业发展，提高了农业生产技能，促进了农业产业发展，实现农业增效、农民增收。

## 开展"补链"行动，在品牌培育上重实效

补齐育苗育种、科技创新、市场培育等环节的短板，引进青岛康福莱甘薯脱毒育苗项目，建设600平方米脱毒组培实验室和3000平方米的温室育苗大棚，年可培育甘薯脱毒育苗2000万株，满足周边区域红薯种苗需求，同时结合武都区花椒、油橄榄特色产业，建设无刺花椒、油橄榄繁育基地，从源头上保障农产品安全，带动当地农业产业调结构、创优势，实现现代农业绿色、高质量发展。加强农业产品市场品牌培育，以"互联网+"为引擎，依托电商带动一、二、三产融合发展，形成农产品市场新业态，打造"米仓红芪""武都花椒""裕河绿茶""武都橄榄油"等"甘味"品牌，在西海岸新区设立东西部协作服务中心，为农产品销售"出甘入青"创出了新渠道。

## 实施"延链"工程，在产业循环上求突破

紧扣园区建设、主体培育、产业循环三大抓手，共建武都高新技术产业园区——马安园区，累计投入东西部协作资金700余万元，引入青岛先进规划设计理念、管理运营模式，目前已完成园区一期建设。2023年新引进琅琊台特色农产品深加工、萨普果酒酿造及水果提取、油橄榄生物提取、

青陇兄弟啤酒 4 个东西部协作项目入驻园区，总投资额达 2 亿元，实现生产要素集中、优势产业集聚，以园区带动产业发展，以项目带动农民增收，不断推动武都区传统产业提级转型。

着眼拓展产业覆盖面和价值端，不断拓宽产业触角，推动重点产业链向上下游延伸。针对油橄榄产业链，引进青岛奥利沃生物科技有限公司建设油橄榄生物提取项目，通过现代生物提取技术，以修剪的油橄榄叶和榨油后的果渣为原料，提取的黄酮、萜类及芳香族、脂肪族、酚酸类等化合物，广泛用于药品、化妆品及食品添加剂，提取后废料可制成生物肥或生物质燃料，进一步优化了产业链结构，提升了产业链价值，推动形成新的增长点。

瞄准"专精特新"道路，坚持创新驱动，鼓励企业成立研发中心，在产品研发、技术升级、人才培养中提高生产力。依托青岛西海岸新区人才创新优势，引导祥宇油橄榄开发有限公司等 3 家高新技术企业入驻新区黄河流域人才协同创新中心，充分利用东部地区资源优势，享受新区关于科研场地、金融支持、资源共享、人才政策等优惠政策，助力企业开阔视野、科技创新，促进产业、企业、人才协同创新发展。

（记者　李冉）

来源：中工网

2024 年 4 月 12 日

# 油橄榄延链　废果渣变宝

## ——青岛西海岸新区与武都区走出山海产业协作新路径

甘肃省陇南市武都区拥有花椒和油橄榄等特色优质农产品，油橄榄产量占到全国的80%，素有"中国橄榄之城"的美誉，"武都油橄榄"也是中国国家地理标志产品。作为东西部协作和重点帮扶的对口单位，长期以来，青岛西海岸新区的挂职干部都在思考："如何让当地优势农产品'更进一步'，做好乡村振兴文章？"

寻寻觅觅之下，2023年，青岛西海岸新区协调引入属地企业——奥利沃生物科技（青岛）有限公司（以下简称奥利沃）。该公司主攻橄榄叶和橄榄果渣萃取，项目投资5000余万元，预计年产值1.2亿元。

奥利沃总经理黎伟介绍："我们公司通过现代生物技术萃取，从油橄榄叶和油橄榄加工废弃果渣中提取橄榄苦苷、黄酮、齐墩果酸和山楂酸，提取物主要具有抗氧化、降血糖、降血脂、杀菌、消炎等效果，广泛用于食品、药品、保健品和饲料添加剂。"

项目当年签约、当年落地、当年投产。"引入奥利沃后，我们的油橄榄利用率达到了100%。"武都区农业农村局相关负责人介绍。

以油橄榄果渣为例，奥利沃落地武都区后，大量收购当地企业油橄榄加工后废弃的果渣，截至2023年底，共收购油橄榄果渣6000吨。既解决了油橄榄果渣废弃对环境污染的问题，还增加了油橄榄加工企业的收入。油橄榄果渣经过提取生产的山楂酸，是很好的饲料添加剂，附加值高，有效延长了油橄榄加工产业链，实现了价值最大化。

青岛西海岸新区与武都区"结对"以来，立足"武都所需、新区所能"，把推进产业合作作为东西部协作的主抓手和突破口，坚持资源互补、优势对接，强化以产业"引链、补链、强链、延链"为载体的帮扶协作，走出了一条山海产业协作的新路径。

如果说，奥利沃的引入是延链模式；那么，武都肉兔产业的崛起，则是引链的效应。

武都区背靠中国最大的肉兔消费市场——川渝地区，每年肉兔消费量超3亿只。在青岛西海岸新区的帮助下，青岛康大集团肉兔养殖示范基地落户武都区，实行"龙头企业＋示范基地＋养殖合作社＋农户"的发展模式，带动全区23个乡镇、37个养殖合作社发展肉兔养殖产业，形成饲料生产，肉兔养殖、加工、销售，休闲一条龙的全产业链。

截至目前，武都区肉兔出栏量达240万只；2021年、2022年、2023年销售收入分别达2000万元、5000万元、1.25亿元；带动就业584人，人均增加劳务收入3万余元。

此外，双方在协作中还注重建设园区、搭建平台，进行强链。

青陇现代农业产业园累计投入东西部协作资金4300万元，项目占地300亩，主要建设了智能玻璃温室2座、双坡面日光温室10座、双层覆盖大棚72座、冬暖棚22座，累计带动733户2487人受益。

围绕园区建设、主体培育和产业循环三大抓手，双方共建武都高新技术产业园区——马安园区，目前已完成一期建设。2023年，马安园区新引进了琅琊台特色农产品深加工、萨普果酒酿造及水果提取、油橄榄生物提取和青陇兄弟啤酒4个东西部协作项目，总投资达2亿元。

育苗育种、科技创新和市场培育是武都区产业发展的短板。为了补齐这些短板，在双方共同努力下，引进青岛康福莱甘薯脱毒育苗项目，建设600平方米的脱毒组培实验室和3000平方米的温室育苗大棚，年可培育甘薯脱毒苗2000万株，满足周边区域红薯种苗需求。

双方还以"互联网＋"为引擎，加强农业产品市场品牌培育，依托电商带动一、二、三产融合发展,形成农产品市场新业态,打造"米仓红芪""武都花椒""裕河绿茶""武都橄榄油"等"甘味"品牌,在青岛西海岸新区设立东西部协作服务中心,为农产品销售"出甘入青"创出了新渠道。

（记者 杨国胜 张忠德 通讯员 赵冉）

来源:《大众日报》

2024 年 4 月 24 日

# 山海相"链"！

## ——青岛西海岸新区与武都区解锁产业协作新路径

"看，那片山上密密麻麻的植物就是我们的'镇区之宝'——油橄榄。"汽车驰骋在武都区的街道上，青岛西海岸新区挂职干部潘江文指着窗外向记者介绍道，"陇南武都区有花椒、油橄榄等特色优质农产品，如何将这些农产品深加工，延长产业链条，这一直是我们思考和努力的方向。"

作为东西部协作和重点帮扶的对口单位，7 年多来，青岛西海岸新区和武都区立足"武都所需、新区所能"，把推进产业合作作为东西部协作的主抓手和突破口，坚持资源互补、优势对接，强化以产业"引链、补链、强链、延链"为载体的帮扶协作，解锁山海产业协作新路径。

小果子撬动大产业。陇南武都是中国橄榄之城，油橄榄保有面积约占全国的 60%，油橄榄鲜果产量占全国的 91%，部分果园挂果率和出油率高于地中海。同时，橄榄油产量占到全国的 93%，是全国最大的初榨橄榄油生产基地。

如何进一步延长武都油橄榄的产业链条？青岛西海岸新区挂职干部韩爱波于 2023 年在产业循环上找到了突破点，协调引入奥利沃生物科技（青岛）有限公司，主攻橄榄叶、橄榄果渣萃取，项目投资 5000 余万元，预计年产值 1.2 亿元。

"我们公司通过现代生物技术萃取，从油橄榄叶和油橄榄加工废弃果渣中提取橄榄苦苷、黄酮、齐墩果酸和山楂酸，提取物主要具有抗氧化、降血糖、降血脂、杀菌、消炎等效果，广泛用于食品、药品、保健品和饲料添加剂。"奥利沃生物科技（青岛）有限公司总经理黎伟说。

项目当年签约、当年落地、当年投产。"引入奥利沃后，我们的油橄榄利用率达到了 95% 以上。"武都区农业农村局相关负责人介绍。

以油橄榄果渣为例，奥利沃落地武都区后，大量收购当地企业油橄榄加工后废弃的果渣，2023 年底，共收购油橄榄果渣 6000 吨，既解决了油橄榄果渣废弃对环境污染的问题，还增加了油橄榄加工企业的收入。油橄榄果渣经过提取生产的山楂酸，是很好的饲料添加剂，附加值高，有效延长了油橄榄加工产业链，实现了价值最大化。

"养上青岛新区兔，走上武都致富路。"这在武都，已经成为养兔农户朗朗上口的口头禅。如果说，奥利沃的引入是延链模式；那么，武都肉兔产业的崛起，则是引链的效应。

武都区背靠中国最大的肉兔消费市场——川渝地区，每年肉兔消费量超 3 亿只。在西海岸新区的帮助下，青岛康大集团肉兔养殖示范基地落户武都区，实行"龙头企业＋示范基地＋养殖合作社＋农户"的发展模式，带动全区 23 个乡镇、37 个养殖合作社发展肉兔养殖产业，使肉兔养殖产业从无到有，全面开花，走出了产业融合发展新路。

截至目前，武都区肉兔出栏量达 240 万只；2021 年、2022 年、2023 年销售收入分别达 2000 万元、5000 万元、1.25 亿元；带动就业 584 人，人均增加劳务收入 3 万余元。

此外，双方在协作中还注重建设园区、搭建平台，进行强链。

青陇现代农业产业园累计投入东西部协作资金 4300 万元，项目占地 300 亩，主要建设了智能玻璃温室 2 座、双坡面日光温室 10 座、双层覆盖大棚 72 座、冬暖棚 22 座，累计带动 733 户 2487 人受益。

围绕园区建设、主体培育和产业循环三大抓手，双方共建武都高新技术产业园区——马安园区，目前已完成一期建设。2023 年，马安园区新引进了琅琊台特色农产品深加工、萨普果酒酿造及水果提取、油橄榄生物提取等东西部协作项目，总投资达 2 亿元。

双方还以"互联网＋"为引擎，加强农业产品市场品牌培育，依托电商带动一、二、三产业融合发展，形成农产品市场新业态，打造"米仓红芪""武都花椒""裕河绿茶""武都橄榄油"等"甘味"品牌，在西海岸新区设立东西部协作服务中心，为农产品销售"出甘入青"创出了新渠道。

（记者 耿晓月）

来源：大众网

2024 年 5 月 4 日

## 【青定双城记】甘肃岷县

# 因地制宜谋发展　特色产业促振兴

**央广网兰州 12 月 26 日消息**　有一种情，叫东西部协作，有一种爱，叫携手并进。在东西部协作的征程中，山东青岛西海岸新区带着先进的理念、丰富的资源和诚挚的情谊，跨越山海，来到甘肃岷县。

协作双方围绕"守底线、抓发展、促振兴"目标任务，围绕产业发展深入研究探讨东西部协作帮扶方向、协调推进重点项目建设等工作，全方位、多角度、用真情、出实招倾注协作，带来了实实在在的效益。

### 优化营商环境，推动招商引资

西岷两地牢固树立"发展是第一要务、招商是第一要事、环境是第一竞争力"的思想，聚焦"三抓三促行动"，深入推进"放管服"改革，通过外出招商、推介招商、以商招商等方式扩宽招商线索获取途径，不断优化营商环境，强化要素保障服务，完善工作机制，推动项目签约落地。积极组织参加"青岛·定西东西部协作"中医药产业链供需对接暨招商推介会、第四届"鲁企走进甘肃·定西投资洽谈会"等，开展品牌宣传、项目洽谈和产销对接，2024 年通过考察对接已引进企业 11 家，其中投资超过千万的企业有 6 家，实现新增投资 9151 万元。尤其是岷县新奥资源环境有限公司，通过对废弃物进行加工治理、对废旧农膜进行回收，对环境保护和资源利用有重要意义。甘肃众力新能源科技有限公司，通过产业延链补链，完成从矿产的采挖到运输（小火车制造）生产制造，为矿产开采提供有力的安全保障，建成了 750 平方米设备生产车间 G–J 轴，投产后给十里镇山底下村，秦许乡小沟山村，中寨镇大哈村，梅川镇余家那村，申都乡大林村，锁龙乡大东村，梅川镇马场村 7 个村进行分红，壮大村集体经济。为加快企业科技化的转化速度，提高产业的经营效益，实施市场战略转型，适应市场的需求打下良好的基础。合理有效地转化为经济效益和社会效益，提高岷县可再生能源比重，并优化能源产业结构，助力岷县"双碳"目标的达成作出了积极贡献。

### 强化区域合作，促进产业发展

西岷两地始终坚持把产业发展作为东西部协作工作的最大结合点，以农牧业振兴发展、文旅融合发展、现代服务业集聚发展为主要支撑，紧盯中药材、猫尾草、黑裘皮羊、高原夏菜等特色产业，不断拓宽产业发展新途径。

2024 年到位东西部协作资金 5941 万元，谋划产业发展类项目 21 项 3665 万元，占比 61.91%；先后实施了十里镇高原蓝莓产业示范园项目、西岷食品产业园项目、中药材绿色标准化种植信息化项目、岷县十里镇预制菜加工厂建设项目（二期）等产业项目。

此外，岷县还建立中医药产业孵化基地，现代农业产业孵化园和鲁甘黄河经济带智慧农业产业园。

这些项目的实施，为推动县域经济发展、促进农业生产向规模化、集约化、商品化转变、提高农民收入、创造就业机会、增加税收收入等方面注入了新动能。尤其是高原蓝莓产业示范园项目，在工作组的推动下，敢于创新，顶住各方压力，更是敢于尝试，打破先例的代表，是东部蓝莓在高原地区的种植成功案例。项目总投资 2260 万元，在十里镇流转土地 40.8 亩，积极引进发展蓝莓产业，通过"先行先试"的方式，引进山东青岛蓝莓种苗 1000 株，按照"当年结果、三年丰产"的目标，建设各类蓝莓冬暖棚 11 座、连栋大棚 1 座、拱棚 1 座，推广水肥一体化设施 3 套。引进 L25、F6、L11、Duke 四个品种，完成第一批高原特色蓝莓种植培育，实现了棚产约 1000 公斤，收入约 15 万元的经济效益。蓝莓主要销往兰州、成都、北京、青岛农产品市场。同时，按照总投入资金的 5% 支付租金，带动全镇 6 个村经济体经济发展，年收益达 43 万元。逐步形成了"示范领路、片带辐射、全局联动"的高原蓝莓产业，为群众增收绘就了"莓"好"蓝"图，形成了"集群成链"的示范效应，高原蓝莓小镇初具规模。实现村集体经济、村民收入"双增长"。

### 建立联结机制，带动群众致富

产业发展联农带农是促进农民增收的关键。西岷两地始终紧紧围绕促进农民增收这一中心任务，深入学习推广"千万工程"经验，把产业发展作为农民增收的重要渠道，强化农民增收举措，通过推进中药材等特色产业延链补链强链，推进科技赋能农业现代化发展，推进农村一二三产业融合发展，推进联农带农能力不断提升，强化农民技能培训体系建设。

落地企业在项目建设过程中，积极吸纳本地劳动力务工，双方签订用工协议，推广订单式、定向式、定岗式培训，特别是投资超千万的甘肃西岷农业科技有限公司、甘肃青岷合农业发展有限公司、岷县新奥资源环境有限公司、岷县中都普惠农牧业发展有限公司、甘肃荣昇新材料科技有限公司等6家企业，带动就业劳动力达96人，人均增收2000元以上。其中甘肃荣昇新材料科技有限公司岷县农产品包装材料生产线项目的建成，实现年产值5000万元，年增加财政利税200万元，为当地提供就业岗位30个以上，人均月收入在3500元—5000元，年收入达4.8万元，带动村集体经济年收入7万元。同时，投入0.8万元建设企业共建就业基地3个，带动就业劳动力45人；累计建设乡村就业工厂（帮扶车间）55个，带动就业劳动力1200人。盯紧产销关键环节，在提高产量、销量上下功夫，搭建产销一体化、线上线下同步的互动融合渠道，助推岷货入青、岷味入青。

依托西海岸新区东西部协作服务中心和青岛市各大消费市场，投入21万元建立直采直供基地6个，岷县积极组织企业参加鲁企陇上行、兰洽会线上营销等系列活动，累计消费岷县农特产品价值3.3亿元，全面拓展了岷县农产品消费渠道，为乡村特色产业增加了动能，为农民增收扩展了空间。

（记者　邸文炯）

来源：央广网

2024年12月26日

# 蓝莓枝头春意闹 山海协奏守岁歌
## ——记青岛西海岸新区高级农艺师孙方雷在甘肃岷县的"莓"好年

腊月二十九，甘肃省定西市岷县十里镇的山坳里寒风凛冽，但"西海岸—岷县东西部协作"高原蓝莓产业园的温室大棚内却暖意融融。青岛西海岸新区农业农村局高级农艺师孙方雷蹲在一株蓝莓苗旁，仔细查看土壤湿度和枝芽长势，手机里传来千里之外妻儿拜年的视频问候。这个除夕，他选择留在海拔 2300 米的岷县，用专业与坚守，续写着青岛西海岸与甘肃岷县东西部协作的深情故事。

### 一粒蓝莓里的山海情

2021 年，青岛西海岸新区与岷县建立东西部协作对口帮扶关系，将产业帮扶作为东西部协作的破题之笔。2023 年 10 月起，西海岸新区累计投入帮扶资金 1000 万元用于高原蓝莓种植项目，而孙方雷正是带着"让蓝莓在高原扎根"的使命来到岷县。

"这里昼夜温差大、紫外线强，传统蓝莓品种根本扛不住。"面对挑战，孙方雷团队筛选出 6 个耐寒抗旱品种，创新了设施农业基质栽培新模式，填补了蓝莓在高原上种植的空白，是首次实现高原蓝莓种植的案例。除夕当天，他带着当地村民学习掌握蓝莓种植管理技术，调试新引进的水肥一体化系统，"年后我们计划再扩大亩蓝莓种植区，要让岷县的老乡们掌握好新技术，更好地带动当地发展，增加村民收入"。

### 万家团圆时的守护者

当城市灯火点亮年夜饭的餐桌，孙方雷的"年味"是育苗棚里的日光灯与记录本上的数据。妻子陈福梅在视频里展示着包好的饺子，在莱州市土山镇政府工作的大儿子和8岁的小儿子昊昊正在谢谢爸爸从千里之外送来的贺年卡。这位连续两年在岷县引领高原蓝莓产业发展，除夕夜仍坚守在蓝莓园里的高级农艺师眼眶微红："错过团聚确实遗憾，但看到第一批蓝莓让20多名村民（其中有10个贫困户）户均增收2万元，值了！"

他的坚守感染着当地群众。蓝莓产业园管理员逄队长带领着当地村民端来热腾腾的饺子，产业园保安张大爷主动留下值守："孙工为我们连年都不回，我们更要护好这些'蓝宝石'。"

### 东西部协作的"莓"好未来

从青岛西海岸新区到甘肃岷县，跨越1800公里的"蓝莓纽带"正结出丰硕果实：岷县蓝莓产业园占地40.8亩，建设了13个设施大棚，年产值约200万元，带动周边6个村20余人就业，产业园计划二期再扩展150亩地。西海岸新区累计派出47名像孙方雷这样的技术骨干，培训本地农技人员1300人次，真正实现"造血式帮扶"。

除夕夜，孙方雷在朋友圈写下："此心安处是吾乡。当高原蓝莓成为乡村振兴的'致富果'，所有的离别都有了意义。"这句话，道出了东西部协作最动人的注脚——以山海为证，用真心换真情，让每个奋斗的脚印都通向共同富裕的春天。

### 后记

当新年的第一缕阳光洒向岷山，蓝莓的枝头已萌发春芽。孙方雷们的故事仍在继续：青岛的冷链物流专线已经开通，西海岸的电商团队正在策划首届"岷县蓝莓节"，东西部协作的暖流让红土高原的春天来得更早了一些。这里没有惊天动地的壮举，只有一群普通人用专业与热爱，在乡村振兴的答卷上写下最朴实的答案——把论文写在大地上，把幸福种进百姓心里。

（记者 刘永健　通讯员　叶点 孙方雷）

来源：大众网西海岸

2025年1月31日

# 跨越山海奔共富

## ——青岛西海岸新区高质量推进东西部协作观察

开展东西部协作和定点帮扶，是我国推动区域协调发展、促进共同富裕的重大战略部署。山东省的国家新区青岛西海岸新区与甘肃省陇南市武都区、定西市岷县建立协作关系以来，将自身产业、技术、管理等优势深度契合协作地自然生态、劳动力和市场，围绕"协作地所需"和"西海岸新区所能"，打出产业发展、人才交流、劳务输转、消费帮扶等"组合拳"，实现产业协作有生命力、组团帮扶充满活力、长效机制激发动力，描绘出跨越山海奔向共同富裕的壮美画卷。

### 产业协作 发展焕新

走进位于武都区坪垭藏族乡的康大肉兔养殖场，只见兔舍内兔笼排列整齐，自动供料、消毒、温控和清粪系统正有条不紊地工作，自动化设备自动监测温度、湿度、氨气浓度，工作人员忙着巡查记录。青岛康大兔业有限公司销售负责人说，"2020 年，借助东西部协作机遇，公司在武都区建立养殖基地，现存栏种兔 12000 只、商品兔 85000 只，年出栏 50 多万只。这里靠近肉兔消费市场，运输成本、人工成本等有明显优势，且气候相对干燥，四季产能稳定。"

西海岸新区在武都区挂职干部说："武都区有着'七山二水一分田'的独特地貌，此前没有大规模养兔的传统。在康大兔业带动下，武都区把肉兔产业作为畜牧养殖特色产业进行重点培育，初步打造出集肉兔增殖扩面、良种繁育、屠宰加工、品牌开发的全产业链。"目前，武都区肉兔产业涉及 27 个乡镇，发展肉兔养殖示范点 46 个，肉兔存栏 52.8 万只，出栏 302.5 万只，产值 1.51 亿元，受益农户达到 4 万人，有效带动农业产业结构升级。

产业协作是东西部协作的重中之重。西海岸新区探索"新区资本＋协作地资源""新区企业＋协作地市场""新区总部＋协作地基地"等形式多样的产业合作模式，集聚起协作地发展新优势。

"高原蓝莓"特色产业是另一个典型代表。西海岸新区发挥北方蓝莓主产区的产业优势，2023 年将蓝莓种植引入海拔 3000 米的岷县试种并获得丰收，成功打造甘肃"高原蓝莓"特色品牌。在此基础上，建设了占地 40 余亩的蓝莓大棚 13 座，推广水肥一体化设施农业发展，每棚产量超 1500 斤，收益约 15 万元。"项目资产归村集体所有，以出租方式运营，带动十里村等 6 个村集体年增收 38 万元。"岷县东西部协作高原蓝莓大健康产业园项目负责人说，未来计划投资 1.5 亿元，占地约 400 亩，推动"高原蓝莓"产业发展壮大。

既注重发挥西海岸新区优势，实现协作地产业"从无到有"；又注重发挥协作地资源产业优势，推动当地产业转型升级，实现东西部优势互补，是西海岸新区推动产业协作的一大特点。

武都区油橄榄种植面积达 64.13 万亩，鲜果产量 5.69 万吨，分别占全国的 60% 和 91%，是当地的特色产业和富民产业，但发展过程中，受到产业链不完整、加工层次浅、附加值低等因素制约。西海岸新区协调引入奥利沃生物科技（青岛）有限公司，打造集油橄榄生产、研发、加工、销售于一体的全产业链，推动农业增效、农民增收。

在武都区外纳乡透防村的奥利沃公司厂房内，机器的轰鸣声此起彼伏，厂房的一角，堆放着成吨的油橄榄叶和加工废弃果渣，技术人员正将这些看似无用的废弃物进行萃取。奥利沃公司负责人说："我们运用生物技术萃取，从油橄榄叶和废弃果渣中提取橄榄苦苷、黄酮、齐墩果酸等成分，研发食品、药品、保健品和饲料添加剂，让油橄榄的利用率达到了 95% 以上。"

据统计，2021 年以来，西海岸新区累计引导武都区、岷县落地投产企业 48 个，引导企业实际投资、增资 5.03 亿元；协助两地建成产业园区 4 个；援建就业帮扶车间 393 个，吸纳就业近万人。

### 组团帮扶　精准实效

"我孩子牙齿不齐还有骨性问题，之前在本地没法治疗，只能带他去兰州或成都，花钱折腾不说，还耽误孩子学习。"岷县岷阳镇西城社区居民郎女士说，"现在有了这个口腔医疗中心，在当地就能看病，很方便。"

郎女士所说的口腔医疗中心是"岷县人民医院东西部协作口腔医疗中心"。这是西海岸新区结对帮扶岷县后，西海岸新区中心医院口腔科专家团队帮扶岷县人民医院成立的。西海岸新区中心医院口腔科负责人说，新区中心医院根据岷县人民医院口腔科发展现状，选派高级职称专家开展学科建设规划、人才队伍培养、业务技术指导等帮扶，让当地群众无须长途奔波，在家门口就能治疗口腔疾病。

经过 3 年帮扶，岷县人民医院口腔科已由当初的 4 名专业技术人员、4 张牙椅，仅能开展基础牙科疾病门诊，发展为拥有专业技术人才 12 人、口腔综合治疗椅 12 台，能够开展多种口腔颌面外科业务的口腔医疗中心，并辐射周边临潭县、卓尼县、迭部县、宕昌县等地，覆盖 100 余万人口。

协作地医疗、教育资源不足，尤其是人才匮乏，"支医支教"是东西部协作的重要一环。西海岸新区选派 147 名医生、171 名教师进行支医支教，将东部先进卫生技术和教育理念带到协作地，助推当地卫生、教育事业发展。结合岷县二中硬件建设落后的现状，西海岸新区推进岷县"组团式"帮扶智慧化校园建设项目，建设共享教室、理化生实验室、录播教室、云计算机教室，学校智慧化水平明显提升。

"组团式"帮扶贵在精准、重在实效。西海岸新区各部门也发挥行业资源优势，根据协作地发展需求，选派专业技术人才赴协作地工作，帮助协作地发展项目、更新装备、培育人才、提升乡村建设和公共服务水平，为当地打造一支"带不走"的人才队伍，实现从"输血"到"造血"再到"活血"的跃升。

西海岸新区还不断延伸"组团式"帮扶范围，积极推进消费帮扶、劳务帮扶等。例如，建立人力资源供需对接平台，在新区大型企业建立稳固的劳务合作基地，举办用工招聘活动，帮助协作地群众务工就业。累计培训武都区、岷县两地脱贫人口 2034 人，吸纳来青务工人员 2317 人，帮助省内就地就近就业 12187 人，帮助其他地区就业 6783 人。

**携手共进　奔向共富**

为有效落实东西部协作战略部署，西海岸新区建立党政联席会议制度，每年制定东西部协作责任分解方案，做到各项帮扶任务项目化、清单化、责任化，形成上下联动、齐抓共管的生动局面，确保衔接机制与乡村振兴工作同步推进，助力协作地巩固拓展脱贫攻坚成果。

西海岸新区农业农村局负责人说，2021 年以来，新区相关主要负责人先后 8 次带队前往协作地开展考察对接，协作地党政主要负责同志先后 13 次带队赴新区考察对接。双方的常态化互动，综合运用产业、资金、人才、劳务、消费等帮扶措施，让东西部携手共进、奔向共富。

西海岸新区还跳出传统的帮扶方式，探索建立社会化、市场化长效机制，推动东西部协作向更深层次发展。在青岛西海岸东西部协作服务中心，橄榄油、花椒、黄芪等来自协作地的 200 多种产品整齐陈列，在武都崖蜜蜂蜜柠檬水展台前，不少顾客们正驻足品尝。

武都崖蜜是武都区特产和全国农产品地理标志产品，年产量达到 150 吨左右，品质上乘，却面临市场滞销的困境。为解决这一难题，西海岸新区供销社联合武都区电商中心共同成立产品团队，运用互联网理念创新产品包装设计，以市场为需求进行品牌合作，生产出分离式设计的蜂蜜柠檬水，受到市场欢迎。

西海岸新区供销集团消费帮扶负责人说："2024 年，武都崖蜜蜂蜜柠檬水销售超 30 万瓶，一瓶蜂蜜柠檬水崖蜜使用量为 28 克，全年可解决 11.2 吨武都崖蜜滞销的问题。"

通过东西交流，东部先进理念正给协作地带来深刻变化，激起发展的内生动力。"来到西海岸新区学习综治经验，认识到社会治理现代化需系统整合资源，通过网格化与智慧化融合提升服务效能。"武都区农业农村局负责人说，武都区将学习成果转化为具体实践，新建 900 平方米"多中心合一"综治中心，建立"中心统筹 + 部门协同 + 社会参与"机制，推动群众诉求全链条解决。2024 年，武都区共排查矛盾纠纷 14461 件，化解 14215 件，成功率 98.3%。

千里同好，山海同心。2024 年，武都区、岷县农村居民人均可支配收入分别为 12337 元和 11671 元，同比分别增长 7.7% 和 10%。西海岸新区连续两年代表山东接受国家东西部协作实地考核，获得"好"的等次。

来源:《参考消息》

2025 年 3 月 5 日

青岛现代农业产业园

# 跨越山海奔共富
## ——青岛西海岸新区高质量推进东西部协作观察

开展东西部协作和定点帮扶，是我国推动区域协调发展、促进共同富裕的重大战略部署。山东省的国家级青岛西海岸新区与甘肃省陇南市武都区、岷县建立协作关系以来，将自身产业、技术、管理等优势深度契合协作地自然生态、劳动力和市场，围绕"协作地所需"和"西海岸新区所能"，打出产业发展、人才交流、劳务输转、消费帮扶等"组合拳"，实现产业协作有生命力、组团帮扶充满活力、长效机制蓄势发力，描绘出跨越山海奔向共同富裕的壮美画卷。

### 产业协作　发展焕新

走进位于武都区坪垭藏乡的康大肉兔养殖场，只见禽内兔笼排列整齐，自动供料、消毒、温控和清粪系统正有条不紊地工作，自动化设备自动监测温度、湿度、氨气浓度，工作人员忙着巡查记录。青岛康大兔业有限公司销售负责人说："2020年，借助东西部协作机遇，公司在武都区建立养殖基地，现存栏种兔12000只、商品兔85000只，年出栏50多万只。这里靠近肉兔消费市场，人工成本有明显优势，且气候相对平稳，四季产能稳定。"

西海岸新区在武都区挂职干部说，"武都区有着'七山二水一分田'的独特地貌，却没有大规模养兔的传统。在康大兔业带动下，武都区把肉兔产业作为畜牧养殖特色产业进行重点培育，初步打造出集肉兔增殖扩面、良种繁育、屠宰加工、品牌开发的全产业链。"目前，武都区肉兔产业涉及27个乡镇，发展肉兔养殖示范点46个，肉兔存栏52.8万只，出栏302.5万只，产值1.51亿元，受益农户达到1万人，有效带动农业产业结构升级。

产业协作是东西部协作的重中之重。西海岸新区探索"新区资本+协作地资源""新区企业+协作地优势""新区总部+协作地基地"等形式多样的产业合作，集聚起协作地发展新优势。

"高原蓝莓"特色产业是另一个典型代表。西海岸新区发挥北方蓝莓主产区的产业优势，2023年将蓝莓种植引入海拔3000米的岷县试种并获得半收，成功打造甘肃"高原蓝莓"特色品牌。在此基础上，建设了占地40余亩的蓝莓大棚13座，推广"水肥一体化设施农业发展，每棚产量达1500斤，收益约15万元。"项目负责人投资运营，带动十里村等6个村集体年增收38万元。"青岛东西部协作高原蓝莓大健康产业园项目负责人说，未来计划投资1.5亿元，占地约400亩，推动"高原蓝莓"产业做大做强。

既注重发挥西海岸新区优势，实现协作地产业"从无到有"，又注重发掘协作地资源产业优势，推动当地产业转型升级，实现东西部优势互补，是西海岸新区推动产业协作的一大特点。

武都区油橄榄种植面积达64.13万亩，鲜果产量5.69万吨，分别占全国的60%和91%，是当地的特色产业和富民产业，但发展过程中，受到产业链不完整、加工层次浅、附加值低等因素制约。西海岸新区协调引入奥利沃生物科技（青岛）有限公司，打造集油橄榄生产、研发、加工、销售于一体的全产业链，推动农业增效、农民增收。

在武都区外纳镇洒坝村的奥利沃公司厂房内，机器的轰鸣声此起彼伏，厂房的一角，堆放着成吨的油橄榄叶和加工废弃果渣，技术人员正将这些看似无用的废弃物进行萃取。奥利沃公司负责人说："我们运用生物技术萃取，从油橄榄叶和废弃果渣中提取橄榄苦甘、黄酮、齐墩果酸等成分，研发食品、药品、保健品和饲料添加剂，让油橄榄的利用率达到了95%以上。"

据统计，2021年以来，西海岸新区累计引导武都区、岷县落地投产企业48个，引导企业实际投资，增资5.03亿元；协助两地建成产业园区4个；搭建就业帮扶车间393个，吸纳就业近三万人。

### 组团帮扶　精准实效

"我家子牙齿不齐还有骨性问题，之前在本地没法治疗，只能带他去兰州或成都，花钱折腾不说，还耽误孩子学习。"岷县岷阳镇西城社区居民郭女士说，"现在有了这个口腔医疗中心，在当地就能看病，很方便。"

郭女士所说的口腔医疗中心是"岷县人民医院东西部协作口腔医疗中心"，这是西海岸新区结对帮扶岷县后，由西海岸新区中心医院口腔科专家团队帮扶岷县人民医院成立的。西海岸新区中心医院口腔科负责人说，新区中心医院根据岷县人民医院口腔科发展现状，选派高级职称专家开展学科建设规划、人才队伍培养、业务技术指导等帮扶，让当地群众不出县就能长途奔赴，在家门口就能治疗口腔疾病。

经过3年帮扶，岷县人民医院口腔科已由当初的4名专业技术人员，壮大到如今的4名专业技术人员、3张牙椅，仅能开展基础牙科到现可日诊次数为拥有专业技术人才12人，口腔综合治疗椅12台，能够开展多种口腔颌面外科业务的口腔医疗中心，并辐射周边临潭县、卓尼县、迭部县、宕昌县等地，覆盖100余万人口。

协作地医疗、教育资源不足，尤其是人才匮乏，"支医支教"是东西部协作的重要一环。西海岸新区选派147名医生、171名教师进行支医支教，将东部先进卫生技术和教育理念倾的当地，助推当地卫生、教育事业发展。结合岷县二中硬件建设各后的现状，西海岸新区建设岷县"组团式"帮扶智慧化校园建设项目，建设抗寒教室、理化实验室、录播教室、云计算机教室，学校智慧化水平明显提升。

"组团式"帮扶贵在精准，重在实效。西海岸新区各部门地发挥行业资源优势，根据协作地发展需求，选派专业技术人才赴协作地工作，帮助协作地提升建设和公共服务水平，为当地唱了一支"带不走"的人才队伍，实现从"输血"到"造血"再到"活血"的提升。

西海岸新区还不断延伸"组团式"帮扶范围，积极推进消费帮扶、劳务帮扶等。例如，建立大型企业建立稳固的劳务合作基地，举办用工招聘活动，帮助协作地群众增收致富。累计培训武都区、岷县两地脱贫人口2034人，吸纳来青劳工人员2317人，帮助省内就地就近就业12187人，帮助到其他地区就业6783人。

### 携手共进　奔向共富

为有效落实东西部协作战略部署，西海岸新区建立党政联席会议制度，每年制定东西部协作责任分解方案，做到各项帮扶任务项目化、清单化、责任化，形成上下联动，齐抓共管的生动局面，确保协作接机制与有力振兴工作同步推进，助力协作地巩固拓展脱贫攻坚成果。

西海岸新区农业农村局负责人说，2021年以来，新区领导主要负责人先后8次带队前往协作地进行考察对接，协作地党政主要负责同志先后13次带队赴新区考察对接。双方的常态化互动，综合运用产业、资金、人才、劳务、消费等帮扶措施，让东西部携手共进、奔向共富。

西海岸新区还融出传统的帮扶方式，探索建立社会化、市场化长效机制，推动东西部协作向更深层次发展。在青岛西海岸新区服务中心，橄榄油、花椒、黄芪等来自协作地的200多种产品整齐陈列，在武都崖蜜蜂蜜柠檬水展台前，不少顾客们正在驻足品尝。

武都蜂蜜是武都区特产和全国农产品地理标志产品，年产量达到150吨左右，品质上乘却面临市场滞销的困境。为解决这一难题，西海岸新区供销社联合武都区电商中心共同成立产品团队，运用互联网理念创新产品包装设计，以市场为需求进行品牌合作，生产出分离式设计的蜂蜜柠檬水，受到市场欢迎。

西海岸新区供销集团消费帮扶负责人说："2024年，武都崖蜂蜜柠檬水销售超30万瓶，一瓶蜂蜜柠檬水崖蜜使用量为28g，全年可解决11.2吨武都崖蜜滞销的问题。"

通过东西交流，东部先进理念给协作地带来深刻变化，激起发展的内生动力。"来到西海岸新区学习综合经验，意识到社会治理现代化系统整合资源，运用网格化与智慧化融合提升服务效能。"来到西海岸新区学习综合经验，意识到社会治理现代化系统整合资源，运用网格化与智慧化融合提升服务效能，武都区将学习成果转化为具体实践，新建900平方米"多中心合一"综合体，建立"中心统筹+部门协同+社会参与"机制，推动群众诉求全链条解决。2024年，武都区排查矛盾纠纷14461件，化解14215件，成功率98.3%。

千里同行，山海相约心。2024年，武都区、岷县农村居民人均可支配收入分别为12337元和11671元，同比分别增长7.7%和10%。西海岸新区连续两年代表山东接受国家东西部实地考核，获得"好"的等次。（数据来源：青岛西海岸新区农业农村局）

岷县蔬菜产业园

2025年3月5日，《参考消息》刊登《跨越山海奔共富——青岛西海岸新区高质量推进东西部协作观察》

# 后 记

2024 年 10 月 14 日至 18 日，青岛西海岸新区档案馆考察组一行来到甘肃省陇南市武都区、定西市岷县，通过实地参观、开展座谈、拍摄图片视频等方式，对东西部协作进行了"零距离"接触。感受了最北亚热带武都区的温暖、高原地带岷县的高峻，也感受到当地人民对东西部协作的感情。通过协作，提升了两地资源整合力，进一步优化了资源配置；发展了新质生产力，促进了产业协同；增进了民族团结，促进了社会和谐发展。三地齐心，在共同富裕的中国式现代化道路上蹄疾步稳，勇毅笃行。

考察期间，新区档案馆和武都区档案馆、岷县档案馆分别举行了东西部协作共建签约仪式，先后考察了武都区 20 个项目、岷县 17 个项目，拍摄图片 15000 余张，多方位记录了两地在乡村振兴、产业发展、消费帮扶、教育帮扶、医疗帮扶等方面取得的成就，了解了东西部协作现状和未来发展方向。

在新区工委（区委）办公室、工委（区委）组织部、管委（区政府）办公室的关心支持下，新区农业农村局和档案馆组成编辑部，着手对《山海情深——青岛西海岸新区东西部协作纪实》进行编辑，重点记录武都区和岷县在东西部协作中的变化。确定该书分为序、概述、三地风采、东西部协作、结对帮扶、挂职干部感悟、附录、后记 8 个篇章，全书 18 万字，图片 129 张。该书在修改过程中，参阅了《武都区志》《岷县志》以及三地政策研究室、文旅局、相关乡镇提供的文字材料。武都区档案馆和岷县档案馆不仅在行程上给予了热情帮助，在编纂过程中还主动承担了部分文稿的写作和校对，切实丰富了本书的内容，增强了其全面性、准确性和可读性。

随着本书的最终定稿与付梓，心中涌动的情感难以言表。这不仅仅是一部作品的完成，更是一次心灵与智慧的洗礼。我们深知，由于时间的紧迫与自身水平的局限，书中难免留下阙漏与讹误的痕迹，恳请广大读者予以批评指正。

在此，我们要向所有为本书付出辛勤努力的编纂人员表示衷心的感谢；同时，我们也要向那些给予我们支持与鼓励的各界朋友表示深深的谢意。

祝愿东西部协作再结硕果，祝福青岛西海岸新区、陇南市武都区、定西市岷县友谊常青！

编辑部

2025 年 5 月